池田恭哉著

南北朝時代の士大夫と社會

研文出版

南北朝時代の士大夫と社會

目次

第三部　南北朝時代の繼承と展開―他時代と比較した南北朝時代―

南北朝時代の士大夫と社會

序章

一　關心の所在

冒頭にあたり、筆者が有する根本的な關心について述べることを許されたい。それこそが、本書に通底する問題意識に繋がるからである。その關心とは、時代や地域を問わず、「知識人」と稱される存在が、自身をどのように社會の中に位置づけようとしてきたのか、ということである。もう少し具體的に言うならば、知識人が社會の中で如何なる役割を期待され、また實際にどういった意識と態度でその期待に應じてきたのか、ということに、筆者は強い關心を有するのである。

さて本書が考察の主たる對象とする南北朝時代は、中國が南北に分斷し、南北兩朝それぞれの內部でも王朝の交替が相次いだ。しかも北朝では非漢民族（異民族）による統治が續き、實に國家權力が安定を缺く時代であった。この不安定極まりない時代は、往々にして先行する魏晉時代と合わせて魏晉南北朝時代と稱される。そして社會の在り方については、ある一つの枠組に沿って分析されることが多い。その枠組とは「貴族制社會」である。例えば魏晉南北朝時代を考察するにあたって必讀の書である川勝義雄『魏晉南北朝』は、その「はじめに」の中で、魏晉南北朝という時代の大枠を次のように提示している。

この時代の中國社會は、「貴族制社會」だと一般に規定されている。社會階層がいくえにも分化して、家柄がそれぞれの階層に固定化する傾向が強かった。そして、その最上層に位する名門は、代々、教養のゆたかな知識人を出す家柄でなければならなかった。たんに腕っぷしの強いだけの武人では、いかに戰功を立てても、貴族の仲間に入ることはできなかった。貴族階級は武士でなく、教養ある文人であった。長い戰亂時代に、このような社會體制がつづいたことは、まったく驚くべきことだといってよいだろう。(1)

この文章では、魏晉南北朝時代の社會を「貴族制社會」として規定することが前提となっている。その前提に基づいて川勝氏は、分化する社會階層の中でも貴族が最上層に位置するとし、その地位を支えるものとして「教養」を擧げて、貴族が「教養のゆたかな知識人」であらねばならなかったことを指摘しているのである。ここでの知識人とは、また士大夫と言い換えても差し支えあるまい。

いったい魏晉南北朝時代の社會の在り方とは、大枠としては川勝氏の言われる如くであり、魏晉南北朝時代の貴族とは、知識人（士大夫）であることによって、自身の社會的な地位を保持し得た側面が多分にあったと認めてよい。その上で筆者には、次のような興味が湧く。上述の通り眞に不安定な戰亂の時代の中に身を置き、知識人として貴族制を擔った貴族（士大夫）たちは、果たして具體的に何に立脚した生を營もうとし、また社會から求められる知識人としての存在價値に對して、どう振る舞おうとしたのか。こうした知識人の自己認識（自己の社會に對する位置づけ方）への興味が、湧いてくるのである。そしてこの興味が、冒頭に述べた知識人をめぐる筆者の根本的な關心と、強く共鳴するのである。

二　先行研究の成果と課題

ここまで述べた筆者の興味、關心について考察するにあたり、すでに國內外で參照すべき豊富な研究の蓄積がある。まずそれらの成果を簡單に紹介して整理するとともに、その課題を指摘しておきたい。それらの課題こそ、本書が解決を期すべきもののはずだからである。

繰り返しになるが、從來の研究で南北朝時代の社會は、先立つ魏晉時代と合わせて「貴族制社會」と捕捉されてきた。そして歷史學の分野では、そもそも「貴族制」とは何か、またその內實が時代の變遷とともにどのように變化したのかということが、それぞれの論者によって異なった立場から論じられてきた。また貴族制社會の擔い手としての知識人（士大夫）像が、魏晉時代に先行する後漢末期の知識人層の動向をも踏まえた上で、多角的に描出されてきた。これらの研究によって、魏晉南北朝時代の社會構造と、そこで展開される貴族層の動向やその特徵について、多くのことが明るみに出されたと言ってよい(2)。

だが南北朝時代に入って中國は大きく南北に分斷され、南北兩朝の內部でも樣々な王朝が興亡と交替を繰り返し、加えて北朝は非漢民族（異民族）が統治した。こうした狀況下にあって、貴族制も確實に動搖を見せ始めたのであって、南北朝士大夫が生を營む上で依據し歸屬した價値體系を考察する際、筆者はより幅廣い視點を設定する必要性を感じる。言い方を變えるならば、南北朝時代における士大夫の精神の多樣性を、魏晉時代の延長としてもっぱら「貴族制」という固定的な枠組の中に埋沒させてしまうのでは、その具體的な解明を阻む結果をもたらすのではないかと危惧するのである。

以上のような意識から、筆者は「家」という存在を取り上げた先行研究群の存在に注目したい。實は「家」という概念は、「貴族制」という規定とも大いに連關する。というのも、「家」は「家柄」「家格」という形で、士大夫が「貴族」たるための根本として依據したものとも見做せるからである。

南北朝士大夫における「家」の位置づけをめぐる日本での研究としては、谷川道雄氏による一連の『中國中世社會と共同體』(3)、「六朝時代の名望家支配について」(4)、「六朝貴族の家政について」(5)を擧げなければならない。氏の研究は、士大夫層が各地方において貧民層に施しを與えるなどし、それによって地域に聲望（鄕望）を獲得して豪族的な「名望家」となり、彼ら「名望家」を中心とした地方社會が、國家の興亡とは別に存立していたとして、南北朝士大夫たちと、家および社會との關わりを論じたものである。安定しない國家支配の中で、南北兩朝の士大夫が「家」の持つ價値によって、特に地方社會において獨自の力を有したことを、具體的に示した成果である。

南北朝士大夫における「家」の位置づけについての研究は、中國大陸で非常に盛んである。中國大陸では、各時代における「家」の位置づけを研究する一分野が「家庭史」の名稱の下に確立し、張國剛主編『家庭史研究的新視野』(6)、同『中國家庭史』全五卷(7)などの成果をあげている。特に後者の第一卷（先秦至南北朝時期、執筆は王利華氏）などは、魏晉南北朝時代の「家」の在り方を史書などの豐富な記事から明らかにしており、南北朝士大夫における「家」の位置づけについて考察する際の必讀文獻となっている。

また特に北朝については、邵正坤『北朝家庭形態研究』(8)がある。これはもっぱら北朝の家庭形態（家族構成員の具體的な內譯とその人間關係や、その內部での經濟狀況や敎育の在り方など、多方面から描出した家族生活の樣子）を詳細に究明しており、北朝の家庭形態の硏究に新局面を開いたものと言える。

このように、南北朝時代における「家」については、中國大陸で着實に研究が積み重ねられてきている。だがどれも史書に徵した形で實際の家庭形態を述べたものであり、ではその「家」の形態や在り方に對し、士大夫が如何なる意識を有していたのかという、士大夫の側からの「家」への意識については、まだ考察の餘地が多分に殘されているように思われる。

また例えば谷川氏の研究は、「名望家」として地方社會に聲望を得ることを、士大夫と社會の關わりとして見出している。ではそうした地方社會から目を轉じて、南北朝士大夫が、自らの屬する士大夫社會、さらにはそれが支えるはずであるところの「國家」という存在に對してどういった觀念を有していたのかという點に、追究の範圍を廣げる必要があろう。士大夫はやはり、士大夫の一人として士大夫社會を構成し、また國家に歸屬する官僚としての一面もまた、依然として强固に持ち合わせていた事實は否定し難いと思われるからである。とかく安定しないこの時代の社會や國家に對する士大夫の意識、これを探る必要性を筆者は强く感じるのである(9)。

なおここで斷っておくが、本書で今後用いる「社會」とは、特に斷らない限りはこの「士大夫社會」を指す。本書のタイトル『南北朝時代の士大夫と社會』における「社會」もまた同樣である。

ここまではもっぱら歷史學の分野を對象に、「貴族制」と「家」の概念を基軸とした先行研究をめぐって、その成果を確認するとともに、課題を指摘してきた。續いて思想史の分野についても見ていきたいと思う。

思想史の分野でも、やはり「貴族制」を魏晉南北朝時代における社會の在り方の基層として押さえながら、その中での知識人たちの精神の諸相が考究されてきた。特に所謂「竹林の七賢」などが繰り廣げた「淸談」や「玄學」といった形而上學的な哲學議論の內容と、その老莊思想との關わり、あるいは一貫して社會を支えてきた儒教に對峙する形でこの時期に隆盛した佛教や道教について、研究が大きく進展した。だが前者の研究は、彼らの議論と社會の關わりを問うことよりも、議論の內容そのものの考證が主であり、後者の研究も、當初は三教を個別に研究する傾向が强かった。

このような思想史の分野の研究における狀況に對し、森三樹三郎『六朝士大夫の精神』(10)は、玄・儒・文・史の四學問分野の兼備を目指す六朝士大夫の基本的な學問觀を、明快に提示した。また吉川忠夫『六朝精神史研究』(11)は、歴史學の課題をも克服する形で、魏晉南北朝時代における個々の知識人の精神の有り樣を、儒・佛・道という三教、つまり宗教との關わりを視野に入れる形で論じた。これらは、士大夫を知識人として捉え、その彼らが依據した複雜かつ多樣な價値體系や觀念の諸相を解きほぐした成果であると言え、筆者が最も啓發を受けた先行研究である。

また麥谷邦夫編『三教交涉論叢』(12)と、それに續く『三教交涉論叢續編』(13)は、對象とするのは魏晉南北朝時代に限らないけれども、儒・佛・道の三教を個別に研究するのではなく、三教相互の關連について多方向から論究した文章が集う論文集である。これらの研究は、士大夫が生を營む上で立脚するものとしての宗教に着目し、それらが士大夫にとって有した意味を明らかにしている點で、實に有益な業績群であることは言を俟たない。

だがこれらの先行研究もまた、課題なしとはしない。それは、とりわけ南北に王朝が對峙していた南北朝時代を對象とする研究が、あまりに文化の擔い手としての南朝を研究することに偏向する嫌いがあったことである。いま思想史の分野のものとして擧げた研究群が取り上げるのも、主には南朝士大夫であり、北朝は槪して南朝との交涉、影響の下に語られる場合が多い。今後は北朝を南朝と竝列的に比較しながら扱い、北朝士大夫に獨自な精神の在り方についても探究する必要があると考える。そうすることで、南北朝という時代を綜合的に把握できるるのではあるまいか。

なるほど北朝ということで言えば、歴史學の分野では、すでに紹介したように谷川氏の一連の研究に北朝への言及があり、また邵正坤『北朝家庭形態研究』など、もっぱら北朝を對象にした研究があった。だがいずれも北朝士大夫自身の精神の有り様の考察や、彼らにおける「家」や「社會」「國家」の位置づけなどについては、まだ考察すべき課題が殘されていると言わざるを得ない。そしてこれらの課題こそ、筆者が本書において取り組みたいものなのであり、それに對する筆者の本書におけるアプローチを、本書の視座を述べる形で、節を改めて提示してみたい。

三　本書の視座

ここまで指摘してきた先行研究の課題についてもう一度まとめながら、それに對して本書が檢討する論點を明記しておく。

國家が常に不安定であった南北朝時代、士大夫は「貴族」として、「家柄」「家格」という形で「家」の價値に依據することで、自己の存在を主張した側面があった。そうした彼らにとって、「家」が有した價値は實に大きかったと言える。これまで南北朝士大夫の家庭形態やその機能をめぐる研究の蓄積は、主として「貴族制」の枠組の中で、しかも實際の家庭形態や機能をめぐって展開されてきた感が強い。本書では、より士大夫自身の精神に焦點を絞る形で、なぜ南北朝士大夫がそのような家庭形態を採り、如何なる意識を「家」に對して有していたのかについて考察する必要がある。

また「家」と「社會」の關係について、特に地方社會との關わりをめぐって考察した研究もあったが、「社會」や「國家」と士大夫自身の關わりをも視野に入れる必要があろう。南北朝時代のように、國家が滅亡を繰り返し、北朝では支配者が非漢民族（異民族）でもあったとき、國家に歸屬する官僚の性格も多分に持つ士大夫にとって、「社會」やそれが支える存在としての「國家」をどのように位置づけるのかは、大きな意味を持っていたはずである。本書では、士大夫、そして「家」、さらには「社會」「國家」という存在について、個別に分析するのではなく、その連關をめぐって、士大夫の意識を軸に据えながら考察する必要がある。

もう一點、これまでは南北に王朝が對峙する南北朝時代を對象に、そこでの知識人層の精神の在り方を研究する場合、やはり文化の擔い手としての南朝を中心に研究がなされ、北朝は多くその影響下において語られてきた。だが本書では、北朝を南朝と竝列的な關係に置き、相互の對等な比較の視點から、北朝士大夫に獨自な思想や、彼らの知識人としての自己認識の樣相をあぶり出していく必要がある。

複雜な南北朝時代を對象に、その中に生きた知識人たる士大夫が、自らの存在を如何に認識し、また自らが依據して生きる場として「家」や「社會」「國家」に對してどういった意識や觀念を持っていたのかを探ること。これが本書の主眼である。その際、南北兩朝を對等に比較する視點を持つとともに、士大夫と「家」と「社會」、「國家」の四者を、士大夫を軸に一環のものとして捉えることに特に留意したい。

ところでここまでは、もっぱら南北朝當時の士大夫における自己認識と、そこから導き出される彼らの「家」や「社會」「國家」に對する見方を探る營みをめぐって、本書での目標を述べてきた。だが筆者はさらに、二方面からの興味を持つ。興味の第一は、南北朝時代の士大夫（知識人）によって提示された問題意識は、それ以前の士大夫による問題意識を如何に受け繼いだ結果のものであるのか、ということである。興味の第二は、南北朝時代の士大夫（知識人）が見出した問題意識は、果たして後世においてどのような繼承と展開を見せ、また如何なる評價を受けたのか、ということである。この兩面を考察することは、翻って南北朝時代という時代が持つ固有性を、他時代との比較という行爲を通じて浮き彫りにしてくれるのではないだろうか。すなわち南北朝時代の士大夫が關心を寄せた事柄をめぐって、南北朝時代の前後の時代を生きた士大夫たちの目を交えることで、南北朝時代の士大夫が示した關心の獨自性や特徴を明るみに出し得ると考えるのである。

以上、内容面での本書の論點を提示してきた。加えて以下に、「研究方法」の問題について、二點ほど注意しておきたく思う。

第一は、これまでその時代の様相を物語る同時代史料としての石刻史料の活用が、とりわけ思想史研究の分野において不十分だったことである。正史の記事の多くが政治權力の側からの視點によるのに對し、石刻史料は同時代史料として、思想史研究においても積極的に利用されて然るべきである。石刻史料には、士大夫と社會の關わりが正史とは異なる角度から多分に描かれており、士大夫と社會の關係性を考察するに際し、これ以上にない材料を提供してくれよう。

第二は、やはり思想史研究の分野で、主として「文」が着目され、「詩」など韻文が知識人の精神を物語るものとしてさほど顧みられてこなかったことである。文學史で「文學の自覺時代」とも評價される三國時代[14]より後、魏晉南北朝時代には社會の中で確實に文學の地位が向上したのであり、文學を以て表明された士大夫たちの精神にも、もっと氣を配る必要があると考える。

四　本書の構成

本書『南北朝時代の士大夫と社會』は、序章と結語に挾まれた三部構成、全十章から成る。以下その構成を追いながら、各部・章の論點とその見通しを示しておくことにしたい。

第一部は「顏之推論―家と社會と國家―」である。ここで顏之推を主たる考察對象とするのは、彼が激動の生涯の中で南北兩朝を實體驗し、その様子を『顏氏家訓』という書物として書きつけてくれていることによる。つまり南北兩朝を對等に比較しながら、士大夫における「家」「社會」「國家」の位置づけを考察し得る點で、顏之推は本論文の目的に最も適した人物の一人と言えるのである。第一部は全三章で、前半二章では、顏之推の二つの著作『顏氏家訓』と『冤魂志』から、顏之推における家、社會、國家の位置づけを探った。また第三章では、特に『顏氏家訓』に見える「禮傳」の語が指すものについて明らかにした。

第一章「顏之推における家と國家―學問を媒介として―」では、まず顏之推が依據するものとして見出した「學問」の内實を、『顏氏家訓』に基づいて明らかにしようとした。その上で、顏之推における家と國家の位置づけを、學問に依據する士大夫が生きる場としての觀點から確認し、學問と家、國家の間に連關性の存在を指摘するとともに、顏之推がなぜ『顏氏家訓』を家訓の體裁によって遺すに至ったのかを考察した。

第二章「顏之推と『顏氏家訓』・『冤魂志』―兩著作に籠められた顏之推の意圖―」は、『顏氏家訓』と竝ぶ顏之推の主要著作『冤魂志』を、『顏氏家訓』との比較から檢討した。實は『顏氏家訓』と『冤魂志』には、同じ故事を取り上げながら、雙方でその故事への評價が異なる例が存する。かかる事態が生じた理由を、顏之推の個人と社會に對する見方の差に求めて、兩著作における顏之推の書き分けの意識を見出すとともに、士大夫としての顏之推の立場を改めて確認した。

第三章「『顏氏家訓』における「禮傳」―何を指すのか―」では、『顏氏家訓』に二度見える「禮傳」という語を取り上げた。この語が何を指すかについては、これまで様々な說が存在してきたため、『顏氏家訓』における

「禮」や「傳」の語の用法を精査し、「禮傳」が指すものを特定した。またその過程で、顏之推を含む南北朝時代の人々による「禮」に對する見方にも考察を及ぼした。

第二部は「北朝士大夫と國家——仕官と隱逸をめぐって——」である。ここでは北朝士大夫に焦點を當てて考察を進めることで、北朝士大夫に獨自な思想や、彼らの知識人としての自己認識の樣相をあぶり出すという本書の目的の達成を目指した。具體的には三章にわたり、仕官と隱逸という一見相反する價値觀の間で搖れ動く北朝士大夫の精神の在り方を見つめ、南朝に比してこれまでほとんど言及がなかった北朝の隱逸について檢證することで、北朝士大夫に獨自な國家との關係を明るみに出した。

第四章「北齊・劉晝における仕官と修養——『劉子』の分析を通じて——」は、北齊・劉晝の著『劉子』を扱った。まず『劉子』では、仕官し得ない狀況での自己修養の意志（＝道家）と、強い仕官への拘り（＝儒家）が竝存していたことを明らかにした。しかしながら、最終的には劉晝が仕官を目指していた點を指摘し、北朝の一士大夫としての劉晝による強い仕官への拘りと、その國家への奉仕を望む意識について考察した。

第五章「北朝における隱逸——王朝の要求と士大夫の自發——」では、第四章で見出した一北朝士大夫・劉晝の強い仕官への拘りを、仕官の對極に位置する隱逸を取り上げることで、より普遍的な形で確認した。北朝では王朝からの仕官への要求が強く、また士大夫自身にも、王朝への忠を盡くそうとする意志が確固として存したのである。一方で、北朝にも確かに存在した隱逸志向の實態の解明をも目指した。南朝の隱逸に比して從來には研究のなかった北朝の隱逸の實態に光を當てたものである。

第六章「新王朝への意識——盧思道と顏之推の「蟬篇」を素材に——」は、盧思道と顏之推が、北齊の滅亡に伴い北周に降った際に、蟬を題材として唱和した作品を檢討した。そこでは、盧思道は隱逸に託ける形で、顏之推は國家への獻策の士に擬える形で、ともに北周での自己の立場を主張しようとした。その主張の仕方の共通點と相違點を指摘し、彼らの新王朝・北周に對する態度を分析した。

第三部は「南北朝時代の繼承と展開―他時代と比較した南北朝時代―」である。筆者は南北朝時代の士大夫（知識人）が有した問題意識が、果たして前後の時代のそれとどう連關するのかに、強い興味を覺える。そこで第三部では、いくつかのテーマについて、南北朝時代あるいはそれを承けた隋代を他時代と比較することを通して、改めて南北朝時代の士大夫たちが有した問題意識の特徴を指摘することを企圖した。

第七章「北魏における杜預像―何がどう評價されたのか―」では、北魏において見出された杜預像について考察した。北魏にあって、西晉の杜預は政治的に様々な施策を展開し、また吳の平定のために盡力した優れた武將として高く評價された。加えて北魏の重臣たちが、次々に杜預の墓の側に自らの墓地を營みもした。この事實を整理し、杜預が北魏で盛んに取り上げられたことの意味を檢討するとともに、北魏による西晉という過去の繼承の様子を窺った。

第八章「「桓山之悲」について―典故と用法―」では、『孔子家語』顏回篇に見える「桓山の悲しみ」の故事を取り上げた。そもそも巣立つ子供の鳥に對する母鳥の悲嘆を描出した「桓山の悲しみ」は、陸機らによって、巣立って別れ行く兄弟の鳥たちの悲嘆を物語る典故として用いられるようになった。魏晉時代に變化した典故の着眼點が、南北朝時代においてどのように繼承され、また後の時代に如何なる展開を迎えたかを探った。

第九章「隱逸と節義―「溥天之下、莫非王土」を素材に―」では、『詩』小雅・北山の句「溥天之下、莫非王土」を引いた各種の議論の內實をたどることで、南北朝時代から宋代、さらにそれ以降の間での隱逸觀の變移について、隱逸と節義という視點から考究した。合わせて第二部で檢證した南北朝時代の隱逸の諸相を踏まえることで、南北朝時代の隱逸の特徴をさらに浮き彫りにしようと試みた。

第十章「王通と『中說』の受容と評價―その時代的な變遷をたどって―」は、南北朝時代を承けた隋、その大儒と稱される王通と、彼の著作『中說』が、後世の王氏や思想界にどう受容され評價されたのかを、時代の變遷に沿って分析した。これにより各時代が着目する思想のトピックの變遷を知り、王通と『中說』を思想史上に位置づけようとした。加えて王通の學問の王氏による繼承の樣子も具體的に描出することで、第一部の顏氏のように、南北朝時代から隋代における家學の繼承の實態を明らかにすることも目指した。

（1）川勝義雄『魏晉南北朝』（講談社學術文庫、二〇〇四）八頁。
（2）數多いすべての研究を網羅することは無理であり、また歷史學の分野における「貴族制」をめぐる研究史を詳しく語ることがここの主目的なのではない。いま筆者が目を通し得たものを擧げるならば、川勝義雄『六朝貴族制社會の研究』（岩波書店、二〇〇〇）、矢野主稅『門閥社會成立史』（國書刊行會、一九七六）、越智重明『魏晉南朝の貴族制』（研文出版、一九八二）、安田二郎『六朝政治史の研究』（京都大學學術出版會、二〇〇八）、福原啓郎『魏晉政治社會史研究』（京都大學學術出版會、二〇一二）、中村圭爾『六朝政治社會史研究』（汲古書院、二〇一三）、川合安『南朝貴族制研究』（汲古書院、二〇一五）など。なお貴族制をめぐる研究史については、中村氏と川合氏の研究、參照。また福原氏の研究に對しては、拙評「福原啓郎著『魏晉政治社會史研究』」（『書論』三九、二〇一三）がある。
（3）國書刊行會、一九七六。
（4）『龍谷大學論集』四三六、二〇〇四。
（5）『東洋史苑』六三、二〇〇四。
（6）三聯書店、二〇〇四。
（7）廣東人民出版社、二〇〇七。

(8) 科學出版社、二〇〇八。
(9) これまでにも、魏晉南北朝時代における貴族制の研究史を、貴族の國家に歸屬する官僚としての側面と、地方の名望家としての側面の雙方をめぐってなされてきたとする見方に基づいて總括することは、多く行なわれてきた。前掲川合氏書、序篇第一章注(5)、參照。また國外でも、谷川氏による「名望家」を中心とした共同體の理論に對し、例えば侯旭東「評谷川道雄『中國中世社會與共同體』」(同氏『北朝村民的生活世界―朝廷、州縣與村里』、商務印書館、二〇一〇、所收)などは、あまりに「名望家」としての豪族層の自律的な立場を强調し過ぎるのではないかとする。
(10) 同朋舍、一九八六。
(11) 同朋舍、一九八六。
(12) 京都大學人文科學研究所、二〇〇五。
(13) 京都大學人文科學研究所、二〇一一。
(14) 魯迅「魏晉風度及文章與酒之關係」(『魯迅全集』三(人民出版社、一九七三)四九一頁)。

第一部　顏之推論

―家と社會と國家―

第一章　顏之推における家と國家──學問を媒介として──

はじめに

第一部は、南北兩朝を轉々とし、まさに激動の生涯を送った顏之推を扱う。彼は南北兩朝を實體驗する中で『顏氏家訓』を著しており、序章にも述べた通り、南北兩朝を對等に比較しながら、士大夫における「家」や「社會」「國家」の位置づけを考察し得る點で、本書の目的に最も適した人物の一人と言えるのである。

顏之推、字は介。彼の事跡についてはすでに詳細な考證がなされているが(1)、彼の思想はその生涯と密接な關連を有するが故に、まずその大略を記しておく。

彼は梁の江陵に生まれた。生年は『北齊書』卷四十五・文苑傳に收められる彼の傳記(2)（以下、本書では「顏之推傳」と記す）に明記はされない。だが『顏氏家訓』(3)序致篇で、父・顏協の大同五年（五三九）の死を(4)「九歳になったばかりのとき、（父の死という）大きな苦難に見舞われ、家庭は滅茶苦茶になって、一族もバラバラになった（年始九歳、便丁荼蓼、家塗離散、百口索然）」と語っており、そこから逆算すれば、生年は梁・中大通三年（五三一）である。

太清三年（五四九）の侯景の亂で、梁は回復不能なまでの壞滅的な被害を受けるわけだが、顏之推はこのとき建康に囚われる。承聖元年（五五二）、元帝の卽位にあわせて江陵へ歸るものの、同三年（五五四）に江陵が西魏の侵攻により陷落すると、彼は再度俘囚の身となり關中へと連行される。このとき同じく囚われた兄・顏之儀(5)のように、西魏から北周へと變わるその俘囚の地に永住する選擇肢もあったであろう。だが北齊・天保七年（五五六）、二十六歳の彼は果敢にも北齊に亡命を果たす。到着した北齊の地において、彼の生涯をたどる上で第一級の史料である自傳的な賦「觀我生賦」（顏之推傳に所收）にも自注するように、彼は文林館の主要メンバーとして活躍し(6)、位は黄門侍郎にまで至るのである。

だが彼の激動の生涯はなおも續く。北周・建德六年（五七七）に北齊が北周に滅ぼされると、彼は三度囚われて、またも北周での生活を餘儀なくされる。「觀我生賦」に「私は一度の人生で三度の境遇の變化があった（予一生而三化）」と慨嘆する所以である(7)。そして隋が開皇元年（五八一）に天下を統一するに伴い、彼も隋朝の一員となったのだった。具體的な死亡年は、しばしば開皇十一年（五九一）とされることがあるが、確定はできない。ただし『顏氏家訓』の中でも遺書的な性格を有する終制篇で、六十餘歳にしてすでに死を意識していたこと(8)を考えれば、彼は開皇年間に、六十數歳でその生涯を閉じたのであろう。

こうした目まぐるしい人生の中で、彼は『顏氏家訓』を著した。この著作は、『隋書』經籍志には見えず、『舊唐書』卷四十七・經籍志下・子部・儒家類に「家訓七卷、顏之推撰」と、藤原佐世『日本國見在書目錄』雜家に「顏氏家訓七卷」とそれぞれ見える。また顏之推傳は顏之推の著作について、「文が三十卷あり、家訓二十篇を撰し、ともに世に通行した。……『之推集』があり、（長子の顏）思魯が自ら序錄を著した（有文三十卷、撰家訓二十篇、竝行於世。……之推集在、思魯自爲序錄）」と言い、それを承けてであろう、清・盧文弨は『顏氏家訓注』例言で、「黄門（之推）は最初に蕭氏梁朝に仕え、隋代に亡くなった。しかしこの書はこれまでただ「北齊」と題している。唐代の人が史書を編纂し、之推を『北齊書』文苑傳の中に列した。彼の子の思魯が父の文集を編纂したのであれば、この書も必ずや彼の整理を經ているはずである。その（北齊との）題はきっと彼の父親の志に本づいたものであるとわかろう。今もそれに從う（黄門始仕蕭梁、終於隋代。而此書向來唯題北齊。唐人修史、以之推入北齊書文苑傳中。其子思魯、既纂父之集、則此書自必亦經整理。所題當本其父之志可知。今亦仍之）」と指摘する。以上のことから『顏氏家訓』は、顏之推の存命中にすでに家訓の形で執筆され、長子・顏思魯らのある程度の整理を經た上で、ほぼ現在の形に近いものになったと考えられる。

南宋・陳振孫『直齋書錄解題』卷十・雜家類は、「古今家訓の祖」と『顏氏家訓』を評する。(9) これに對し、例えば『四庫全書總目』卷一百一十七・子部・雜家類「顏氏家訓」提要は、陳振孫が『顏氏家訓』を以て時代的に最も古い家訓と見做し、そのために「家訓の祖」と評價したと解釋して、『顏氏家訓』に先行する家訓の存在を指摘するとともに、『顏氏家訓』は分量が多いに過ぎないと言って陳振孫を批難する。(10) だが恐らく陳振孫は、時代的に最も古いという意味ではなく、まとまった著作としての家訓の嚆矢という意味で、「家訓の祖」と評したのであろう。そうであれば、彼の評價は當を失してはいまい。

いったい顏之推という人は、南北朝雙方の文化を實體驗した。そのため『顏氏家訓』には、南北朝間での文化的・學術的な相違が數多く記され、それらについては、これまで一定の考察が行なわれてきた。(11) だが『顏氏家訓』が家訓として執筆され、家訓として傳わるとき、なぜ顏之推が『顏氏家訓』を「家訓」という形式によって著したのかという點については、まだ検討の餘地が殘されているように思われる。そしてこのことの検討が、南北朝雙方に生きた士大夫による家の位置づけを明るみに出し、進んで南北朝時代の士大夫における家の位置づけを考究する本書の大きな課題の一つに取り組む上で、必要不可缺の作業となると考える。
この第一章は、顏之推の學問觀を検討することから始め、それが彼の士大夫としての生き方の根幹となっていたことを確認する。そして『顏氏家訓』という書物が、單に子孫に言い遺したいことを書き連ねただけのものではなく、家と國家を、學問を媒介にして結びつけ、顏家としての學問の繼承を臨む意識の下で執筆されたものであることを明らかにしたい。

一　顏之推の學問

勉學篇が七卷本『顏氏家訓』の第三卷をすべて占め、また全二十篇の中で他の十九篇に比して分量が多いことに端的に示されるように、顏之推は學問することの大切さを强調した。顏之推の學問、さらにはその基礎となる讀書に對する絶對の信頼は、次の段に看取し得る。

有學藝者、觸地而安。自荒亂已來、諸見俘虜、雖百世小人、知讀論語・孝經者、尙爲人師。雖千載冠冕、不曉書記者、莫不耕田養馬。以此觀之、安可不自勉耶。若能常保數百卷書、千載終不爲小人也。（勉學篇）

學問を備えた人間は、どこでも安住できる。侯景の亂以來、實に多くの人間が俘囚の身となったが、代々の寒微で取るに足りない人間であっても、『論語』『孝經』が讀める人間であれば、それでも人の師となれた。代々の貴家の出であっても、文獻の內容が理解できない人間であれば、誰もが田を耕して馬を飼う羽目になった。こうして見ると、どうして勉學に勵まずにおられようか。もしいつも數百卷の書物を保有できていれば、千年を經ても寒微で取るに足りない人間となってしまうことなどないのだ。
彼はまた、讀書によりあらゆる事象を把握可能と考え、(12)文を著すことと學問することを比較して、文を著すには天賦の才が必要であり、それに乏しければ手を出すべきではないのに對し、學問は才能の有無に左右されず、研鑽を怠らなければ必ずや身につき、最終的に自らを支えてくれるものとなるという信念を表明する。(13)
ではこうも聲高に學問の意義を主張する顏之推の具體的な學問觀とは、どういうものだったのか。それは次の二つの記述に集約されよう。

夫學者、貴能博聞也。郡國山川、官位姓族、衣服飲食、器皿制度、皆欲根尋得其原本。(勉學篇)
そもそも學問というものは、博聞であることを尊重する。郡國・山川、官位・氏族、衣服・飲食、飲食の道具やその規定について、すべて根本から探究してその根源を把握しようとするのだ。

吾家兒女、雖在孩稚、便漸督正之、一言訛替、以爲己罪矣。云爲品物、未考書記者、不敢輒名。汝曹所知也。(音辭篇)
我が家の子供たちは、幼いうちであっても、徐々に教え正していき、一言の間違いであっても、それを私の罪とした。言動や品物で、文獻の記載に對照して考究していないものは、決してみだりに名附けない。それはお前たちが知っていよう。

彼は廣範圍にわたり、かつ物事の根源を追究する學問態度を要求し、そのためには文獻の記載に基づかねばならないとする。彼は人間の言葉や行動、あるいは器物の由來、表記、發音などに疑問を抱いたとき、必ず何らかの文獻にその疑問に對する解答の根據を求めたのであり、この態度を彼は「眼學」と稱して標榜した。この「眼學」の語は次の勉學篇に見える。

談說製文、援引古昔、必須眼學、勿信耳受。江南閭里間、士大夫或不學問、羞爲鄙朴、道聽塗說、强事飾辭。

談論したり文章を物したりで、古のことを引用してきて論據とする場合には、必ず「眼學」の態度で臨み、耳學問を信用するな。江南社會の間では、學問もしないくせに、淺薄で無粹な人間と思われるのを恥じて、聞き齧りの知識をすぐにひけらかし、無理に自身の言葉を飾り立てている士大夫がいる。

彼の「眼學」を宗とする學問態度は、書證篇や音辭篇における樣々な考證によく窺えるところであり、それは當時の南朝士大夫に蔓延していた「耳學問」の受け賣りとは、一線を畫していたのである。

しかしここで一つ注意すべきことがある。それは、彼が學問の基本として位置づけた文獻も、そこに記載された事柄がすべて無條件に信用されたわけではないということである。『顏氏家訓』の中で、信賴がおけないものとして糾彈される文獻は枚擧に暇がなく、またたとえ聖人の教えが載せられた禮經の書物でも、必ずしも完璧な文獻とはされなかったのである。

吾觀禮經、聖人之敎、箕帚匕箸、咳唾唯諾、執燭沃盥、皆有節文、亦爲至矣。但旣殘缺、非復全書、其有所不載及世事變改者、學達君子、自爲節度、相承行之。故世號士大夫風操。而家門頗有不同、所見互稱長短、然其阡陌、亦自可知。(風操篇)

私が禮經の書を見るに、聖人の教えとは、掃除や食事、年長者への應對、燭火の執り方や手の洗い方など、どれも節度があって、實によく備わっている。[14] しかし殘缺があり、完全な形の書物ではなく、それが載せていなかったり世の事情で改變されたりした箇所があるのであれば、學問に通達した人物が、自身で適當なところを決め、それを代々繼承する。だから世では士大夫の「風操」と稱する。そして家ごとにいくらか同じでない部分もあり、お互いの家でその長短を言い合っているが、しかしその大體のところは、やはり自ずと知れるというものである。

このように、どんな古典文獻にも缺けた部分や改められた箇所が存する可能性があるという前提に顏之推は立ち、そして學問に通達した者たちが、それに對して自らの裁量によって適切に處置し、それを家々で繼承してきたと言う。彼にとって、文獻とその內容は常に吟味される必要があった。そしてその吟味の手段は、他ならぬ自分自身が備える學問だったのであり、その吟味をより正確にするためには、幅廣い讀書と、それを基礎にした學問を積む以外に方法はなかったのである。また後にさらなる檢討を加えるけれども、そうした彼の學問が「家」を主體に代々繼承されていくと認識されていたこと、つまりただ顏之推自身に止まるのではなく、後世まで「家」として傳承されるべきと捉えられていたこと、この點を忘れてはなるまい。

二　學問の實用

顏之推が讀書とそれに基づいた學問に拘ったことは確認した如くであるが、實はその營みには二つの段階が設けられていた。勉學篇にその二段階が示されている。

夫所以讀書學問、本欲開心明目、利於行耳。

いったい讀書し學問する理由は、そもそも心と目が物事をはっきりと見極められるようにし、自身の行爲に利あるようにさせようとすることにある。

第一は、讀書と學問によってさまざまな知識を吸收し蓄積させていく段階（開心明目）であり、第二は、その成果を自らの行爲に實用していく段階（利於行）である。

この二段階のうち、第一段階は理解し易いのではないか。では第二段階に言う實用とは、具體的にどういうことだったのか。顏之推は、學問の二段階を提示したのに續けて、養親・事君・驕奢・鄙悋・暴悍・怯懦の各項目に對して古人がとった行動の在り方と、讀書により初めてそうした古人の行動の在り方には到底及ばぬことを悟った今人が、それを恥じて自らのこれまでの行動の在り方を改めようとする樣子とを併記する。(15) その上で、同時代の知識人の讀書の有樣を嘆じる形で、こう言うのである。

世人讀書者、但能言之、不能行之。忠孝無聞、仁義不足。加以斷一條訟、不必得其理、宰千戶縣、不必理其民。問其造屋、不必知楣橫而梲豎也、問其爲田、不必知稷早而黍遲也。吟嘯談謔、諷咏辭賦、事既優閑、材增迂誕、軍國經綸、略無施用。故爲武人俗吏所共嗤詆、良由是乎。

世の中の讀書人は、ただ口先で言うばかりで、實行ができない。忠孝の名聲もなく、仁義も足りない。そればかりでなく、一つの訴訟を判決させてみればまったく理屈が通らず、千戶ばかりの縣の長をさせれば絕對に民衆を治められない。家屋の建て方を問えば、橫木は橫にして縱木は縱にすることすら知らず、田作りの仕方を問えば、稷は早くて（春）黍は遲い（夏）ことだって知らない。嘯きくだらないことを言い、辭賦を詠んで、やっている事はそもそも安閑としていて、その才質もいよいよもっていい加減、軍事や國務をやらせてみても、ほとんど役に立たない。だから武人や俗吏に一齊に笑い者にされるのも、實に由來あることなのだなあ。
當時知識人と稱された者たちは、讀書をしながらも口先ばかりで、實行が伴わなかった。一官吏として國家に奉仕しては忠孝と仁義によって政務を的確にこなし、家を治めては童僕に一切を任せるのではなく自らの手で行なう、こうしたことがまったくできていなかったのである。逆に言えば、こうした事實がかくも顏之推によって強く嘆じられているように、當時の知識人たちが爲し得ずにいた如上のことを實際に爲すことこそ、顏之推の主張する、讀書さらには學問による成果の實用だったのではあるまいか。同様の議論は他にも見える。

學之興廢、隨世輕重。漢時賢俊、皆以一經弘聖人之道、上明天時、下該人事、用此致卿相者多矣。末俗已來、不復爾。空守章句、但誦師言、施之世務、殆無一可。（勉學篇）
學問の興廢は、世に隨って輕かったり甚だしかったりする。漢代の賢俊たちは、みな一つの經典を專門にして聖人の道を世に押し廣め、上は天の規律を明らかにし、下は人間の事柄を包括し、こうすることで卿相の地位にまで至った者が多かった。末世の風俗となって以來、そうではなくなった。徒に章句の學に拘泥し、ただ師匠の言葉を暗誦するばかりで、これを社會の實務に行なったところで、一つとして役に立つものはない。

ある文獻の訓詁や解釋といった章句の學をめぐり、徒に先例に沿って知識を受け賣りするばかりの態度ではなく、先に確認したような「眼學」の態度で學問を修め、漢代の賢俊たちのようにその學問を根據にして國家に有益な臣となること。これこそが顏之推の言う學問の實用だったのである[16]。
このように、顏之推は學問を修め、家を治めることや國家に奉仕する際に修めた學問を活かすことの重要性を強調した。こうした學問とその實用に對する一貫した意識は、彼の次の如き強烈な玄學批判の中にも見て取ることができる。

直取其清談雅論、剖玄析微、賓主往復、娛心悅耳、非濟世成俗之要也。（勉學篇）
（玄學が）ただ哲學的で高雅な談論をし、深いところや細かいところを分析し、互いにやり取りをし合って、心や耳を樂しませ悅ばせることを重んじるばかりなのは、世を救い優れた風俗を成し遂げる要ではない。

右の引用に續く文に見えることであるが、顏之推が生きた時代には『莊子』『老子』『周易』が「三玄」と稱揚され、南朝では皇族たちが盛んにその學を自ら講義した。だが顏之推は、「私も時にはその講義の末席を汚し、親しくそのお聲と內容を拜聽したが、本來の性質が頑迷であったので、あまり好きにはなれなかった（吾時頗預末筵、親承音旨、性既頑魯、亦所不好云）」と言う。王利器氏はこの發言を、顏之推が當時の崇佛・崇玄の風潮に結局は附き從ったことを示すものとして讀む[17]。だがむしろ、そうした同時代の風潮にもなお『顏氏家訓』の中で玄學を特に取り上げ、その形而上的な哲學的談義に耽るばかりで一つも世に益する側面を見出せない點を批判し、それに非贊同の意思を表明した、彼の學問の實用性に對する強い主張を象徵する逸話として讀むべきではないか。
だからこそ顏之推傳も、「十二歲にして、蕭繹（元帝）が自ら『莊子』『老子』を講義するに際し、その聽衆の一人となったものの、實際と乖離した談論は好むものではなかった（年十二、值繹自講莊老、便預門徒、虛談非其所好）」

と、彼の特徴的な逸話としてこれを載錄したのではあるまいか。

顏之推は、學問を修め、それを治家や治國に實用することの重要性を聲高に叫んだと言える。だが注意しなければならないのは、顏之推が決してただ學問の實用性の側面ばかりを重視し、學問を治家や治國のための道具の如く見做していたわけではない、ということである。彼が重視したのは、自らが學問に立脚して生きるということであり、次節ではその點を、より具體的に士大夫としての顏之推の意識に焦點を當てることで、明確にしていきたいと思う。

三　士大夫が立脚するものとその繼承

顏之推は、なぜ頑ななまでに讀書と學問に拘り、さらにその家や國家への實用を要求したのか。この點をめぐって、彼の士大夫としての意識に着目したい。

彼は勉學篇の一節で、人が一度この世に生を享けた以上は何らかの職に就かねばならない旨を言い、農・商・工・伎・武・文という六職種の特徴をまとめた上で、「文士」の特徴は經書を講義することに措定する。すぐ後で、何ら特別の才もなく無爲に日々をやり過ごすしかない同時代の士大夫たちに反省を促すことからすれば、ここで彼が言う「文士」とは士大夫を指そう。そして彼は最後に、「有識者が横で見ていれば、代わって穴にでも入りたい氣持ちになる（有識傍觀、代其入地）」と言うほどに慘めな士大夫の窮狀を招いた根本的な要因として、彼らが學問してこなかったことを明確に指摘するのである。(18) 以上の議論は、士大夫が據って立つべきものは讀書と學問に他ならないという、顏之推の強い確信を如實に示すものである。(19)

さて、士大夫が讀書と學問を事として生きねばならないとする彼の信念が、『顏氏家訓』の中で長子・顏思魯に向けて非常に強く表明されていることは、注目すべきである。北齊が北周によって平定され、顏之推にとって三度目の俘囚の後、關中にあって彼と顏思魯の間には次のような問答があったと傳えられる。
鄴平之後、見徙入關。思魯嘗謂吾曰、朝無祿位、家無積財。當肆筋力、以申供養。每被課篤、勤勞經史、未知爲子、可得安乎。吾命之曰、子當以養爲心、父當以學爲教。使汝棄學徇財、豐吾衣食、食之安得甘、衣之安得暖。若務先王之道、紹家世之業、藜羹縕褐、我自欲之。(勉學篇)
(北齊)鄴が平定されて後、私たちは關中に移住させられた。思魯がかつて私に言った「仕えては爵祿も官位もなく、家にも蓄財がございません。肉體を驅使することで、お父上を養い申し上げたく思います。いつも手厚く勉學を教えて頂き、經書や史書の學問に勵み、息子としてそこに安んじていていいものか、わかりません」。私は彼にきっぱりと訓じた「子供は父親を養うことを心構えとすべく、父親は子供に學問を教育すべきものである。お前に學問を棄て財産を求め、私の衣食を豊かにさせたところで、それを口にしてどうしてうまかろう、それを着てどうして暖かかろう。もし先王の道に勵み、我が家代々の學業を繼承してくれれば、粗末な食事や衣服とて、私は自ら進んで欲するであろう」。
強制的に移住させられた關中の地にあって、彼ら親子の生活が相當に苦しかったことは、息子から父への半ば慨嘆にも似た發問の様子から看取し得る。だが父に從って日々學問の研鑽を積みながら何ら官職を得られずにいるよりも、むしろ肉體勞働の形で親に奉仕して家計を助けたいとする長子の要望にも、顏之推は「學問せよ、家の學問を繼承せよ」と毅然として答えるのである。ここから、顏家が代々士大夫として生きねばならず、そのためには學問しかないのだという、彼の強い確信を讀み取らねばならない。

ここで顏之推は、息子に對して明確に「家の學問の繼承」を要求している。顏之推傳によれば、顏家は代々『周禮』と『春秋左氏傳』を家の學問として繼承した(20)。また顏之推の九代前の祖・顏含は、「お前たち顏家は學問で食べていく家であり、代々財產持ちや高位高官の者はいない（汝家書生門戶、世無富貴）」（止足篇）云々と子孫に言い遺し、顏之推もそれを終身名言とした。一度顏家に生まれれば、書生、すなわち學問で身を立てていく知識人、つまりは士大夫として生きていくこと、そしてその生き方を顏家の人間として繼承していくことは、代々當然のことであり、顏之推もまた何ら疑うことなくその宿命を繼承した。そして顏之推の場合は、繼承するのみには止まらず、さらに踏み込んで、學問の家と國家への實用をも求めたのである。

四　顏之推における國家

顏之推は自らを學問に立脚する士大夫と自任していた。そしてその意識が、彼をして學問の家と國家への實用性を强調せしめたと言える。ではそのとき、學問の實用對象である家と國家が、彼の中でどう位置づけられていたのか。これが重要な問題となろう。

まず國家について、自らが屬する國家の滅亡に三度も直面した經歷を踏まえれば、彼は國家という存在に多分に不信感を抱いていただろうし、事實、最終的に賴れるのは父兄でも國家でもなく、自分自身だけであることを示唆してもいる(21)。だが彼は、君主に奉じる臣下の在り方について、次のような議論を展開している。

不屈二姓、夷齊之節也。何事非君、伊箕之義也。自春秋已來、家有奔亡、國有吞滅、君臣固無常分矣。然而君子之交、絕無惡聲。一旦屈膝而事人、豈以存亡而改慮。陳孔璋、居袁裁書、則呼操爲豺狼、在魏製檄、則目紹爲虵虺。在時君所命、不得自專、然亦文人之巨患也。當務從容消息之。（文章篇）
二つの王朝に仕えないのは、伯夷・叔齊の節義である。誰に仕えたとて仕えた人物を君主とするのは、伊尹・箕子の節義である。春秋の時代以來、家が廢頽することがあり、國家も滅亡することがあり、君臣の間には實に定まったものがない。しかし君子間の交際は、それが絶えても悪口を言わないものである。ひとたび膝を屈してある人物に仕えたのであれば、どうしてその人物の存亡によって考えを改めようか。陳琳は、袁紹に附き從って手紙を書けば、曹操を豺や狼と呼び、魏で檄文を物すれば、袁紹を虵や虺と見做した。その時に仕えていた君主の命令であり、自分ではどうにもし得ない面があったにしても、しかしこうしたことも、やはり文人の巨患である。これをじっくりと斟酌する努力が必要である。(22)
ここで顏之推は、君主に仕える在り方を二通り提示している。第一は、決して二人の君主には仕えない在り方であり、第二は、誰であろうと仕えた人物を君主とする在り方である。確かに彼は、家と國家とに絶對的な安定は存在し得ないことを認める。だが同時に、「君子之交、絕無惡聲」という『戰國策』燕策二に典據を持つ態度(23)を提示し、一度膝を曲げてある君主の臣下となった以上、その君主の存亡によって態度を改めないことを要求する。そしてその上で、時の君主の命令に從わざるを得なかった面に理解を示しつつも、仕える人物を變える度に、かつて仕えた人物の批判を無節操に物した陳琳の如き態度を、「文人の巨患」と批難するのである。
以上の議論を踏まえれば、確かに我々は、顏之推が轉々と仕える王朝を變えていった事實を知ってはいるけれども、それを理由に、この議論における第二の如き君主に仕える在り方に顏之推が共感したとは考えられまい。

顏之推は、梁・北齊・北周・隋を經た最晩年に書き遺した終制篇でも、なおその出生地・梁を「本朝」と稱して、終生自らが歸屬する國家と意識していた。(24) また『隋書』卷十四・音樂志中には、隋・開皇二年（五八二）のこととして、次のような顏之推の上奏文が掲載されている。


開皇二年、齊黄門侍郎顏之推上言、禮崩樂壞、其來自久。今太常雅樂、竝用胡聲。請馮梁國舊事、考尋古典。高祖不從曰、梁樂亡國之音、奈何遣我用邪。

開皇二年、北齊・黄門侍郎の顏之推の上言「禮樂が崩壞してしまって、もう隨分になります。いま太常の雅樂は、どれも胡の音樂を採用しております。どうか梁國の古い典章制度に依據し、古典を考査してくださいますように」。高祖は從わずに「梁の音樂の如き亡國の音を、なぜ私に採用させようとするのか」と言った。


この顏之推の上奏は一蹴されて採用には至らなかったが、隋代に入ってもなお、顏之推は出生地・梁とその文化に強い拘りを持っていたのであった。こうした事實から窺えるように、彼はやはり、叶うならば一つの王朝の下、具體的には梁でその生涯を全うすることを望んでいたのである。だが現實として、顏之推にそれは無理であった。だからこそ、彼は第二のような君主に仕える在り方をも合わせて提示したのであろう。しかしそれでも陳琳の如き無節操な態度は否定され、假にやむを得ず仕える君主を變えることとなった場合には、常に冷靜に自らの立場を斟酌する必要があったのである。

確かに顏之推は、究極的には南朝・梁を自らが屬する王朝だと考えていた。だが彼は、ただそれを思慕することに終始したのではない。それを象徴するように、「觀我生賦」で北遷後の生を南朝での生に繼續して積極的に詠じ、自注の形でそれに詳細な解説を加える。これは、例えば同じく北遷を餘儀なくされた庾信が、「哀江南賦」で南朝への想いを切々と詠じながら、北遷後の具體的な生はほとんど詠じないのと對照をなす。[25]
顏之推はまた、國家の滅亡とその原因についても常に冷靜な分析と考察を行なった。『顏氏家訓』では、隨所で南朝社會の悪しき體質に痛烈な批判を浴びせる。[26] また北齊の滅亡についても、慕賢篇の最終二段に見える議論で、國家に益する文武の重臣を無意味な黨派闘争によって死に追い込んだことが原因に他ならないと、鋭く指摘する。[27] 彼はただかつての文化的な南朝の思い出に埋沒して生きたのでは決してなく、北遷後も、常に自らが屬する國家を意識し、[28] まさに政治人として生きたのであった。それは、彼が士大夫として生きる覺悟を有していた以上、當然のことだったのかもしれない。中國士大夫にとっての世界とは、何より政治世界だった面が強いからである。[29]
こうした顏之推の政治意識を知ったとき、彼が決死の覺悟で北周から北齊へと亡命した要因がよりはっきりしよう。それは確かに、「觀我生賦」の記述を追えば次第に明白になるように、南朝への歸還を期待したことに端を發する。[30] だが亡命の理由をそれのみに求めるのは單純に過ぎる。彼が北周の政治に對して不滿の念を抱いていたことは、宇都宮清吉氏がすでに明快に指摘した通りであり、[31] 北周の政治には加わる意思のないことの表明が、いま一つの亡命の理由として考えられるのではないか。
確かに顏之推と同時代の士大夫たちもまた、一般に士大夫というものがそうであるように、南北朝を問わず政治に參畫した。だが彼らの場合、主として家を繁榮させ家格を高めるべく政治に積極的に參畫した面が強いのであって、顏之推のようにそのときに自らが仕える國家への奉仕の念を抱いていた士大夫が、果たしてどれ程いたであろうか。何より顏之推自身が、既存の門戸の權勢に賴るばかりで何も努力せず、侯景の亂を機にそれが失われるや駑材と化して沒落した南朝貴族たち、北齊の宰相・祖珽に無計畫に附き從ったために、對立する鮮卑系武人に驅逐された北朝漢人官僚たち、そんな家の繁榮や個人の權力のためにのみ力を弄した同時代の南北朝士大夫たちの失敗を、具に目の當たりにしたのである(32)。こうした事情に彼は、士大夫として仕官し國家に奉仕すべきとはしながらも、官界での出世を望むのではなく、むしろ官界であまり目立たぬよう訓戒するのだった(33)。

仕宦稱泰、不過處在中品。前望五十人、後顧五十人、足以免恥辱、無傾危也。高此者、便當罷謝、偃仰私庭。（止足篇）

仕官のちょうどよい狀態とは、眞ん中の位置にいるに越したことはない。自分より上位に五十人、下位に五十人というのが、恥ずかしくもなく、危險もないところだ。これより高位であれば、ただちにそこから退いて、家で自適しているのがよい。

五　顏之推における家

顏之推には、多くの南北朝士大夫が依據していたような、當代の繁榮と權力のための家柄・家格を固執する意識は希薄であった。それがあまりに危險過ぎることを、同時代の樣相を目の當たりにすることで、十分に知っていたからである。そこで彼はまず、秩序をもって家を治めることを重視したのである。
『顏氏家訓』の序とも言える序致篇で、彼は「私が今またこのような書物を著すのは、事物や世の中の規範を示さんとしているのではない。家門の内を整え、子供たちを教え導こうとしているのである（吾今所以復爲此者、非敢軌物範世也。業以整齊門内、提撕子孫）」と、『顔氏家訓』は如何に家を治めるかを説くために執筆されたかのように言い、確かにその意圖は、教子・兄弟・後娶・治家などの各篇に見受けられる。そこには子供の教育法、兄弟や家の女性たちとの關係、家長としての家の治め方など、具體的かつ幅廣い記述がなされている。彼は各家々での父や母、兄弟などの身近な人物による、士大夫としてあるべき日常所作の教育、さらにそれを基礎にして家を治めることの重要性を強く認識していたのである。第一節に引いた「吾觀禮經」に始まる風操篇の一段で、禮經を中心とした古典の中に、家を根據とした士大夫の日常所作についての教えが示されることの意義を捕捉し、さらに各家がそれぞれの適切な處置に則ってその所作を傳えることを、「士大夫の風操」と稱した所以である。

だが『顔氏家訓』は、あるべき家庭における士大夫の日常所作を傳えて家を治めるための、單なる教訓集には終始しない志向を有していた。彼自身が學問を備え世に益する士大夫として生きるのみならず、後の顔家の者たちにもその生き方の繼承を望む志向が、それである。この志向が、彼をして「私はこの書物がお前たちの信頼するものとなり、身近な子守や女房たちの存在より意味あるものであろうことを望む（吾望此書爲汝曹之所信、猶賢於傳婢寡妻耳）」と言わしめた。彼は『顔氏家訓』によって、單に子守や女房といった身近な人物による家庭内での教育以上のものを、顔家の者たちに傳えようとしたのである。

彼は學問に立脚した士大夫としての生き方を、存命中は家庭内で身を以て實踐し、繰り返し强調して子息に示した。そのことは、これまで見てきたような、長子・顔思魯に向けて學問の必要性を强調した問答（第三節）や、自らの學問が文獻の記載に基づくことを「お前たちが知っていよう」と自信に滿ちて子息に言い放った様子（第一節）などから看取できる。顔之推は、顔家の人間が士大夫として學問に立脚して生きる姿勢を息子たちに傳え、それを教え示すための場として、家を位置づけたのである。そしてそこから連續する形で、家で受けた教育を基礎にして社會と國家のために政治人、士大夫として息子たちが生きる場として、國家が位置づけられたのである。こうした教育の場、しかも家を出た先での士大夫としての生き方を示す場として家を位置づけた例は、この時代には珍しかったと言える。實に顏之推に特異な位置づけと言い得るのである。

六　家と國家の連續と『顏氏家訓』

顏之推にとって、家と國家は、士大夫として生きる上で連續していた[34]。このことは、家という本來は私的な場が、國家という公的な場へと開かれていたと言え、この點を專論した論考が、すでに谷川道雄氏にある。そこでは、『顏氏家訓』兄弟篇の一節における「公務」と「私情」の對比、あるいは當時盛んに行なわれていた「賑恤行爲」に着目し、六朝貴族の家が公的世界へも開かれていたとする觀點から、家と國家の連續性を論じている[35]。こうした家と國家の連續という觀點は共通するが、ここでは「學問」を媒介とした形での、顏之推における家と國家の連續性を指摘したい。

顏之推の生涯を見れば、現實問題として、彼を家長とする顏家に、當時盛んに行なわれた社會への「賑恤行爲」を實行に移し、それによって社會的な信望や地位を獲得する經濟的な餘裕があったかは、はっきり言って疑問である。北朝社會で官吏に對する俸祿がほとんど期待できず[36]、そのため北朝官吏の多くは、宗族間の強い結びつきに支えられた莊園的な生活を送っていた[37]。確かに俸祿に賴りきった江南士大夫の生活[38]に顏之推は批判的であり、より農業に密着した生活形態を理想視していた[39]。だが實際には、吉川忠夫氏が言うように、「たとい彼が農業と密着した莊園の生活型態を理想として描いたところで、それはあくまで羨望にとどまり、華北の社會における彼は、「家に積財もなく」(45b)、強力な血縁もいない一亡命貴族でしかなかった」[40]。兄は北周に残り、北齊に單身亡命した顏之推は、自身で「ただし一族は衰え、肉親も數少なく、喪に服するような近しい親戚は、そばに一人もおらず、他鄕に轉々としていては、資廕(先代の功績などにより得られる官爵)など期待できなかった(但以門衰、骨肉單弱、五服之內、傍無一人、播越他鄕、無復資廕)」(終制篇)と吐露するが如く、強固な宗族關係や大規模な田土など存するはずもなく、やはり微々たるものではあっても、官吏として國家に奉仕した見返りとしての俸祿で生きていく以外に道はなかったのである。

こうして顏之推は、ここまで確認してきたように、仕官するために家で學問をし、その學問を仕官して國家のために實用するよう要求したのである。ただ確認しておくべきなのは、ここで學問と言うが、それは書證篇や音辭篇に展開されるような古典の訓詁や解釋といった、狹い意味での學問にのみ限定されるものではない。むろんそれらは「眼學」として顏之推にとって重要な意味を持ち、同時代の士大夫たちによる、徒に細かい點を穿鑿するかのような議論をしたり、師の說を無批判に繰り返したりするばかりの淸談や章句の學とは異なっていたこと、すでに確認した如くである。だが顏之推にとって學問の持つ意味を考えるとき、自らが學問に立脚して生きる士大夫であると自任する彼の意識が問題なのである。

また顏之推は決して生きていくための一手段、一技術として學問を追究したわけではない。そのため、彼は確かに學問の實用性を主張はしたが、それを彼の學問の根幹のように見做してはならないし、また讀書を「伎」と稱する彼の勉學篇の言葉は、額面通りに受け取るわけにはいかないのである[41]。顏之推にとって學問とは、あらゆる判斷の基準であり、如何なる狀況にあっても不變に追究され、かつ信じられたものなのであった。顏之推にはあくまで學問を事とする顏家に生まれたという自負があり、その自負を自らが繼承し、また後世の顏家の人間に、如何なる狀況に置かれても繼承していってもらわねばならないとする責任を痛感していたのである。

上述の認識のもと、「眼學」に基づいた學問に對する姿勢と、その學問を根據として生きる士大夫としての生の在り方を敎え示す場として家を位置づけ、またそれを國家に活用していくことで、顏家の子孫たちが國家に有益な士大夫たり得ると考えている點で、顏之推において、家と國家は學問を媒介とした形で連續性を有していたと言える。そして後世の顏家の者たちまでを明確に視野に入れている點で、例えば死の直前、家督を讓る際に眼前の息子たちに對して與えられた、『顏氏家訓』に先行するいくつかの誡子書や遺誡の類とは、性格が異なると言わなければならないのである(42)。

「眼學」に基づいた學問に對する姿勢と、その學問を根據として生きる士大夫としての生の在り方、これらを同時代に生きる息子たち、さらにはそれを越えて後世の顏家の者たちにまで向けて書き遺したものが、『顏氏家訓』として結實したと言える。そして顏家の子孫たちは、それを家の學―家學―として代々繼承し、家の繁榮や個人の權力のためではなく、社會や國家のために活用していく一人の眞の士大夫として生きていくことが、常に『顏氏家訓』を通じて求められたのである。あるべき士大夫の學問の、顏家としての繼承を望むことこそが、まさに顏之推に『顏氏家訓』を家訓として著させた理由であると考えられるのである。最晩年に書かれたと思われ、自身の墓のことや埋葬について語り、遺書的な性格を有する終制篇の締め括り、つまりは『顏氏家訓』全體の締め括りとも見てよい言葉が、後繼者たちに向けた次のようなものであるのは、以上の論證を何より證明するのではなかろうか。


汝曹宜以傳業揚名爲務、不可顧戀朽壤、以取堙沒也。

お前たちは（顔家の）學問を傳承して名聲を高めることを本務とするべきであり、（私の）朽ち果てた墓なぞに未練を殘し、そのために世に埋沒してしまうことなど、あってはならないぞ。

おわりに

『顏氏家訓』の當面の對象は、當然顏家の者たちである。だがそれが提示したのは、顏家のみが繁榮するための生き方ではなく、學問に立脚し、個人と家と國家の三者を連續させ包含した形での士大夫の生き方だった。この點において、『顏氏家訓』は顏家の私有性から解放される。そこで指摘すべき『顏氏家訓』が有する意義は、次の二點にあろう。

第一の意義は、あくまで自らの學問に據って國家のために立つことに拘る士大夫像を提示したことである。學問に依據して國家のために奉仕することを目指すという態度は、士大夫としてはごく標準的と言われるかもしれない。だが顏之推自身が盛んに指摘するように、門閥偏重のために讀書と學問を輕視し、かつ國家に奉仕することよりも自らの家格を高めることに士大夫たちの關心が集中した時代にあって、顏之推が提示したような士大夫像に拘ったことは、見逃してはならない。加えて、門閥よりも學問によって人材を登用する意識は、すでに北朝では芽生えており、顏之推自身が科擧制度を思い描いていたわけではないけれども、ここに將來の科擧制度の理念に通じる側面を見出すことも可能であろう(43)。

そして顏之推のように、何度も自らが屬する國家の轉覆を經驗した人間が、却って國家のために行動する士大夫像を描出したことは、實に興味深い。そこにはこれまで確認してきたように、自らをどのような狀況にあっても支えてくれるものとしての學問への信頼があったのである。

また顏之推は、そうした士大夫が備え國家に活用すべき學問の在り方と、それに對する姿勢を、自らが家庭の中で教え示すことにより、まずは息子が、そしてさらにはそれを繼承する形で子孫が、治國に參畫する有益な士大夫として育っていくことを企圖した。つまり獨自の裁量により士大夫における學問の在り方を教育する場としての家の存在意義を見出したのであり、このことが第二の意義である。

この點は、具體的に顏之推自身による言及はないものの、『禮記』大學の所謂「修身・齊家・治國・平天下」に示される「個人と家と國家の連續」という意識に通じる面がある。周知の通り、『禮記』大學に表明される「個人と家と國家の連續」という意識は、後に宋儒により特に強調されたのであり、その意識を前提としている面がある我々の目には、顏之推がその意識を語ることは、士大夫として當然のことのように映るかもしれない。だが顏之推の場合、個人が自己を修養して聖人君子たることを目指せば、自然と家の者たちもそれに附隨して修養に務め、そのまま齊家以下、治國・平天下へと自然と繋がっていくと考えていたわけではない。個人から家へ、そして家から國家へという兩段階には、連續性と同時に一定程度の斷絕が存したのであって、治國に有益な士大夫を教育し育成する場としての家の重要性を、顏之推は特に見出したのである。こうした個人と國家の間に位置し、兩者を結びつけるものとしての家の位置づけは、顏之推に特徵的なものと言わなければならない。

以上の二點に集約的に示されるように、顏之推は、自身が學問を事として屬する國家へ奉仕する顏家の士大夫であるという、强力な自負を有していた。そしてその自負を家で教示することで、息子たちはもちろんのこと、後世の顏家の者たちにも繼承していってもらい、顏家の人間がいつの時代にも學問を根據に士大夫として生きることを希求した。その希求が『顏氏家訓』に語られているということこそ、『顏氏家訓』の家訓たる所以なのである。

それまでの門閥貴族中心の時代の動揺、さらには終焉に際し、他の士大夫たちのように舊態にしがみつくのではなく、新たに家庭の教育力を顧み、後の時代に廣く受容される、學問を事として國家に奉仕する士大夫像を描出したこと。これこそ『顏氏家訓』が、「顏氏の家訓」としてのみならず、永く後世まで「家訓の祖」として讀み繼がれることになった理由なのではあるまいか。

（1）繆鉞「顏之推年譜」（『讀史存稿』（三聯書店出版、一九六三）、所收）、參照。
（2）本書では、正史は中華書局標點本に據る。ただし標點については必ずしも從わない部分もある。
（3）以下『顏氏家訓』について、本書では王利器『顏氏家訓集解』增補本（中華書局、一九九三、本書では『集解』と略稱する）を用いる。他に周法高『顏氏家訓彙注』（中央研究院、一九九三、本書では『彙注』と略稱する）を、適宜參照する。また本章では、『顏氏家訓』からの引用は篇名のみを記すこととする。
（4）『梁書』卷五十・文學傳下「顏協、字子和……大同五年卒、時年四十二」。
（5）傳は『周書』卷四十。
（6）齊武平中、署文林館待詔者、僕射陽休之・祖孝徵以下三十餘人、之推專掌。其撰修文殿御覽・續文章流別等、皆詣進賢門奏之。
（7）北齊から北周へと連行される際に、盧思道らと蟬を題材に詠じた作品と、その內容については、第二部第六章、參照。
（8）吾已六十餘、故心坦然、不以殘年爲念。
（9）古今家訓、以此爲祖。
（10）陳振孫書錄解題云、古今家訓、以此爲祖。然李翺所稱太公家教、雖屬僞書、至杜預家誡之類、則在前久矣。特之推所撰、巻帙較多耳。
(11) 守屋美都雄『中國古代の家族と國家』(東洋史研究會、一九六八) 家族篇・第六章「顏氏家訓について」、宇都宮清吉『中國古代中世史研究』(創文社、一九七七) 第十二章「顏之推研究」、吉川忠夫『六朝精神史研究』(同朋舍、一九八四) 第Ⅳ部「顏氏研究」第九章「顏之推論」など。
(12) 父兄不可常依、鄕國不可常保、一旦流離、無人庇廕、當自求諸身耳。諺曰、積財千萬、不如薄伎在身。伎之易習而可貴者、無過讀書也。……夫讀書之人、自羲・農已來、宇宙之下、凡識幾人、凡見幾事。生民之成敗好惡、固不足論、天地所不能藏、鬼神所不能隱也(勉學篇)。
(13) 學問有利鈍、文章有巧拙。鈍學累功、不妨精熟、拙文研思、終歸蚩鄙。但成學士、自足爲人。必乏天才、勿强操筆(文章篇)。
(14) ここで顏之推が「禮經」の中に讀み取った、聖人の教えとして擧げられる諸事項は、すべて『禮記』に言及がなされている。具體的に篇名を擧げるならば、「箕帚」と「匕箸」が曲禮上、「咳唾」が内則、「唯諾」が曲禮上、「執燭」が少儀、「沃盥」が内則である。この顏之推における「禮經」については、第一部第三章、參照。
(15) 未知養親者、欲其觀古人之先意承顏、怡聲下氣、不憚劬勞、以致甘腝、惕然慙懼、起而行之也。未知事君者、欲其觀古人之守職無侵、見危授命、不忘誠諫、以利社稷、惻然自念、思欲效之也。素驕奢者、欲其觀古人之恭儉節用、卑以自牧、禮爲教本、敬者身基、瞿然自失、斂容抑志也。素鄙吝者、欲其觀古人之貴義輕財、少私寡慾、忌盈惡滿、賙窮邺匱、赧然悔恥、積而能散也。素暴悍者、欲其觀古人之小心黜己、齒弊舌存、含垢藏疾、尊賢容衆、苶然沮喪、若不勝衣也。素怯懦者、欲其觀古人之達生委命、彊毅正直、立言必信、求福不回、勃然奮厲、不可恐懾也。歷茲以往、百行皆然。縱不能淳、去泰去甚、學之所知、施無不達。
(16) 漢代の賢俊が、一經を修めて卿相に至ったことを稱贊するのは、博學を重んじた顏之推の學問觀とは一見矛盾する。だが彼は無闇に多様な學問分野に手を出し、結局どの分野でも滿足な理解に到達し得ないものを博學とは認めず、むしろ漢代の賢俊が一經の專家としてそれを治國に活用したことを評價するのである。廣範圍に涉りつつも、何か一つのことを自らの專門とするよう求める態度は、臣下を六種に分類して「人性有長短、豈責具美於六塗哉。但當皆曉指趣、能守一職、便無媿耳」（渉務篇）と結語する態度と共通する。
（17）梁武帝蕭衍好佛、小名命曰阿練、後又捨身同泰。顏氏亦嚮風慕義、直至歸心。梁元帝蕭繹崇玄、至乃倦劇愁憤、輒以講自釋。顏氏雖自稱亦所不好、然亦頗預末筵、親承音旨（『集解』敍錄、五頁）。
（18）人生在世、會當有業。農民則計量耕稼、商賈則討論貨賄、工巧則致精器用、伎藝則深思法術、武夫則慣習弓馬、文士則講議經書。多見士大夫、恥涉農商、羞務工伎、射則不能穿札、筆則纔記姓名。飽食醉酒、忽忽無事、以此銷日、以此終年。或因家世餘緒、得一階半級、便自爲足、全忘修學。及有吉凶大事、議論得失、蒙然張口、如坐雲霧。公私宴集、談古賦詩、塞默低頭、缺伸而已。有識傍觀、代其入地。何惜數年勤學、長受一生愧辱哉。
（19）六つの職種を提示しつつ、自らは士大夫を自任する態度は、注（16）で確認した態度とも共通する。
（20）世善周官・左氏、之推早傳家業。
（21）注（12）「父兄不可常依、鄉國不可常保、一旦流離、無人庇廕、當自求諸身耳」、參照。
（22）「消息」の語は「斟酌」の意で『顏氏家訓』にしばしば用いられる。『集解』風操篇「須有消息」注（六二頁）、參照。
（23）「臣聞古之君子、交絕不出惡聲、忠臣之去也、不潔其名」。なおこの典據から、『顏氏家訓』の「絕無惡聲」について、「絕」字を「無」の强めとして讀むことはしなかった。
（24）「便值本朝淪沒、流離如此、數十年間、絕於還望。今雖混一、家道罄窮、何由辦此奉營資費」。顏之推が梁を終生「本朝」と稱したことについて、清・顧炎武は『日知錄』卷十三・本朝で「古人謂所事之國爲本朝。……顏氏家訓、先君先夫人、皆未還建業舊山、旅葬江陵東郭。承聖末、啓求揚都、欲營遷厝。蒙詔賜銀百兩、已於揚州小郊卜地燒塼。值本朝淪沒、流離至此、之推仕歷齊・周及隋、而猶稱梁爲本朝。蓋臣子之辭、無可移易、而當時上下、亦不以爲嫌者矣」と言う。
（25）周法高「顏之推觀我生賦與庾信哀江南賦之關係」（『大陸雜誌』二〇卷四期、一九六〇、原載。後に『彙注』に轉載）、參照。
（26）前揭吉川氏論文、特に二「顏之推の江南社會批判」、參照。

(27)「齊文宣帝、卽位數年、便沈湎縱恣、略無綱紀、尙能委政尙書令楊遵彥、內外淸謐、朝野晏如、各得其所、物無異議、終天保之朝。遵彥後爲李昭所戮、刑政於是衰矣。斛律明月、齊朝折衝之臣。無罪被誅、將士解體、周人始有吞齊之志。關中至今譽之。此人用兵、豈止萬夫之望而已也。國之存亡、係其生死」および「張延雋之爲晉州行臺左丞、匡維主將、鎭撫疆埸、儲積器用、愛活黎民、隱若敵國矣。羣小不得行志、同力遷之。既代之後、公私擾亂、周師一舉、此鎭先平。齊亡之迹、啓於是矣」。
(28)「觀我生賦」で北周に連行された場面を「予一生而三化」と詠い、「在揚都値侯景殺簡文而簒位、於江陵逢孝元覆滅、至此而三爲亡國之人」と自注して、自らが屬する國家の變遷を人生の節目と認識していたところに、そうした意識は示唆される。
(29)前掲吉川氏論文も、「中國の士大夫にとっての現實世界とは、なによりも政治の世界であったはずである」（二八九頁）と述べ、五「政治人としての顏之推」の記述に進む。
(30)「觀我生賦」に「返季子之觀樂、釋鍾儀之鼓琴」と言い、その自注に「梁武聘使謝挺・徐陵、始得還南。凡厥梁臣、皆以禮遣」とある。徐陵らは、武帝により東魏の都・鄴へ、南朝の禮樂を代表して遣わされながら、侯景の亂により梁が危機に瀕したため、北齊の都となったその地に抑留されたままであった。だが西魏の攻擊により滅んだ元帝政權の後、そこに武帝の甥である蕭淵明を送り込んで傀儡政權を樹立せんと目論んだ北齊使節の一員として、望外の南歸を果たした。「觀我生賦」とその自注はこのことを、『左傳』襄公二十九年および成公九年の故事を踏まえて言っているのである。續けて「觀我生賦」は「竊聞風而淸耳、傾見日之歸心」と言い、その自注には「之推聞梁人返國、故有犇齊之心」とある。また亡命の樣子を雄辯に詠じた後に「先廢君而誅相、訖變朝而易市」と嘆じて、そこに「至鄴、便値陳興而梁滅、故不得還南」と自注する。顏之推が徐陵ら南歸の情報に觸發され、自らも南朝への歸還を企圖したことは疑いない。
(31)前掲宇都宮氏書、特に第四部「關中生活を送る顏之推」、第五部「顏之推のタクチクス」、參照。
(32)「及離亂之後、朝市遷革、銓衡選擧、非復曩者之親、當路秉權、不見昔時之黨。求諸身而無所得、施之世而無所用。被褐而喪珠、失皮而露質、兀若枯木、泊若窮流、鹿獨戎馬之間、轉死溝壑之際。當爾之時、誠駑材也」（勉學篇）。淸・

趙翼『廿二史箚記』巻八「南朝多以寒人掌機要」および巻十二「江左世族無功臣」は、如何に當時の南朝貴族層が國家の命運よりも個人や家柄の榮華の存續に意を注いだかを明快に指摘する。もっとも北朝においては、國家との關係性に留意した遺誡の類例があること、前掲守屋氏書の家族篇・第五章「六朝時代の家訓について」、參照。
(33) これには「仕官しても權力や富貴を貪るな」という祖先・顏含の訓戒（止足篇）の影響もあろう。
(34) こうした意識は、「笞怒廢於家、則豎子之過立見。刑罰不中、則民無所措手足。治家之寛猛、亦猶國焉」（治家篇）や、父母に對面する際の顏家の家風を「若朝嚴君焉」（序致篇）と評する言葉などに端的に表明される。もっとも後者について、『周易』家人に「家人有嚴君焉、父母之謂也」とあり、また同様の家風は顏家以外にも『集解』所引の如く存在した。だがここでは、顏家の家風が顏之推によりかく表現されていることが重要である。
(35) 谷川道雄「六朝貴族の家政について」（『東洋史苑』六三、二〇〇四）。他に同氏の以下の論考を參照されたい。「六朝名望家社會の理念的構造」（同氏『中國中世の探求　歷史と人間』日本エディタースクール出版部、一九八七、所收）、「六朝時代の名望家支配について」（『龍谷大學論集』四三六、一九九〇）、「六朝時代の宗族—近世宗族との比較において—」（『名古屋大學東洋史研究報告』二五、二〇〇一）。
(36) 北朝初の俸祿支給は太和八年であり、それも孝莊帝時代に廢され、再支給は北齊・文宣帝卽位の天保元年まで待たねばならず、その後も盛んに減俸が行なわれた。以上、前掲吉川氏論文二八〇頁、參照。また黃惠賢・陳鋒主編『中國俸祿制度史』（武漢大學出版社、一九九六）第三章第四節「北齊北周的俸祿制度」、參照。
(37) 『魏書』巻五十八・楊播傳における大家族形態の克明な描寫は、當時の北朝社會における生活の有様をよく物語る。また『魏書』巻七十一・裴植傳「植雖自州送祿奉母及贍諸弟、而各別資財、同居異爨、一門數竈。蓋亦染江南之俗也」は、「南朝の小家族形態」對「北朝の大家族形態」という南北朝の家族形態の違いを象徵的に示す。拙稿「甄琛から見る北魏という時代」（『東洋史研究』第七五巻第四號、二〇一七）の第三章も參照。
(38) 吾見世中文學之士、……保俸祿之資、不知有耕稼之苦（涉務篇）。
(39) 例えば「古人欲知稼穡之艱難、斯蓋貴穀務本之道也。夫食爲民天、民非食不生矣。三日不粒、父子不能相存。耕種之、茠鉏之、刈穫之、載積之、打拂之、簸揚之、凡幾涉手、而入倉廩、安可輕農事、而貴末業哉。江南朝士、因晉中

興南渡江、卒爲羈旅、至今八九世、未有力田、悉資俸祿而食耳。假令有者、皆信僮僕爲之、未嘗目觀起一墢土、耘一株苗。不知幾月當下、幾月當收、安識世間餘務乎。故治官則不了、營家則不辦、皆優閑之過也」（渉務篇）などに窺える。彼は農業を農民の如く職業的に行なうことまでを要求しているわけではない。農業の重要性を殊更に主張するのは、人間は生きるためには當然食わねばならないからであり、士大夫として家を治めるにあたって、最低限の農業的知識は備えるよう言っているのである。
(40) 前掲吉川氏論文、二八四頁。なお引用文中の「45b」は、氏が基づいた『顏氏家訓』のテキスト『彙注』（中央研究院歷史語言研究所專刊之四一、一九六〇）の四五頁裏を意味する。
(41) 注（12）「伎之易習而可貴者、無過讀書也」、參照。前掲吉川氏論文はこの「伎」について、「雜藝篇に列擧した書畫をはじめとする諸藝とのあいだには明瞭な一線を畫している」（二八五頁）と言う。
(42) 『顏氏家訓』に先行する誡子書・遺誡は、主として死の直前に家督を讓るべく眼前の子息に向けて爲され、後世の家の在り方などに言及するものは少なかった。その特徴と實例については、注（32）所揭守屋氏論文や周法高「家訓文學的源流」上・中・下（『大陸雜誌』第二二卷二期〜四期、一九六一）、參照。
(43) 北朝も、北魏では北族について姓族詳定が行なわれるなど、族望に依據した官僚選拔制度へと傾斜した。だが例えば湯淺幸孫「「讀書人」身分の「教養」と「倫理」―中國文化の統一性の基礎―」（同氏『中國倫理思想の研究』（同朋舍、一九八一）、所收）は、「既に、北魏の孝文帝の時代に、韓顯宗や李沖は、「門望」に依らず、個人の才學によって、人材を登用すべきことを論じているが（「魏書」韓顯宗傳）、考試制度の創設に先だって、華北では早くも「族望」に基づく身分的秩序を動搖させるような新傾向が用意されていたのである」（五九頁）と指摘する。さらに北周で個人の才學による人材登用がより強く主張されたことは、『周書』卷二十三・蘇綽傳、六條詔書・其四「擢賢良」などに窺える。
また北朝の人材登用の科擧制度への展開を指摘した論考として、唐長孺「南北朝後期科擧制度的萌芽」（『唐長孺文存』（上海古籍、二〇〇六）、所收）があり、特に『顏氏家訓』と科擧制度の連關については、前掲吉川氏論文が「理念としてはもっぱら學問によって官職を獲得しうる科擧官僚社會への展望が開けていたというべきであろう」（二九七頁）と述べる。同様の主張は川勝義雄『魏晉南北朝』（講談社學術文庫、二〇〇四）四二四頁にもなされる。「科學という試驗制度は、應募者の出身を問わず、試驗によってすぐれた讀書人を選拔し、及第者に爲政者の職と身分を保障する制度である。それは、まさに顏之推がいうように、讀書によって「古聖人の道」を學ぶことが、そのまま職を得て身分を維持することにつながるという讀書人理念を、國家的規模で實現しようとするものである。顏之推の見方と、科學制度のねらいとはまったく一致する」。

第二章　顏之推と『顏氏家訓』・『冤魂志』

―兩著作に籠められた顏之推の意圖―

はじめに

第一章で見た如く、南北朝から隋初の混亂を生き拔いた顏之推であったが、激動の生涯の中で彼が遺した著作は數多い。今それらを整理するならば、『隋書』經籍志は『訓俗文字略』一卷（經・小學）、『集靈記』二十卷、『冤魂志』三卷（史・雜傳）、『七悟』一卷（集・總集）を著錄する。『舊唐書』經籍志では『訓俗文字略』と『七悟』が見えず[1]、『冤魂志』は相變わらず三卷のままである一方で、『集靈記』は卷數を二十卷から十卷に減じ、また新たに『急就章注』一卷（經・小學）と『家訓』七卷（子・儒家類）が著錄される。『家訓』とは、第一章で中心的に取り上げた『顏氏家訓』に他ならない。

さて顏之推の主著を『顏氏家訓』とする點に異論はなかろうが、いま一つ重要な著作に『冤魂志』がある。これは志怪小說として歷代讀まれてきたが、說話の一部が唐・道世撰『法苑珠林』に收められることに端的に窺えるように、佛教的な應報說話集としても受容されてきた。この『冤魂志』編纂に籠められた顏之推の意圖については、すでに小南一郎「顏之推「冤魂志」をめぐって―六朝志怪小說の性格―」[2]などの論考がある。しかし『顏氏家訓』と『冤魂志』は、ともに顏之推の主要著作と認識はされながらも、兩著作間での思想的な關係性をめぐっては、勝村哲也「顏氏家訓歸心篇と冤魂志をめぐって（學界展望）」[3]が、『顏氏家訓』歸心篇と『冤魂志』の間での佛教に關する側面について考察したのを除けば、これまでまったく觸れられてこなかった。

如上の狀況を踏まえてこの第二章では、まず『冤魂志』に載錄されていた說話を確定させ、顏之推による『冤魂志』編纂の意圖を改めて探る。その上で、『顏氏家訓』と『冤魂志』がともに言及するある史實に對する、兩著作における評價の相違を確認し、その事實が有する意味について考察する。こうすることで、兩著述間に見える顏之推の思想的な關係性を檢證するとともに、彼の士大夫としての意識を、第一章とはまた異なった角度から明らかにすることを目指したい。

一　『冤魂志』について―載錄說話の復元―

まず『冤魂志』の概況を、先行研究も踏まえながら押さえておこう。『冤魂志』は、顏之推傳にこそ言及はないが、すでに見たように『隋書』經籍志には『冤魂志』三卷が著錄されるし、顏之推の後裔・顏眞卿による「顏氏家廟碑」も、やはり『冤魂志』三卷の存在を明記する[4]。だが完本はいま傳存せず、様々な叢書に收められた形で傳わるに過ぎない[5]。加えて各叢書間でも文字や載錄の說話數に異同が多く、その原本の形は判然としない。ただ說話の多くが『法苑珠林』と『太平廣記』に引かれていることから、王國良氏がそれらを基に、『冤魂志』の原本が載錄していた說話を收集してくれている[6]。その作業は基本的に肯定できるが、以下、筆者もいくらか獨自に史料を補足しつつ、その考證の當否を確認していくことにしたい。

王氏の整理によれば、『法苑珠林』[7]が『冤魂志』として引く說話は四十二條、『太平廣記』が『還冤記』として引く說話は四十四條で[8]、兩者の間で二十七條が重複する。ここで注意すべきは、『太平廣記』が『還冤記』として引くものの中に、『法苑珠林』が『冥祥記』として引くもの十四條が含まれることである[9]。王氏はこの十四條の出所が『還冤記』なのか、それとも『冥祥記』なのかをめぐり、それらは他の『冤魂志』の說話と同じく、いずれも基づく史實が確かに存在すること、またその發生した時代が、すべて梁の普通年間（五二〇～五二七）以後であることを指摘する。

王氏は、『冥祥記』を南齊・王琰の作として、陸杲『繫觀世音應驗記』彭子喬條「義安太守の太原の王琰は、私（陸杲）と舊交があり、『冥祥記』を著した（義安太守太原王琰、與杲有舊、作冥祥記）[10]」を引く。『繫觀世音應驗記』の編纂の年は、その序文によれば南齊・中興元年（五〇一）であって、王琰『冥祥記』完成の下限は五〇一年ということになる。

さて筆者の調査によれば、『法苑珠林』には「案南齊王琰冥祥記云……」（卷十三）や「冥祥記十卷、右此一部、齊王琰撰」（卷一百）とあり、これは『法苑珠林』の見た『冥祥記』が、南齊・王琰のそれであった動かぬ證據となろう。すると『法苑珠林』卷十四に收められる『冥祥記』の自序が、『冥祥記』執筆の契機となった出來事が起こった年月日を記して「時建元元年（四七九）七月十三日也」と言うことから、王琰『冥祥記』は、四七九年以後に書き始められたことになる。

以上の事實を綜合すると、四七九年以後に筆が執られ、遲くとも五〇一年以前には完成していた王琰『冥祥記』には、梁の普通年間（五二〇～五二七）に起こったという先の十四條が基づいた故事は、一つとして混入し得ないのである。

また王氏は、王曼穎『續冥祥記』との混同という見方も否定する。『梁書』巻二十二・南平元襄王偉傳によれば、王曼穎の死に際し、建安王だった蕭偉が彼の葬儀を取り計らった。(11) 同傳は、偉が天監元年から十七年（五〇二～五一八）に建安郡王であったと傳え、王曼穎の死もその間であろうから、彼もまた先の十四條が基づいた故事を目睹し得ないのである。(12)

如上の執筆時期および傳記的な考證から、王氏も結論する通り、『法苑珠林』編纂時に『冤魂志』を『冥祥記』と混同したと判斷するのが、最も妥當であろう。從って本章では、『冤魂志』の說話は、『法苑珠林』が『冥祥記』として引く十四條を含め、『法苑珠林』が『冤魂志』として引く說話と、『太平廣記』が『還冤記』として引く說話を合した、計五十九條とする。(13)

二　『冤魂志』の說話―内容の特徵―

さて『冤魂志』載錄の各說話の内容は、先行研究によれば「怨恨を抱いて悲慘な死を遂げた人物が、その怨恨を晴らすべく復讐し、怨恨の對象者も現世で死を迎えることで、報復が果たされる」という共通したパターンを持ち、これを外れる說話はない。(14) そして怨恨は、基本的には一個人對一個人という最小單位の人間關係において生じ、あまり多くの人物を卷き込むことはない。いま『冤魂志』の中から、このパターンが見易い說話を二つ取り上げよう。どちらもやや長文のため、大意を紹介するに止めて、原文は注記することにしたい。

北魏の城陽王・元徽は、かつて孝莊帝のために謀って爾朱榮を殺害したが、その甥の爾朱兆が入洛して孝莊帝を殺すと、身の危険を感じて洛陽令・寇祖仁を頼る。祖仁の叔父兄弟三人が、徽の助力で刺史となった過去があったからである。だが祖仁は褒賞に目が眩み、恩ある徽を斬ってその首を兆に贈り、さらに徽の金百斤と馬五十匹をも奪う。結局祖仁は兆から褒賞を得られず、ある日、徽が兆の夢に現れて、自身の金二百斤と馬百匹（本來の倍の數）が祖仁の家にあるので手に入れるよう告げる。そこで兆が祖仁を捕えると、徽は祖仁の前にも現れて、「お前にたっぷり報復することができるぞ」と言う。祖仁は徽から奪ったのは金百斤と馬五十匹だったとするも信じてもらえず、その不足を理由に拷問にかけられて死ぬ。（元徽(15)）
梁の秣陵令・朱貞が罪で獄に下り、廷尉の虞獻がそれを調べた。貞は自らを死罪が適當だとするも、翌日が「墓日」のため、一時的に罪の奏上をやり過ごすよう、知人を通して獻に依賴する。獻はそれを了承したが、たまたま客があって酒に醉い、前もって書類から奏狀を拔き出しておくのを忘れる。こうして奏狀は武帝の目に屆き、貞は死罪となる。貞は獻を大いに恨み、「魂にもし知覺がないのであれば、そもそも灰土に等しいも同然。假にも知覺があるのなら、必ずやお前に報復することを誓う」と言い、刑死の後も獻の前によく出現する。後に獻が曲阿令に敍せられ官府に謝意を表しに行くと、それまで元氣だった彼の妻が前兆もなく死ぬ。獻が狼狽して亡妻に哭していると、屋根の梁の上に貞がおり、獻が「秣陵令・朱貞がここにいたのでは、私の妻が死なないはずがない」と言い終わらぬうちに、理由なく家が突如崩れ、獻と奴婢たち十餘人が一遍に命を落とす。（朱貞(16)）
どちらも元徽と寇祖仁、朱貞と虞獻という一對一のミニマムな人間關係の中に生じた怨恨を、怨恨の對象者

（寇祖仁や虞獻）の現世における死を以て晴らすという、先に述べたパターンを持つことが了解されるであろう。[17]
ところで『冤魂志』が顏之推の純然たる創作ではなく、基本的には史實に基づく說話を輯めたものなのだとすれば、その個々の說話よりもむしろ、『冤魂志』が全體として持つ傾向の中にこそ、『冤魂志』編纂の意圖が存するとしなければならないであろう。こうした觀點に立てば、人間と人間の間での、現世での「死」を伴う報復譚を五十九條も輯めて『冤魂志』という書物に仕立てた事實に、その編纂意圖が籠められていると考えられるのではないか。
先行研究が指摘する顏之推の『冤魂志』編纂の意圖は、およそ次の二點に集約される。
第一は、佛教の因果應報說に理解を示さぬ同時代の士大夫層に、それが實際に起こることを理解させるべく、現世での應報譚を輯めたとするものである。[18] そしてその理解をより容易にさせようと、顏之推はあえて寺院建立や說法などの佛教色を出さずに、もっぱら士大夫層に身近な典據・史實を用いたと指摘している。[19]
第二は、第一點を前提に、さらに儒家的あるいは傳統的な道德觀念、社會的意義の强調をも目論むとするものである。そしてこれが、單なる「釋氏輔教之書」たる他の志怪小說を凌駕する、『冤魂志』の特異性だと評價する。[20] ただしいずれの先行研究にあっても、そうした儒家的あるいは傳統的な道德觀念、社會的意義の具體的な內容は、不明瞭なままである。
こうした先行研究の中で小南一郎氏は、佛教の因果應報說が存在することを士大夫層に示す以外に、次の如き意識が、顏之推と『冤魂志』にはあったとする。つまり第一に、『冤魂志』で「人間どうしの恩義關係や信賴關係を裏切り踏みにじる形で起こされた」、「人間として爲してはならない殺害事件」を扱うことで、顏之推において「個人と個人の人格を基盤とした信賴關係がなによりも大切にすべきものだと考えられていた」こと、そして第二に、『冤魂志』とそれをまとめた顏之推は、「現世のこの目でその應報を見たいという強い願望に貫かれている」こと、この二點である。[21]小南氏は、より具體的に顏之推の心理の內實に踏み込んだ形で、『冤魂志』の編纂意圖を解明しており、筆者はこの二點の指摘を首肯するものである。
小南氏の第一點目の指摘は、『冤魂志』が人間同士の事件のみを扱うことによく象徵されていよう。『冤魂志』では、他の志怪小説にしばしば見られる非人間的存在（例えば注（17）の郭祖深の說話に見える「善神」）と人間の間の關係から事件が起こることはない。確かに、先に見た元徽・朱貞の二例でも、報復者が報復の際に鬼神などの非人間の形態をとって登場はしたが、事件の根因は、必ず現世での人間同士の怨恨なのであった。人間同士での怨恨とその應報のみを羅列することで、より强烈な形で、人間の生活においては個人と個人の間の信賴關係こそが何にも增して重要であることを、顏之推は主張したかったのだと考えられよう。[22]
すると小南氏らが、『冤魂志』がもっぱら士大夫層に身近な典據・史實を用いたのは、士大夫層の因果應報への理解を容易にさせる狙いがあったとする點につき、筆者は、『冤魂志』の說話が基本的に文獻に記載のあるものであったことに注目したい。つまり『冤魂志』の說話群の基づく出來事が、決して單なる傳聞や創作ではなく、身近な文獻に記載があることで、士大夫層が確固たる史實としてそれらを受容し易くなるであろうとする打算が、顏之推にあったのではないか。これはまさに第一章で見た「眼學」を標榜する顏之推の意識に通じると言えよう。
こうして顏之推は、『冤魂志』を通じて、相互の信賴を基盤とする人間關係への裏切りに對しては、「現世」での報復が「死」の恐怖を以て必ずあることを示そうとしたのである。

三　『顏氏家訓』と『冤魂志』の間―灌夫の事件をめぐって―

前節では小南氏の論考を出發點に、顏之推が『冤魂志』で、相互の信頼を基盤としたミニマムな人間關係への拘りを表出し、その裏切りには現世での死が待ち受けていることを、文獻に確實な記録を徵することのできる説話群によって强調した點を確認した。

では顏之推は、單なる個人同士の枠を越えて、より廣く社會や國家との關係をどう捉えていたのであろうか。すでにこの問題については、第一章で顏之推の國家觀を檢證する中で些か論じた。この第二章では、『冤魂志』が個人同士の關係について論じた書物であったことを踏まえた上で、それと比較する形で、『顏氏家訓』に語られる社會觀、國家觀の內實をあぶり出してみようと思う。そのために、ここからは『顏氏家訓』省事篇の一段を取り上げたい。行論の都合上、省事篇の該段を三節①～③に分かつ形で譯出しておこう。

①王子晉云、佐饔得嘗、佐鬬得傷。此言爲善則預、爲惡則去。不欲黨人、非義之事也。凡損於物、皆無與焉。然而窮鳥入懷、仁人所憫、況死士歸我、當棄之乎。伍員之託漁舟、季布之入廣柳、孔融之藏張儉、孫嵩之匿趙岐、前代之所貴、而吾之所行也。以此得罪、甘心瞑目。
②至如郭解之代人報讎、灌夫之横怒求地、游俠之徒、非君子之所爲也。如有逆亂之行、得罪於君親者、又不足卹焉。
③親友之迫危難也、家財己力、當無所吝。若横生圖計、無理請謁、非吾敎也。墨翟之徒、世謂熱腹、楊朱之

侶、世謂冷腸。腸不可冷、腹不可熱、當以仁義爲節文爾。
①王子晉は言った「食事の準備を手傳えば味見ができ、喧嘩に加擔すれば自身が傷つく」[23]。これは、善事を爲せばそこに加わり、惡事を爲せばそこから離れるように言っているのである。人に與するのを欲しない[24]のは、それが不義のことだからである。一般に人や物に損なわれるようなことには、すべて關わってはならないのだ。しかし苦境に陥った鳥が自身の懐に飛び込んで來たならば、仁なる人間はそれを憐れむのであり[25]、ましてや死の迫った士人が私に助けを求めてくれば、彼を見捨てることなどできようか。伍子胥が漁船に頼り、季布が廣柳車（靈柩車）に身を置き、孔融が張儉を保護し、孫嵩が趙岐を匿ったのなど[26]は、古の時代が尊重したところにして私も實行するところだ。これによって罪を得たとしても、甘んじて受け入れて死のうではないか。
②郭解が他人の報復を代わりに引き受け、灌夫が思うままに土地の要求に對して怒ったようなのは、游俠の徒であって、君子の振る舞いではない。もし度を過ごしたような行爲によって、君主や肉親に罪禍を及ぼすようなことがあれば、それはまったく憐れむに足りないものである。
③親友に危難が迫れば、家財や自らの力は吝しむところがあってはならぬ。だがやたらと工面しようとし、道理に合わない請願などするのは、私の教えではない。墨翟らを世は「熱腹」と稱し、楊朱らを世は「冷腸」と稱する。腸は冷たくあってはならないし、腹は熱くあってはならず、仁と義の間で節度を持たせ整える必要があるのだ。
右の一段の内容を、順を追って見ていきたい。①での個人的な信頼關係を重視し、困難に陥った人物に能う限

りの援助を惜しまないとする顏之推の思想は、前節に見た『冤魂志』の思想と共通しよう。だが②の內容は、その『冤魂志』の思想とやや不調和をなす感がある。ここに取り上げられる郭解と灌夫の事件は、それぞれ『史記』卷一百二十四・游俠列傳と卷一百七・魏其侯列傳に見えるが、いま特に灌夫の事件の方に着目したい。それが『冤魂志』竇嬰の條にも載錄され、省事篇の記述と對比した場合、興味深い差異を認め得るからである。

『史記』魏其侯列傳によれば、當時の丞相・田蚡と、魏其侯・竇嬰および灌夫とは、數頃の田地をめぐって一悶着あった。田蚡が籍福を派遣して竇嬰の田地の購入を要求し、ために竇嬰の良友である灌夫が籍福を怒ったのである[27]。顏之推は省事篇②で、灌夫のこのような「橫怒求地（橫ままに地を求むるを怒る）」という行爲を支持せずに、「非君子」なる行爲として退けていた。

他方『冤魂志』竇嬰の條は、もちろん田地をめぐる爭いは載錄し、加えてその爭いが一應の終結を見た後で新たに發生した事件をも取り上げている。その大意を記そう。

灌夫と田蚡の間の惡い關係が解決せぬままのある日、田蚡の婚禮での宴會で彼らはまた揉め、灌夫は罪を獲てしまう。元來灌夫と良好な關係にあった魏其侯・竇嬰は、灌夫のために、灌夫の宴會での行爲は故意ではなく醉いのせいであったと辯解した。天子もその辯解を理解したが、田蚡の姉・太后の壓力に屈し、ついに竇嬰までが罪を獲る。死刑に處せられた後、灌夫と竇嬰は二人とも祝鬼者の手を借りて天子の前に現れ、鞭で田蚡を打ち殺し、天子さえもが彼らに謝罪する[28]。

省事篇は灌夫を「游俠之徒」や「非君子」と見做して、彼の態度を支持しないが、右の事件には論及していない。それに對して『冤魂志』では、灌夫と竇嬰の報復行爲を載錄し、これを容認しているのである。ではなぜ灌夫の「横怒求地」という行爲は、『顏氏家訓』で「非君子」なる行爲として否定されるに止まる一方、灌夫と竇嬰による報復行爲が、『冤魂志』で許容されるのか。どちらも友人を助けようとする灌夫や竇嬰の氣持ちから生じた行爲ではないか。

この疑問には、省事篇③が答えてくれる。顏之推は親友の困難に全力で援助することに吝かでないが、無理に援助を畫策した結果、自らも困難に陷ることは決して望まなかった。こうした意識こそ、顏之推が『顏氏家訓』で灌夫の行爲を支持しなかった原因であろう。灌夫からすれば、「横怒求地」は親友の竇嬰を苦境から救うための行爲であったかもしれないが、顏之推からすれば、その行爲のせいで灌夫・竇嬰の二人は田蚡との關係を悪化させ、最後は別件ながら死刑に處せられるに至ったのだ。こうした態度こそ、顏之推が『顏氏家訓』省事篇で、自らの教えではないと反對した態度に他なるまい。省事篇は、確かに田地の問題が暫定的に收まってからのことには觸れないが、それは『顏氏家訓』の文脈では觸れる必要のない内容だからである。しかし彼がそのことを『冤魂志』には記している事實からすれば、『顏氏家訓』省事篇の該段を書く際、必ずや後の事件の展開を知りつつもあえて省いたのであろう。

では苦境に立つ朋友を助けるとき、顏之推は如何なる態度を要求するのであろうか。そこで鍵を握るのが、省事篇③における、「墨翟之徒」（博愛主義）や「楊朱之侶」（個人主義）の如き、極端な態度を退けるよう要求した上での、「當以仁義爲節文爾（當に仁義を以て節文を爲すべきのみ）」という表現なのである。この表現は、次の古典を意識するものであるに違いない。


孟子曰、仁之實、事親是也。義之實、從兄是也。……禮之實、節文斯二者是也。（『孟子』離婁章句上）

孟子が言った「仁の實質とは、親に奉事することがこれだ。義の實質とは、兄に聴從することがこれだ。……禮の實質とは、この（仁と義の）兩者の間を、節度を持たせ整えるのがこれだ」。
この『孟子』の文に據れば、「仁」と「義」は「禮」によって「節文」されるものである。そして『孟子』における「節文」の意味を考えてみるにあたって、例えば次のような記載が參考になるであろう。
禮者、因人之情、而爲之節文、以爲民坊者也。（『禮記』坊記）
禮というのは、人の感情に由來しながら、それに節度を持たせて整え、それにより民衆の感情の堤防として機能するものだ。
義者、謂各處其宜也。禮者、因人之情、緣義之理、而爲之節文者也。（『管子』心術上）
義というのは、各々が宜しき狀態に居ることをいう。禮というのは、人の感情に由來し、義の道理に依據しつつ、それらに節度を持たせ整えるものだ。
右の二例を合わせ考えれば、「節文」とは「二つの事物の間を、節度を持たせて程よく整えること」と解せよう。すると顏之推は省事篇③において、まず「墨翟之徒」（博愛主義）や「楊朱之侶」（個人主義）の如き極端な態度を退ける。その上で「當以仁義爲節文爾」と言って、朋友を救う際に極端な態度はとらず、「仁」と「義」によって狀況に節度を持たせるよう要求していることになる。さらに『孟子』の言を踏まえるならば、「仁」と「義」の間を、「禮」によって「節文」、すなわち「節度を持たせて程よく整える」べきだと言っているのである。

四　「恩」と「義」の間──『禮記』喪服四制の記述をめぐって──

では「仁」と「義」の間を「禮」により「節文」するとは、具體的にどういうことなのであろうか。それを考えるべく、『顔氏家訓』風操篇に見える、同時代人による亡き親への行き過ぎた追悼に對する次の言葉に注目したい。ここに「禮」と「義」が、セットの形で取り上げられているからである。

禮緣人情、恩由義斷。

禮は人間の感情に基づきつつ、恩愛は義理によって斷ち切られるべきものだ。

この二句のうち「禮緣人情」について、先に「節文」の語の意味を考察するために引いた『禮記』坊記や『管子』心術上が、ともに「禮」と「情」を併記していた（禮者、因人之情）ように、そもそも「禮」と「情」は、非常に密接な關係にあった。すると「禮緣人情」と言うとき、顔之推は「禮」と「情」の密接な關係性を念頭に置いて、亡き親に對する追悼の感情自體は、人間が有する自然な感情として是認していたと考えてよい。
では續く「恩由義斷」という表現は、何を言おうとしているのか。實はこれは、次の『禮記』喪服四制を明確な典據とする。

門內之治、恩揜義。門外之治、義斷恩。

家の中の事柄については、恩愛が義理より優先される。家の外の事柄については、義理が恩愛を斷ち切る。

この經文は「喪禮」についてのものだが、魏晉南北朝時代、人々はすでにこの論理を、「喪禮」との關係の枠を超えて用いていたようである。いま幾つか例を擧げよう。

凡所以立品設狀者、求人才以理物也、非虛飾名譽、相爲好醜。雖孝悌之行、不施朝廷、故門外之事、以義斷恩。（『晉書』巻四十五・劉毅傳）
そもそも「品」（鄕品）を打ち立て「狀」（人物の才能・性行の評價書）を設けたのは、人材を求めることで人民を統治するためであり、名譽名聲をいたずらに飾り立て、互いに好き嫌いをし合うためではありません。孝悌の行ないさえも、朝廷では無用であり、だから家の外の事柄では、義理により恩愛が斷ち切られるのです。

及帝入關、事起倉卒、辯不及至家、單馬而從。或問辯曰、得辭家不。辯曰、門外之治、以義斷恩、復何辭也。（『周書』巻二十四・盧辯傳）
孝武帝が關中に入るに及び、事態は急に起こったので、盧辯は家に戻る暇がなく、單騎で帝に從った。ある人が辯に「家を辭去できましたか」と問うた。辯は言った「家の外の事柄については、義理によって恩愛を斷ち切るものであり、どうして辭去などしましょうか」。

臣聞二叔不咸、難結隆周、淮南悖縱、禍興盛漢。莫不義以斷恩、情爲法屈（『宋書』巻六十一・廬陵孝獻王義眞傳）
私が聞きますところでは、二叔（管叔・蔡叔）が和親せず、（滅亡の）災難が隆盛なる周王朝に生じ、淮南王が反亂の感情を恣にして、（自害の）慘禍が絶頂の漢王朝で起きました。義理が恩愛を斷ち切り、恩情が法規

に屈しないことはないのです。(29)

以上の用例の如く、魏晉南北朝時代、『禮記』喪服四制の件の論理の適用範圍は、必ずしも「喪禮」と關係のある議論には限られなかった。つまり家の内側で施される個人的な「恩愛」に對し、一歩家の外側に出ると、そこにはより優先度の高い「義理」が、嚴然として存在していたのである。そして注意したいのは、ここに引いた諸例において、家の内側での個人的な恩愛をも斷ち切らねばならない義理が存在する家の外側の世界として、いずれの場合も朝廷・國家が想定されていることである。その事實は、『晉書』劉毅傳や『周書』盧辯傳の例では見易い。劉毅は家での孝悌も朝廷では不要と言い、盧辯は皇帝に附き從うためには家への辭去などに系ってはいられないと言うからである。『宋書』廬陵孝獻王義眞傳の場合も、皇族の個人的な憎惡關係が、結局は王朝全體への惡影響を招來したことを語っているのであって、發想は同樣であると言えよう。

いまここで、朝廷・國家への義理のために、家の内側での個人的な恩愛を顧みないとする發想が、魏晉南北朝時代に至って初めて、『禮記』喪服四制の記載の擴大解釋に伴って生じたと主張したいのではない。かかる發想自體は、早くは例えば『左傳』隱公四年の「大義滅親」にも見えている。だが魏晉南北朝時代、『禮記』喪服四制の記載が「喪禮」の限定を離れ、家の内側に存在する個人的な恩愛と、家の外側、もう少し具體化するならば朝廷・國家という、單純な個人間での關係を超えたより廣い世界に存在する義理、この兩者の關係をめぐる議論にまで利用され、かつ後者が前者に優先されるとする認識があった點を、筆者はここに强調しておきたいのである。

以上の事實を踏まえて、『顏氏家訓』風操篇における顏之推の「禮緣人情、恩由義斷」という發言についてまとめてみたい。亡き親に對する追悼の感情自體は、人間として自然なものである（禮緣人情）。だがこうした亡き親への追悼の感情とは、あくまで家の內側での、個人的な恩愛に基づくものであった。顏之推は、個人同士のミニマムな人間關係を超えた大きな社會の中で生きていくに當たっては、義理を勘案して、亡き親への追悼の感情を抑制せねばならないと言うのである（恩由義斷）。すると確かに顏之推のこの發言は、亡き親への行き過ぎた追悼に對して爲されたものではあったが、必ずしも「喪禮」に限定したものとは言えまい。むしろ顏之推にあっても、先に見た彼と同時代人のような、恩愛と義理の間に存在する葛藤を、義理の優先という形で處理する感覺が見出し得るのである。

五　再び『顏氏家訓』と『冤魂志』の間――「禮」と「仁」・「義」――

前節では、『顏氏家訓』風操篇の「禮緣人情、恩由義斷」という發言の分析から、個人的な人間關係における恩愛（恩）と、より廣い社會との關係における義理（義）の間で、顏之推に葛藤があったことが明るみになった。そして顏之推も多くの同時代人たちと同樣に、「義」を「恩」よりも優先したのであった。ところでここで言う「恩」は、「仁」と非常に近い概念として考えることが可能なのではないか。實は『禮記』喪服四制では、前節に引いた四句「門內之治、恩揜義。門外之治、義斷恩」に先んじて、「恩者、仁也」との定義が爲されているのである。

この「恩」と「仁」について、もう少し顏之推に引き附けて考えてみたい。すでに確認したように、顏之推は『冤魂志』において、相互の信賴に依據した人間關係の大切さを强調した。あくまで個人間の繫がりを基盤とする人間世界を、『冤魂志』は徹底的に描出したのである。そこには個人對個人という最小單位の人間關係の外側を取り巻く、社會や國家などからの壓力が介入する餘地などなかった。

第二節・第三節で紹介した『冤魂志』の朱貞や灌夫の說話は、そのことをよく示す。國家の裁定で朱貞の死罪は決定的であったが、その死罪に處された朱貞でも虞龢に報復できた。ここには、國家による死罪の決定をも凌駕する、個人的な怨恨への復讐に對する人間の執念の力と、それを容認し、徹底して描出せんとした顏之推の拘りを看取し得よう。また灌夫と竇嬰の怨恨は、皇帝をも謝罪させた。實はこの說話が基づく『史記』魏其侯列傳には皇帝の謝罪はなく、現在は佚した『史記』以外の何らかの史料に依った可能性もあるかもしれないが、それでもこれが、顏之推があえて『史記』の史實に追加した要素であることに變わりはない[30]。灌夫と竇嬰の二人の個人的な怨恨の强烈さが、國家權力の代表者たる皇帝による謝罪を加えることで、より効果的に描出されていることがわかる。

このように『冤魂志』には、信頼の裏切りに伴う個人的な怨恨への復讐が果たされていく過程が、時に法律や皇帝といった國家世界の諸要素を織り交ぜながら繰り返し示され、その結果、徹底して相互の信頼を基盤とした人間世界が描出されたのである。

その顏之推にとって、相互の信頼を基盤とした世界を支えた概念は、第三節の『顏氏家訓』省事篇で「窮鳥入懷、仁人所憫」と言った「仁」だったのではないか。顏之推は『顏氏家訓』の中で、「仁」を「嚴しさを缺く優しさ」という意味での否定的側面を持つ概念として用いる場合がある[31]。だがそれでもやはり、「仁」に付與される基本的な意味が、「對象への個人的な思いやり」であり、人情に依據したものである點は搖るがない[32]。そして風操篇の發言における「恩」もまた、個人的な親への恩愛であり、「對象への個人的な思いやり」という意味では、「仁」と非常に近い概念であると見做してもよいのではあるまいか。こう考えたとき、「恩由義斷」は「仁由義斷」とほぼ同義であると言えよう。
ここで顏之推が、「仁」を「義」と一對の概念として意識していたらしいことに注意したい。と言うのも『顏氏家訓』には、「仁義」が「忠孝」と對になる例が存在するからである。いまその二例を、原文が問題となるため現代語譯ではなく書き下し文によって讀んでおこう。

世人讀書者、但能言之、不能行之、忠孝無聞、仁義不足。(勉學篇)
世人の書を讀む者は、但だ能く之れを言ふのみにして、之れを行なふ能はず、忠孝は聞こゆる無く、仁義は足らず。

行誠孝而見賊、履仁義而得罪、喪身以全家、泯軀而濟國、君子不咎也。(養生篇)
誠孝を行なひて賊せられ、仁義を履みて罪を得、身を喪ひて以て家を全くし、軀を泯ぼして國を濟ふは、君子も咎めざるなり。

王利器氏がつとに論證したように、隋の高祖・楊堅の父・楊忠の諱「忠」を避け、「誠孝」は「忠孝」の意味である。[33] 顏之推は「仁義」二字を、「忠孝」二字と對にして捉えていた面があった。そして「忠孝」を一字ずつ、國家への「忠」と家への「孝」に分析し、「仁義」もこれに對應して、個人同士など、より狹い範圍での人間關係における思いやりの「仁」と、より廣い社會的な對人關係の中に適用される「義」とに區分するのは、決して無理な議論ではないように思われる。[34] ここでのより廣い社會的な對人關係とは、先の魏晉南北朝人における『禮記』喪服四制の四句に對する理解を踏まえれば、もう少し具體的に踏み込んで、朝廷・國家をイメージし得るかもしれない。

『顔氏家訓』風操篇の「禮緣人情、恩由義斷」は、如上の顔之推の認識を象徴する發言として取り上げることができよう。顔之推は「禮緣人情」と言って、人情に由來する「禮」の存在意義を表明しつつも、續けて「恩由義斷」とも言わずにはいられなかった。そして「恩」は「仁」と意味が近似し、「恩由義斷」は「仁由義斷」とほぼ同義と考え得る。

すると「仁」と「義」の顔之推における位置づけは、およそ以下のようにまとめられるであろう。「仁」は、個人と個人の信頼に基づく人間關係の根幹を支える概念である一方で、「義」は個人と社會・國家の關係を支える概念であった。そして彼は「人情」に基づく「仁」を基盤とした人間同士の相互信頼を重視し、それを『冤魂志』の中に徹底して描出した。そこには、繰り返しになるが、時に法律や皇帝といった國家世界の權力をも凌駕する怨恨の强烈さが描出され、個人對個人という最小單位の人間關係の外側を取り卷く、社會や國家などからの壓力が介入する餘地はなかったのである。

だが顔之推が、「人情」を根據とした「仁」に基づく世界を十全に展開できたのは、あくまで『冤魂志』という書物の中だけであった。顔之推が現實に個人の範圍を超えた世界、つまり社會・國家に出たとき、その世界を支配する「義」との關係に絶えず配慮せざるを得なかったのである。それ故に風操篇で「恩由義斷」と言うのであり、それは「仁由義斷」とほぼ同義であって、個人的な思いやりの「仁」は、ミニマムな個人同士の關係を超えた社會・國家との關係の中にあっては、「義」によって斷ち切られるものだったのである。

この發想は、「人情」に基づく「仁」を全面的に展開することができた『冤魂志』では許容した報復行爲の實行者たる灌夫を、『顏氏家訓』省事篇では「游俠之徒」や「非君子」として退けたことに共通するであろう。省事篇では「親友之迫危難也、家財己力、當無所吝」と言いながら、續けて「若横生圖計、無理請謁、非吾教也」とも言った。やはり「人情」に基づく「仁」を大切にしながらも、過剰な「仁」を施すことによって、自身が社會的な損害を被るようなことは、顏之推には許し難いことなのであった。そのために、友情を重んじて行動しながらも最後は處刑されるに至った灌夫は、『顏氏家訓』にあっては批難されたのである。
以上の考察を踏まえたとき、親友の困難に際しては「當以仁義爲節文爾」と言って、個人的な「仁」と社會的な「義」の間の「禮」による調整を要求した顏之推の眞意が、より明確になるのではないか。顏之推の「禮」に對する見方としては、『顏氏家訓』風操篇の次の發言に着目したい。これはすでに第一章第一節で引用濟みであるが、その取り上げる觀點が異なるので、いまここに再掲する。

吾觀禮經、聖人之教、箕帚匕箸、咳唾唯諾、執燭沃盥、皆有節文、亦爲至矣。但既殘缺、非復全書、其有所不載及世事變改者、學達君子、自爲節度、相承行之。故世號士大夫風操。
私が禮經の書を見るに、聖人の教えとは、掃除や食事、年長者への應對、燭火の執り方や手の洗い方など、どれも節度があって、實によく備わっている。しかし殘缺があり、完全な形の書物ではなく、それが載せていなかったり世の事情で改變されたりした箇所があるのであれば、學問に通達した人物が、自身で適當なところを決め、それを代々繼承する。だから世では士大夫の「風操」と稱する。

顏之推は、禮經の書が説く「禮」の中に、日常所作の持つ意義とその程良さを捕捉している。しかし禮經の書に述べられる內容には、缺落したところや世事の變化に合わなくなっているところもあるので、それに決して盲従するのではなく、それを學問に通達した人物が各自で節度を保たせて代々繼承させていくことを、士大夫の「風操」と稱しているのである。つまり顏之推にとって「禮」とは、一人の士大夫として生きる上で、自らの備える學問によってあらゆる場面で適切に判斷しながら、實際の生活に適用させていくものであった。學問に立脚して生きる士大夫を自任する顏之推にとって、「禮」とはそうした士大夫像の根據たるものとして、かかる重大な意味を有していたのである。

すると「當以仁義爲節文爾」という發言は、次のような意味として理解できようか。顏之推は『顏氏家訓』において、「人情」に基づく「仁」を大切にしつつ、同時に社會・國家の中で生きる際に配慮すべき「義」の世界を常に意識し、その兩者の間を、一人の士大夫として自らが備える「禮」(學問)によって適切に處理することを要求したのである。

ところで「禮」は、「情」と密接な關係を持つと同時に、先引の『禮記』坊記が「而爲之節文、以爲民坊者也」と指摘する如く、「情」の恣なる發露を抑制し調整する役割も擔っていた。つまり「禮」とは、人間の「情」に基づきつつも、その恣なる發露を適度に調整すべく制定されたものだったのである。そうした觀點からすれば、顏之推はこうした傳統的な「禮」に對する認識を、より自身の生き方の根幹に連なる、士大夫と學問の關係性に引き附ける形で繼承したとも言えるであろう。

さて顏之推は、『冤魂志』で「仁」に基づく世界を徹底して描出したのに對し、『顏氏家訓』では常に、一人の士大夫として「義」に基づく世界(社會・國家)との關係性に留意した、と本章は主張したいのだが、そこに一つの疑問が浮かび上がるのではあるまいか。果たして社會・國家という「家」の外側に位置する世界のことを、もっぱら「家」の內側について語ると思われる「家訓」の體裁によって顏之推が表出したであろうか、というのがそれである。

これに對して筆者は、顏之推による『顏氏家訓』という著作と士大夫に對する認識が大きく關係していると考える。第一章で顏之推が『顏氏家訓』を家訓として著した理由を、「あるべき士大夫の學問の、顏家としての繼承を望むことこそが、まさに顏之推に『顏氏家訓』を家訓として著させた理由であると考えられる」と述べた(35)。顏之推が『顏氏家訓』に託したことの核心は、顏家の人間が、學問を事とする顏家の士大夫として生きることであった。このとき、一人の士大夫として生きるとは、社會・國家の中で生きることであり、社會・國家の中で生きる顏家の士大夫としての生き方を描出したのが、『顏氏家訓』に他ならなかったと言えるのではないか。

おわりに

ここまでの議論をまとめておきたい。顏之推は『冤魂志』において、人が個人間での信賴關係と、それを支える「仁」に依據して生きねばならないとする、彼の信念を徹底して描出した。一方の『顏氏家訓』では、社會や國家に所屬する顏家の士大夫として依據すべき「義」が、「仁」とともに缺かせぬ兩德目として竝存し、「禮」(學問)による兩者の調整を主張した。それが『顏氏家訓』の「禮緣人情、恩由義斷」や「當以仁義爲節文爾」の言葉に集約されており、顏之推の社會・國家の中に生きる一士大夫としての意識が窺えるのである。

ここで注意しておくべきは、「仁」や「恩」に基づく『冤魂志』の世界と、「義」に留意した『顏氏家訓』の世界が、別個に獨立した形で存在していたのではなく、むしろ竝存していたことである。そのため『顏氏家訓』にも、もちろん「仁」に基づく世界を語る部分はある。ただ『冤魂志』が、士大夫という立場を措いた、一個人・

一人間としての角度から、個人同士の信頼を基盤とした人間關係の重要性を徹底的に追究した著作であったこと。そして『顏氏家訓』の中でもその人間關係を根本に据えつつ、社會・國家の中で、一人の顏家の士大夫として生きるという角度から、個人とより大きな社會との關係の大切さに配慮せんとする志向を示したこと。この二點は、本章の分析を通して解明し得たものと思う。

もちろん一人の人間の著述に際しての心理狀態は複雜であり、『冤魂志』と『顏氏家訓』の間に存した顏之推の書き分けの意識を本章のように語るのは、やや圖式的に過ぎる面があるかもしれない。また顏之推の『冤魂志』編纂の背景には、同時代の志怪小說の流行も無視できまい。實際、彼は他に志怪小說と思しき『集靈記』を著しており、(36)例えば干寶の『搜神記』と『晉紀』など、他の士大夫における志怪小說とその他の著述に對する意識の區分の檢證も必要となろう。加えて法律上も輿論上も、南朝は概して報復行爲に寬容だったことは、彼に何かしらの影響を與えたかもしれない。(37)

さらに本章の考察は、顏之推と佛教の關係についても興味深い論點を孕もう。周知の通り顏之推は、『顏氏家訓』歸心篇で佛教を擁護し、顏家の佛教歸依の歷史を示して子孫にもそれを望んだが、必ずしも出家までは求めていない。


汝曹若觀俗計、樹立門戶、不棄妻子、未能出家、但當兼修戒行、留心誦讀、以爲來世津梁。人生難得、勿虛過也。

お前たちがもし世俗の生計を案じ、家としての生活を築き上げており、妻子を棄て去りなどできずに、出家できないでいるならば、ただ戒律を守り修行をし、精神を佛教經典の讀誦に留め、それによって來世への橋渡しとするように。人に生まれるというのは得難いことであるのだから、決して無駄に過ごすことのないようにせねばならないぞ。

顏之推は子孫たちに、佛教への深い信仰を勸めると同時に、現在の生活への配慮も要求する。これは本章で確認した『顏氏家訓』の主張と通底する面があろう。こうした點については、顏之推の佛教觀と『冤魂志』の關係性を論じた勝村氏の論考などを出發點に、『冤魂志』のすべての說話が「現世」で起こることをも考え合わせねばなるまい。以上の數點は、今後の考察課題としたい。

（1）『七悟』について、『舊唐書』經籍志には「七悟集一卷、顏延之撰」（集・總集）と著錄されるが、『新唐書』藝文志には「顏之推七悟集一卷」（集・總集）と著錄されており、混亂が見られる。
（2）『東方學』六五、一九八三。
（3）『東洋史研究』第二六卷三號、一九六七。
（4）「（顏協）生北齊給事黃門侍郎・侍詔文林館・平原太守・隋東宮學士諱之推、字介。著家訓廿篇・冤魂志三卷・證俗音字五卷・文集卅卷」。
（5）『冤魂志』を收める叢書とその由來、內容については、注（3）所揭勝村氏論文の補注、參照。
（6）王國良『顏之推冤魂志研究』（文史哲出版社、一九九五）。以下、王氏の說はすべてこの書物に據る。
（7）『法苑珠林』は『大正新脩大藏經』（以下「大正藏」と略稱する）に據った。
（8）『太平廣記』所引『還冤記』の內容は、『法苑珠林』所引『冤魂志』と一致し、『冤魂志』を宋代以降の書目は多く『還冤志』と著錄する。『還冤記』とは『冤魂志』『還冤志』の異稱であろう。
（9）十四條の題目を擧げれば次の通り。「魏暉、眞子融、羊道生部曲、釋僧越、劉某、樂蓋卿、康季孫、張絢部曲、弘氏、朱貞、齊文宣帝、梁武帝、韋載、後周宮女」。なお以下、各說話の題目はすべて王氏が付するものに從う。
(10) もとは「義安太義」に作る。牧田諦亮『六朝古逸觀世音應驗記の研究』(平樂寺書店、一九七〇)と董志翹『觀世音應驗記三種』譯注』(江蘇古籍出版社、二〇〇二)により改めた。
(11) 太原王曼穎卒。家貧無以殯斂。友人江革往哭之、其妻兒對革號訴。革曰、建安王當知、必爲營理。言未訖而偉使至、給其喪事、得周濟焉。
(12) 王曼穎の死亡年には一つの疑問が殘る。と言うのも、『高僧傳』序錄(大正藏五十・四二二中下)に、王曼穎からその撰者・慧皎に宛てた、『高僧傳』を讀んだ旨を記した書簡が轉載されるが、『高僧傳』の中には、梁・天監十八年のことへの言及があるからである。小南一郎「六朝隋唐小說史の展開と佛教信仰」(『中國中世の宗教と文化』(京都大學人文科學研究所、一九八二)、所收)は、王曼穎が完成途中の『高僧傳』を見た可能性を指摘し(四六八~四六九頁)、吉川忠夫氏は、王曼穎が見たのは草稿段階の『高僧傳』であったとする(同氏・船山徹譯『高僧傳』(岩波書店、二〇〇九)譯者解說)。また李劍國『唐前志怪小說史』(南開大學出版社、一九八四)は、建安王から南平郡王に遷って間もない蕭偉を、江革がなお建安王と稱した形で『梁書』が記錄した可能性を指摘する(四二〇頁)。だが假に王曼穎が天監十八年以後に若干年生きていたとしても、やはり彼に十四條の故事のほとんどを目睹し得なかった事實は變わらない。
(13) 『冤魂志』の本文は、注(6)所揭王氏書、羅國威『《冤魂志》校注』(巴蜀書社、二〇〇一)などを參考に校訂を加え定めた。
(14) 人間同士の怨恨に伴う死が物語の發端となることは、注(2)所揭小南氏論文と注(3)所揭勝村氏論文を、現世であることは勝村氏論文を、怨恨の對象者も必ず死を遂げることはまた小南氏論文を、それぞれ參照。
(15) 元徽「魏城陽王元徽、初爲孝莊帝畫計、殺爾朱榮。及爾朱兆入雒害孝莊、而徽懼、走投雒陽令寇祖仁。祖仁父叔兄弟三人爲刺史、皆徽之力也。既而爾朱兆購徽萬戶侯。祖仁遂斬徽送之、幷匿其金百斤・馬五十匹。及兆得徽首、亦不賞侯。兆乃夢徽曰、我金二百斤・馬百匹、在祖仁家、卿可取也。兆覺曰、城陽家本巨富、昨令收捕、全無金銀、此夢或實。至曉、即令收祖仁。祖仁入又見徽曰、足得相報矣。祖仁疑得金百斤・馬五十匹、兆不信之。祖仁私斂戚屬、得金三十斤・馬三十四、輸兆、猶不充數。兆乃發怒、懸頭於樹、以石硾其足、鞭箠殺之」(『法苑珠林』卷六十七)。
(16) 朱貞「梁稜陵令朱貞、以罪下獄。廷尉平虞虦、考覈其事、結正入重。貞遣相聞與虦曰、我罪當死、不敢祈恩、但猶冀主上萬一弘宥耳。明日既是朱家墓日、乞得過此奏聞、可爾以不。虦答云、此於理無爽、何爲不然。謹聞命矣。而朱事先入明日奏束、虦便遇客共飮致醉、遂忘抽出文書。旦日、家人合束、内衣箱中、虦復不記。比至帝前、頓足香橙上、次第披之、方見此事。勢不可隱、便爾上聞。武帝大怒曰、朱貞合死。付外詳決。貞聞之、大恨曰、虞虦小子、欺罔將死之人。鬼若無知、故同灰土。儻其有識、誓必報之。貞於市始當命絶、而虦已見其來。自爾後、時時恆見。虦見來、甚惡之。又夢乘車在山下、貞居山上推石壓之。月餘日、虦除曲阿令、拜之明日、詣謝章門闕下。其婦平常、於宅暴卒。虦狼狽而還、入室哭婦、擧頭見貞在梁上。虦曰、朱秣陵在此、我婦豈得不死。言未訖、而屋無故忽崩。虦及男女婢使十餘人、一時併命。右丞虞騭、是其宗親、經始喪事。見虦還、暫下堂避之、僅得免難」(『法苑珠林』卷七十八)。
(17) 王氏は、我々が『冤魂志』の説話として確定した五十九條の他に、唐・法琳撰『辯正論』卷七の注が『冤魂記』として引く、郭祖深の左記の説話(大正藏五十二・五四〇中、『南史』卷七十・循吏傳・郭祖深に基づく)もまた、『冤魂志』の原文であるとする。だが内容面での他の五十九條との不調和から、それには賛同しかねる。
梁人郭祖深、上梁武一十八條事、請廢塼内小寺及無案業僧尼。梁武不納。後夢見善神唾之。遂著白癩、雖悔不差。

いったい『冤魂志』では、恨みを抱くのも抱かれるのも、ともに人間である。だがこの説話は、人間と人間の間の怨恨ではなく、郭祖深は「善神」なる非人間に恨まれている。また郭祖深を含めて誰も死には至らない。『冤魂志』では、殘酷な死を遂げた人物が、必ず自らを死に追いやった人物をも死に至らしめて報復を果たす。だがこの説話の主役・善神は非人間で、死とは無縁な存在であるし、恨まれる郭祖深も、佛教を批難する内容の奏上により生じた癩病はついに癒えなかったものの、説話の中で死んではいない。この二點から見て、郭祖深の説話は『冤魂志』の原文ではあるまい。

王氏はまた、『法苑珠林』卷七十五と卷七十八が『冥祥記』として引く五條(王奐妾、杜嶷妾、梁孝元帝、裴植、郭祚)も、内容が王琰『冥祥記』と符合せず、『冤魂志』の原文である可能性を指摘する。内容を讀む限り、確かにその可能性は否定できないように思われるが、『冤魂志』として引く書が一つもなく、しばらくは『冤魂志』の原文とはしないでおく。
(18)『冤魂志』の主題を佛教の因果應報説の主張とする見解は、『四庫全書總目』巻一百四十二・子部・小説家類「還魂志三巻」提要「此書所述、皆釋家報應之説」以來、ずっと繼承される。魯迅『支那小説史』上(增田渉譯、岩波書店、一九四一)九一頁、注(12)所掲小南氏論文四七一頁、注(3)所掲勝村氏論文一一二頁、參照。
(19)注(12)所掲小南氏論文四七〇~四七一頁、參照。また『冤魂志』の説話に佛教色がないことから、先に見た『法苑珠林』が『冥祥記』として引く十四條が、内容的にも『冥祥記』に出ないと斷定し得る。『冥祥記』は實際の説法や寺院建立、前世からの因果による應報を説くなど、全體にきわめて佛教色が強いのに對し、十四條はどれも佛教の宗教性がまったくない現世での應報譚だからである。以上の十四條の内容は、『冤魂志』の内容としてよい。なお『冥祥記』については、王國良『冥祥記研究』(文史哲出版社、一九九九)、參照。
(20)前掲李氏書四四五頁、王枝忠「顏之推與『冤魂志』」(『古典文學知識』一九九七年三期)、吴娟「論『冤魂志』與儒釋之關係」(『承德民族師專學報』二八巻一期、二〇〇八)、參照。
(21)以上、注(2)所掲小南氏論文二五頁・二七頁。
(22)顏之推が交友關係を特に重視していたことについては、宇都宮清吉「關中生活を送る顏之推」(同氏『中國古代中世史研究』(創文社、一九七七)四九九頁)に指摘がある。
(23)『國語』周語下「佐饔者嘗焉、佐鬭者傷焉」。
(24)『論語』述而「(陳司敗)揖巫馬期而進之曰、吾聞君子不黨、君子亦黨乎」、衞靈公「子曰、君子矜而不爭、羣而不黨」。なお本書では、十三經については阮刻十三經注疏本に據る。
(25)邴原は、劉政が太守に追われて「窮鳥入懷」と身を寄せたとき、匿えば自身も危ないことを承知で受け入れた。『三國志』巻十一・魏書・邴原傳の裴松之注が引く『魏氏春秋』に見える。
(26)事例はそれぞれ『史記』巻六十六・伍子胥列傳、巻一百・季布列傳、『後漢書』列傳六十・孔融傳、列傳五十四・趙岐傳に見える。
(27)丞相嘗使籍福請魏其城南田。魏其大望曰、老僕雖弃、將軍雖貴、寧可以勢奪乎。不許。灌夫聞、怒罵籍福。籍福惡兩人有郄、乃謾自好謝丞相曰、魏其老且死、易忍、且待之。已而武安聞魏其・灌夫實怒不予田、亦怒曰、魏其子嘗殺人、蚡活之。蚡事魏其無所不可、何愛數頃田。且灌夫何與也。吾不敢復求田。武安由此大怨灌夫・魏其（『史記』巻一百七・魏其侯列傳）。
(28) 漢竇嬰、字王孫、漢孝文帝竇皇后從兄子也。封魏其侯、爲丞相、後乃免相。及竇皇后崩、嬰益疏薄無勢、黜不得志。與太僕灌夫相引薦、交結其歡、恨相知之晩乎。孝景帝王皇后異父同母弟田蚡爲丞相、親幸縱橫、使人就嬰、求城南田數頃。嬰不與曰、老僕雖棄、丞相雖貴、寧可以勢相奪乎。灌夫亦助怒之、蚡皆恨之。及蚡娶妻、王太后詔列侯宗室、皆往賀蚡。灌夫爲人狂酒、先嘗以醉忤蚡、不肯賀之。竇嬰强衆與倶去。酒酣、灌夫行酒至蚡。蚡曰、不能滿觴。灌夫因言辭不遜、蚡遂怒曰、此吾驕灌夫之罪也。乃縛灌夫、謂長史曰、有詔召宗室、而灌夫罵、坐不敬、幷奏其在鄕里豪橫、處夫棄市。竇嬰還、謂其妻曰、終不令灌夫獨死、而嬰獨生。乃上事、具陳灌夫醉飽事、不足誅。帝召見之、嬰與蚡互相言短長、帝問朝臣、兩人誰是、朝臣多言嬰是。王太后聞、怒而不食曰、我在、人皆凌籍吾弟。我百歳後、當魚肉之。及出、蚡復爲嬰造作惡語、用以聞上。天子亦以蚡爲不直、特爲太后故、論嬰及市。嬰臨死、罵曰、若死無知則已、有知、要不獨死。後月餘、蚡病、一身盡痛、似有打擊之者、但號呼、叩頭謝罪。天子使呪鬼者瞻之、見竇嬰・灌夫共守笞蚡。蚡遂死、天子亦夢見嬰而謝之（『法苑珠林』巻七十）。
(29) 他にも類例として、「斯蓋門外之治、以義斷恩、知君殺父而子不告、是也。母之於父、同在門内、恩無可掩、義無斷割。知母將殺、理應告父、如其已殺、宜聽告官」（『魏書』巻八十八・良吏傳・竇瑗）や、「高祖嘗言及作相時事、因愍安兄弟滅親奉國、乃下詔曰、先王立教、以義斷恩、割親愛之情、盡事君之道、用能弘奬大節、體此至公」（『隋書』巻五十・李安傳）などを擧げ得よう。
(30) 『史記』の他、『漢書』巻五十二・竇嬰傳や『漢武故事』（魯迅『古小説鉤沈』（齊魯書社、一九九七）所引）にも類話が見えるが、いずれも皇帝の謝罪はない。
(31) 九歳で父を失った後の兄の教育を、「慈兄鞠養、苦辛備至、有仁無威、導示不切」（序致篇）と評し、また同時代の士大夫たちの治家を「但務寛仁」（治家篇）と評するのなど。
(32) 例えば生物を殺さなかった高柴・折象への評價「此乃仁者自然用心」（歸心篇）など。

(33)『集解』での「誠孝」の語に對する各注、參照。「忠孝」の例も混在するのは、第一章で見たように、『顏氏家訓』が顏之推の死を前にした隋代に書かれたものではなく、梁代からずっと書き溜められた著作だからであろう。
(34)「內教多途、出家自是其一法耳。若能誠孝在心、仁惠爲本、須達・流水、不必剃落鬚髮」(歸心篇)では、「誠孝」(忠孝)は「仁惠」と對である。「惠」は『顏氏家訓』では他に「施惠然諾、妻子節量」(治家篇)とあり、これは一部の士大夫の治家が寛容に過ぎ、他者への施しや惠み物、約束事への應對を妻が切り盛りすることへの批判で、「惠」もまた、他者の中でもより廣い社會との關係の中で生じるものである。すると「仁惠」も、個人的な思いやりの「仁」と社會的な對人關係での「惠」に區分できるかもしれない。顏之推や六朝人における施しや惠み物が有した意義については、「常以爲二十口家、奴婢盛多、不可出二十人、良田十頃、堂室纔蔽風雨、車馬僅代杖策、蓄財數萬、以擬吉凶急速。不啻此者、以義散之」(止足篇)や、第一章およびその注(35)所掲の谷川道雄氏の諸論考、參照。
(35)第一章、三九頁。
(36)前掲魯迅『古小説鉤沈』が一條のみを輯する。
(37)李隆獻「兩漢魏晉南北朝復仇與法律的互涉」(同氏『復仇觀的省察與詮釋』、臺大出版中心、二〇一二、所收)、參照。

第三章　『顔氏家訓』における「禮傳」
―何を指すのか―

はじめに

顔之推『顔氏家訓』を讀んでいると、「禮傳」という語に二度出會う。一度目は序致篇、二度目は勉學篇である。いま原文を、ともに「禮傳」の語の前後を含めて掲示し、それを書き下し文で讀んでおく。「禮傳」の語には傍線を引いた。

年始九歳、便丁荼蓼、家塗離散、百口索然。慈兄鞠養、苦辛備至、有仁無威、導示不切。雖讀禮傳、微愛屬文、頗爲凡人之所陶染、肆欲輕言、不脩邊幅。（序致篇）
年始めて九歳、便ち荼蓼に丁たり、家塗は離散し、百口は索然たり。慈兄は鞠養し、苦辛備さに至るも、仁有りて威無く、導示は切ならず。禮傳を讀むと雖も、微かに文を屬るを愛し、頗る凡人の陶染する所と爲り、欲を肆にし言を輕んじ、邊幅を脩めず。
自古明王聖帝、猶須勤學、況凡庶乎。此事偏於經史、吾亦不能鄭重。聊擧近世切要、以啓寤汝耳。士大夫子

弟、數歳已上、莫不被教、多者或至禮傳、少者不失詩論。（勉學篇）
古へ自り明王聖帝すら、猶ほ須らく學に勤むべく、況んや凡庶をや。此の事は經史に偏く、吾も亦た鄭重する能はず。聊か近世の切要を擧げ、以て汝を啓寤するのみ。士大夫の子弟、數歳已上は、教へを被らざるは莫く、多き者は或いは禮傳に至り、少き者も詩論を失はず。
ここでなぜ『顏氏家訓』における「禮傳」の語に注意したかと言えば、實はこの兩例における「禮傳」の語が具體的に何を指すかについて、これまで様々な説が存在し、一致を見ないからなのである。この第三章では、まず諸説の間での不一致の様相を整理する。その上で『顏氏家訓』に現れる「禮」や「傳」の語が指す内容を幅廣く檢證することで、兩例における「禮傳」が何を指すのかについて、私見を述べたい。

一　先行研究における「禮傳」の解釋―序致篇―

以下二節にわたり、先行研究が序致篇および勉學篇の「禮傳」の語をどのように解してきたかを確認し、その相違點を明らかにしておきたい。その過程で數種の注釋書に加えて、手元の九種類に及ぶ『顏氏家訓』の現代語譯および注釋（日本語・中國語の兩方）を參照したので、それらを次頁に擧げておく。なお「―」の下の【】内は、各譯および注釋の本稿における簡稱を示す。

日本
宇都宮清吉『顏氏家訓1』（平凡社、一九八九）―【宇都宮】
宇野精一『顏氏家訓』（明德出版社、一九八二）―【宇野】[1]
久米旺生・丹羽隼兵・竹内良雄『顏氏家訓』（德間書店、一九九〇）―【德間】

臺灣
高安澤『顏氏家訓新譯』（育賢出版社、一九九二）―【高】
李振興・黃沛榮・賴明德『新譯顏氏家訓』（三民書局、二〇〇一）―【三民】
蔡宗陽『新編顏氏家訓』（國立編譯館、二〇〇二）―【蔡】

大陸
程小銘『顏氏家訓全譯』（貴州人民出版社、一九九三）―【程】
莊輝明・章義和『顏氏家訓譯注』（上海古籍出版社、一九九九）―【上海】
張靄堂『顏之推全集譯注』（齊魯書社、二〇〇四）―【張】

本節では序致篇における「禮傳」についてみていくことにしたい。抱經堂本『顏氏家訓』に見える盧文弨の補注では、「傳」字に「直戀切」と言う。[2]つまり傳えるという意味としての「傳」（直攣切）ではなく、書物としての「傳」の意味に讀んでおり、その點は異論あるまい。だが盧文弨は、「傳」が如何なる書物なのかは明示しない。

王利器氏は『集解』の中で、「禮傳」に對して次のように注する。[3]

禮傳、所以別禮經而言、禮經早已失傳、今之禮記與大戴禮記、卽禮傳也。

「禮傳」とは、禮經（禮の經）と區別するための言い方で、禮經は早くにもう傳承されなくなってしまい、現在の『禮記』と『大戴禮記』が、つまりは「禮傳」である。

後に見るが、王利器氏は勉學篇の例では禮と傳を竝列させて「禮・傳」とする。一方ここ序致篇では、「禮傳」一セットで書物としての波線を施している。すると王利器氏はここで「禮傳」二字をまとめて一つの語と見、「禮（經）の傳」と解していることになる。その上で「傳」は經に對する「傳」の意味に取り、具體的には『禮記』と『大戴禮記』の二書とするのである。【三民】が「禮傳」に「謂《大・小戴禮記》」と注記するのも、この說に據るものであろう。

また【宇野】は、「禮傳」に「禮の經や注釋類」と注している。「注釋類」というのが何を想定しているのか必ずしも明確ではないが、「傳」をそれらに充てているものと思われ、それならば「傳」の理解としては王利器氏に通じる面がある。ただし「傳」を『禮記』と『大戴禮記』に限定するわけではない。しかも「傳」が注釋類になれば「禮」が「禮の經」に該當し、「禮傳」は「禮（經）の傳」ではなしに「禮（經）や傳」と分けて考えていると見なくてはならず、これらは王利器氏と相違する。

さて別の理解として、『大漢和辭典』や『漢語大詞典』など辭書の類が「禮傳」に與える二つ目の意味に、「禮の書物、禮書」や「指禮書」と言い、まさにこの序致篇を用例に擧げているのがある。(4) つまり廣く禮に關する書物と解し、【德間】も「禮の本」という譯語を充てる。ただ『漢語大詞典』が「禮書」に與える一つ目の意味では「古代記禮法之書。『周禮』・『儀禮』等著述均屬之」と言っていることからすれば、禮に關する書物とは言っても、多様に存する注釋書の類を漠然と指すのではあるまい。

またここで「禮傳」の「禮」は、「禮書」に與えた意味の中に見える「禮法」と捉えるのがよいだろう。これまでの二説で「禮」が「禮經」という書物を指していたのとは、根本的に相違するのである。

序致篇についてはさらに異説がある。それは「禮」を『周禮』、「傳」を『春秋左氏傳』とそれぞれ見るものである。その前提としては、顏之推傳の次の記事を知らなければならない。


世善周官・左氏、之推早傳家業。

（顏家は）代々『周禮』『春秋左氏傳』を得意とし、顏之推も若いうちから家の學問（家學）として繼承した。


序致篇の例が、九歳で父を失い、その後は兄の教育を受けたことを語った文脈であれば、讀んだ「禮傳」を顏之推が若い時分に家學として親しんだ『周禮』『春秋左氏傳』とする可能性も十分にあろう。例えば【宇都宮】は「雖讀禮傳」の四字を「私は『周禮』や『左傳』は（家學であるので）まだしも讀みはしたが」と邦譯し、〔　〕内については「『北齊書』文苑傳内顏之推傳の記事に從って譯補する」と注している。他にも【蔡】【程】【上海】【張】がこの方向で解して、いずれも顏之推傳の記事に言及している。(5)

以上、序致篇の「禮傳」には少なくとも四つの理解が存した。第一は禮經に關する傳と理解し、具體的には『禮記』（『小戴禮記』）と『大戴禮記』とする説（王利器氏など）。第二は禮の經と、それに對する傳（注釋類）とし、傳は必ずしも『禮記』や『大戴禮記』には限定しない説（【宇野】）。第三は禮法に關する書物と解する説（『漢語大詞典』など）。第四は顏之推傳に見える若き日の顏之推の學問をめぐる記事に基づいて、禮を『周禮』、傳を『春秋左氏傳』とする說（【宇都宮】など）。

二　先行研究における「禮傳」の解釋—勉學篇—

本節では、勉學篇に見える「禮傳」の解釋をめぐり、先行研究を整理したい。まず「禮」についてだが、王利器氏は「傳」と竝列（「禮・傳」）させた上で、「案、禮指禮經」と注しており、【宇都宮】も「大部な禮の經典」と邦譯するし、【上海】も《禮經》とする。ただいずれも「禮經」に該當するものが具體的ではない。この點【宇野】はもう少し具體的で、「禮」は「『儀禮』など禮の經典」とする。

また「禮」に『禮記』が含まれるか否かが問題となる。指摘した通り王利器氏や【宇都宮】【上海】【宇野】は判然としないが、例えば【高】は「三禮」つまり『儀禮』『周禮』『禮記』の三つとする。一方で【蔡】は『周禮』と『儀禮』のみとして、『禮記』は含まない。さらに「禮」は『禮記』のみを指すとするものもあり、【德間】【三氏】【張】がそれである[6]。

續いて「傳」である。盧文弨は補注で「傳」に對し「張戀切」と言う。だがこれは周法高『彙注』に引く錢馥が「當作直戀切」と言う通りで、これも序致篇の場合と同樣、やはり書物としての「傳」であることに異論はない。

錢馥はさらに「案傳蓋謂春秋三傳也」とも言っており、「傳」を『春秋左氏傳』『春秋公羊傳』『春秋穀梁傳』の春秋三傳と理解する。王利器氏もこの案語を引いて、それ以上は何もコメントしないから、同意見なのだろう。【宇野】も「『左氏傳』などの春秋三傳」とし、【高】【蔡】【上海】【張】がこの方向で解釋している。

だが周法高『彙注』は、錢馥の「春秋三傳」説に引き續いて、さらに洪煨蓮による次の案語を紹介している。

案錢解未諦。公・穀浸微、觀『北史』儒林傳敍・『隋書』經籍志春秋類後敍、蓋可知矣。

調べ考えるに、錢馥の解釋はなお審らかでない。『公羊傳』や『穀梁傳』が次第に流行らなくなっていったことは、『北史』儒林傳敍や『隋書』經籍志・春秋類後敍を見れば、きっとわかろう。

なるほど『北史』や『隋書』の指摘された箇所を見ると、南北朝から隋の時代にかけて、『春秋公羊傳』『春秋穀梁傳』の兩傳は『春秋左氏傳』に比してすこぶる劣勢であったと言わざるを得ない[7]。するとここでの「傳」は『春秋左氏傳』のみを指すとする意見になる。【德間】【三民】がこの説を採る。

さてここまで「禮」と「傳」を別々に諸家の説について見てきたが、まとめると次のような傾向がうかがえる。つまり「禮」を禮經（その内實は一定しない）や複數種と見ると、對應する「傳」は春秋三傳となり、「禮」を『禮記』單獨と見ると、對應する「傳」も『春秋左氏傳』單獨となるという具合である。【宇都宮】は「禮傳」を「大部な禮の經典や『左傳』など」と邦譯するが、これも「など」の中に『公羊傳』『穀梁傳』が含まれると考えれば、前者の例に當てはまる。【張】が『禮記』と『春秋』三傳とする組み合わせは例外に屬する。

以上のように、「禮」を禮經、「傳」を春秋三傳と見る説と、「禮」を『禮記』、「傳」を『春秋左氏傳』と見る説の、大きく分けると二つの説があったのである。もっとも前者の禮經の中身についてはなお判然とせず、假に禮經とせずとも三禮としたり、または三禮から『禮記』を除いたりと、樣々である。

加えて勉學篇で厄介なのは、「多者或至禮傳、少者不失詩論」の「多者」と「少者」の解釋が二通り存することである。これについてはやはり洪煨蓮が、先の案語に續けてこのように言っている。

且家訓云、多者或至禮傳。多者、謂字數之多也。然則禮記・左傳、是已。

しかも家訓には「多き者は或いは禮傳に至る」と言う。「多者」とは、字數が多いことを言うのだ。そうであるならば、『禮記』と『左傳』、これだけである。


洪氏は銭馥が「傳」を春秋三傳としたことに對して、（禮や）傳は三種類もなく、文字數として多い文獻ということで、『禮記』と『春秋左氏傳』のみに限定したのである。實際の文字數は、『春秋左氏傳』が一九八、九四五字、『禮記』が九八、九一四字で、經書の中ではツートップである。(8)【宇都宮】は先にも見たように「大部な禮の經典や『左傳』など」と邦譯し、「大部な」という語彙の選擇は、「文字數」であるかは定かではないが、とにかく文獻の分量としての「多」として解したと言えよう。【蔡】も同様である。

だが「多者」は、勉強量や讀書量が多いという意味にも讀めよう。もちろん讀む文獻の文字數が多ければ、必然的に讀書量は增えようが、ここでは學問の質や内容に重きを置いて見るということである。實際【宇都宮】や【蔡】を除く各種の譯がその方向で、一例を擧げれば【上海】が「他們中學得多的、已經學到了……、學得少的、也學完了《詩經》・《論語》」と譯する。

三　「禮」と「禮經」と『禮記』

前の二節で、冒頭に掲げた『顏氏家訓』序致篇および勉學篇における「禮傳」に對し、様々な解釋が混在してきたことと、その具體的な相違點が整理されたように思う。ここからは『顏氏家訓』の語彙を廣く見ることで、諸説を吟味していきたい。
まず指摘しておきたいのは、『顏氏家訓』において書物名として「禮」の語が單獨で登場した際は、基本的に『禮記』を指すという事實である。最も見易いのは、「禮」と言って明確に『禮記』に見える文を引用している場合である。試みにそうした事例のすべてを原文のみで擧げ、『禮記』からの引用部分には「　」を施すとともに、「—」に續けて『禮記』の何篇に基づくかを示す。なお『禮記』諸本との間に存する多少の文字の異同は、ここでは措くことにする。

禮曰、「見似目瞿、聞名心瞿」。……又「臨文不諱、廟中不諱、君所無私諱」。益知聞名、須有消息、不必期於顛沛而走也。（風操篇）—雜記と曲禮上
禮云、「忌日不樂」。正以感慕罔極、惻愴無聊、故不接外賓、不理衆務耳。（風操篇）—檀弓上[9]
書曰、好問則裕。禮云、「獨學而無伴、則孤陋而寡聞」。蓋須切磋相起明也。（勉學篇）—學記
禮云、「欲不可縱、志不可滿」。宇宙可臻其極、情性不其窮、唯在少欲知足、爲立涯限爾。（止足篇）—曲禮上
詩云、誰謂荼苦。爾雅・毛詩傳竝以荼、苦菜也。又禮云、「苦菜秀」。（書證篇）—月令
禮云、「定猶豫、決嫌疑」。離騷曰、心猶豫而狐疑。先儒未有釋者。（書證篇）—曲禮上
禮曰、「君子無故不徹琴瑟」。古來名士、多所愛好。（雜藝篇）—曲禮下

このように「禮」一字によって導かれる引用が、すべて『禮記』に見える文なのである。[10]また別に「禮」一字に具體的な『禮記』の篇名が附された上で『禮記』の文が引用されるパターンも、存在する。總じて『顏氏家訓』

の中で「禮云（曰）」という形で引用される文獻は、『禮記』以外にないのである。
また必ずしも『禮記』からの文の引用を伴わずとも、「禮」一字で『禮記』を指すと思われる場合がある。その一つ目が教子篇で、顏之推が父子間における馴れ馴れしくしない嚴しい教育の在り方を說く中で、父子間には直接は教育しない例がある所以を古典に基づいて主張した箇所である。

蓋君子之不親教其子也、詩有諷刺之詞、禮有嫌疑之誡、書有悖亂之事、春秋有衺僻之譏、易有備物之象。皆非父子之可通言、故不親授耳。

思うに君子が自ら子供に教えないのは、『詩』には婉曲に物事を誹る言葉があり、『禮』にはあらぬ疑いに對する戒めがあり、『書』には道理に背く事件があり、『春秋』には邪惡不正なる事への批難があり、『易』には陰陽（男女）による生命生成の現象があるからだ。いずれも父子間で直に話し合うべき內容ではなく、そのために父親自らは教えないのである。
この中で『禮』については、三禮でも特に『禮記』としなければならない。顏之推は『禮』に「嫌疑之誡」があると言うが、『禮記』曲禮上に次のような文が見えるからである。

夫禮者、所以定親疏、決嫌疑、別同異、明是非也。

そもそも禮とは、親近と疎遠の關係性に線引きをし、疑わしく怪しい事をはっきりとさせ、同じ物と異なる物との區別をつけ、禮にかなっているか否かを明らかにするものである。
そして『禮記』曲禮上には、「決嫌疑」の具體的な例であり、戒めとして取ることのできるものが擧がっている。

男女不雜坐。不同椸枷、不同巾櫛。不親授。嫂叔不通問。諸母不漱裳。

男と女は一緒の場に座らない。同じ衣紋掛けを使わず、同じ手巾や櫛を使わない。直接に物を手渡ししない。嫂（あによめ）と叔（おとうと）とは尋ね合わない。庶母（父の妾で子がある者）は裳を洗わない。

こうした「男女の別」を始めとする「嫌疑之誡」の具體的な例は、『禮記』曲禮を中心に多く見出し得る。こうした點から、教子篇で『詩』『書』『春秋』『易』と竝列に示される『禮』は、三禮の中でも特に『禮記』と限定的に理解したい。

また文章篇にも、文章の起源をジャンル別に說き起こす中で、やはり教子篇と同樣、『禮』が『易』『書』『詩』『春秋』と竝列して示される例が存在する。

夫文章者、原出五經。詔命策檄、生於書者也。序述論議、生於易者也。歌詠賦頌、生於詩者也。祭祀哀誄、生於禮者也。書奏箴銘、生於春秋者也。

一體文章というものは、そもそもは五經を源流とするものである。詔敕・命令・方策・檄文は、『書』から派生したものだ。敍述・論議は、『易』から派生したものだ。詩歌・韻文・頌（たたえ歌）は、『詩』から派生したものだ。祭祀の言葉・弔辭は、『禮』から派生したものだ。書簡・上奏文・戒めの言葉・銘文は、『春秋』から派生したものだ。[11]

確かに三禮という點で見れば、『儀禮』には様々な儀禮の次第が順を追って說明され、祭祀の折の祝詞の實例も見える。また『周禮』春官の大祝の官は「掌六祝之辭」とされ、かつ「六辭」の一つに「誄」が列せられるし、春官の小史には「卿大夫之喪、賜謚讀誄」とある。

だが祭祀の根本を具體的に說いた文獻としては、『禮記』を擧げなければなるまい。郊特牲・祭法・祭義・祭統などはその代表と言える。誄について言えば、『儀禮』には言及がない一方で、『禮記』檀弓上には魯の莊公が縣賁父と卜國の二士のために誄を賜ったことを紹介して、「士之有誄、自此始也」と言う。實際の祭祀の言葉も、例えば郊特牲に蜡祭（農事に關する祭祀）における祝辭が見えるし、檀弓上には魯の哀公が孔子に賜った誄が載せられる。つまり三禮の中で、「祭祀哀誄」の文章の源流として最も相應しいのは、『禮記』と見るべきではないか[12]。

以上の議論を踏まえるならば、顏之推が書物名として「禮」と言ったとき、それはもっぱら『禮記』を指しているものと考えてよいように思われる[13]。そして特に『易』『書』『詩』『春秋』とともに、五經の一つとして『禮』すなわち『禮記』を認識していた。このことからすると、顏之推の中で『禮記』が「經」として位置づけられていたと言える。

果たして顏之推は、『禮記』を「禮經」と稱する場合があった。その二例が、ともに風操篇に見える。一例目はその冒頭である（第一章第一節に既揭）。

吾觀禮經、聖人之教、箕帚匕箸、咳唾唯諾、執燭沃盥、皆有節文、亦爲至矣。

私が禮經の書を見るに、聖人の教えとは、掃除や食事、年長者への應對、燭火の執り方や手の洗い方など、どれも節度があって、實によく備わっている。

抱經堂本『顏氏家訓』に見える趙曦明の注がすでに網羅しているように、顏之推が「禮經」の中に讀み取った聖人の教えとして擧げられる諸事項は、すべて『禮記』に言及がなされている。具體的に篇名を擧げるならば、「箕帚」と「匕箸」が曲禮上、「咳唾」が內則、「唯諾」が曲禮上、「執燭」が少儀、「沃盥」が內則である。顏之推が「禮經」と言って想起しているのは、『禮記』に他ならないのである。ただしここでは直接『禮記』の文を引用するのではなく、聖人の教えを項目立てて示している。
二例目も見てみよう。やはり「禮經」から說き起こされている。

禮經、父之遺書、母之杯圈、感其手口之澤、不忍讀用。
禮經に、父親が愛讀していた書物、母親が愛用していた湯吞みは、彼らの手や口の名殘が感じられるから、讀んだり使ったりするに忍びない、とある。

これは盧文弨の補注も指摘するように、『禮記』玉藻の次の一節を意識したものである。

父沒而不能讀父之書、手澤存焉爾。母沒而杯圈不能飮焉、口澤之氣存焉爾。
父親が亡くなっては彼が讀んでいた書物を讀むことができない、捲った手垢のつやがそこに殘っているからである。母親が亡くなっては彼女が使っていた湯吞みで飮むことはできない、口の觸れた溫もりがそこに殘っているからである。

このように風操篇の二例とも、顏之推は「禮經」の語によって『禮記』を指している。だがともに『禮記』の文をそのまま引用するのではなく、その教旨を要約するような形で言及しているので、これまで見てきたような「禮云（曰）」の形式ではないのであろう。

加えてここでは特に一例目が、「禮經」すなわち『禮記』に「聖人の教え」を見出している點に注意したい。すなわち顏之推にとって、『禮記』は「聖人の教え」を說いた紛れもない經書だったのである。こうした觀點からしても、先に『禮記』が『禮』として、他の『易』『書』『詩』『春秋』とともに五經に竝列されていたことは、不思議ないであろう。

ところで本來『禮記』は、あくまで「禮經」に對する「記」(傳)であり、「經」ではなかった。「禮經」と言えば、むしろ『儀禮』を指すのが一般的であった[14]。だが顏之推に至っては、明確に『禮記』が「經」として認識されているのである。

『禮記』がいつの段階で、人々の中で「記」(傳)から「經」になったのかは定め難い。だがすでに東晉以來、『禮記』には樣々な音義が登場していたことが、陸德明『經典釋文』を繙けば知れる。また南北朝時代には、夥しい數の『禮記』に對する義疏が生まれた。孔穎達による『禮記正義』序が、皇侃・熊安生など南北兩朝で『禮記』の義疏を物した學者の名を列擧する如くである[15]。

そして特に『北史』卷八十一・儒林傳序の次の指摘を見れば、北朝において三禮の中での『禮記』の地位が、『儀禮』『周禮』を凌いでいたことがわかろう。『北史』儒林傳序は、北朝の三禮の學が徐遵明の門下に端を發したとし、それに續く學の授受關係を具體的な人名を擧げて示した上で、次のように言うのである。

其後生能通禮經者、多是安生門人。諸生盡通小戴禮。於周・儀禮兼通者、十二三焉。

彼らの後進で禮經に通曉していた者たちは、多くが熊安生の門人であった。彼らは誰もが『小戴禮』に通曉していた。『周禮』『儀禮』にも合わせて通曉していた者は、一二三割であった。

なるほど『北史』の成立は、『禮記』を明確に「經」に組み入れた『禮記正義』の成立とほぼ同時代であり、ここに『小戴禮』をも含めた三禮を「禮經」と言うのが北朝當時の認識であったとまで斷定し得るかは、なお検討の必要があるかもしれない。だが少なくとも北朝の經學者が、三禮の中で『禮記』に最も注目し、逆に『儀禮』や『周禮』にはあまり目を向けなかったのは、事實と言えよう[16]。

顏之推が『禮記』を重視していたのは、北朝の學者たちの認識と共通するものである。しかも彼は明確に『禮記』を經書と見ていた。では彼の『儀禮』や『周禮』への態度は、如何なるものだったのか。

實は『顏氏家訓』には、『儀禮』への書名を伴う言及はわずか一箇所で、しかも「喪服經」と呼んでいる[17]。また『周禮』については、書證篇に單獨で、あるいは他の書物と竝列する形で計四箇所の引用が見られるのだが、その際の呼稱はすべて「周禮」である[18]。

確かに顏之推は、すでに第一部第一章の第三節や本章の第一節で觸れたように、顏之推傳に據れば『周禮』を家學としてはいた。だがそれでもなお、『顏氏家訓』を讀む限り、禮については『禮記』を基本としていたのであった。そして『周禮』に言及する際には必ず「周禮」と呼稱し、しかも書名として「禮」一文字では『禮記』を指した事實からすれば、『顏氏家訓』の「禮傳」二例のうち序致篇のものにおいて、「禮」が『周禮』を指すとする說には從い難い。するとそれに對應して、「傳」が『春秋左氏傳』を指すことも否定しなくてはならなくなるが、これについては節を改めて、『顏氏家訓』における「傳」を見ていく中で確認していく。

四　經・傳・記

前節では、顔之推が『顏氏家訓』の中で「禮」と稱して經書としての『禮記』を指していたことを明らかにした。では「禮傳」と言うときの「傳」は、何を指すのであろうか。

まず確認しておきたいのは『春秋左氏傳』である。『顏氏家訓』に『春秋左氏傳』が言及される際、それは單獨で、あるいは他の書物と竝列で計六例あるのだが、すべての場合で「左傳」とされる[19]。つまり「傳」一字で『春秋左氏傳』を指す場合はないのである。

またしばしば『詩』の傳が引用される場合があるが、その引用に際しての呼稱には三つのパターンがある。「毛傳」六例、「(毛)詩傳」二例、「傳」三例であり、いずれも『詩』毛傳に當たれば顏之推の引用する内容が確認できる[20]。この三パターンの使い分けは必ずしも明確ではないのだが、「傳」一字の三例も、直前の『詩』の引用に續く形での「傳」という呼稱であるから、どのパターンにしても、「傳」が『詩』毛傳を指すことは明らかである。逆に言えば『詩』毛傳を、唐突に單獨で「傳」と記すことは、『顏氏家訓』においては考え難い。

他に「傳」では、勉學篇に『春秋穀梁傳』への言及があり、これは「穀梁傳」と稱される[21]。このように總じて顏之推は、『顏氏家訓』で何らかの文獻を引用したり、それに言及したりする場合、必ずそれが特定できる書名を用いる。「禮」も一字では一見すると特定できないようだが、前節までの考察からすべて『禮記』を指しているのであり、それを知っていれば特定できる。

さてここまで書いてきて、矛盾することを言うようだが、實は『顏氏家訓』には何かの文獻に特定できない「傳」という言い方が見られる。それが「經傳」や「傳記」、「記傳」などの言い方である。例えば書證篇には、「也」字についての次のような議論が見える。

也是語已及助句之辭、文籍備有之矣。河北經傳、悉略此字、其間字有不可得無者。至如「伯也執殳」、「於旅也語」、「回也屢空」、「風、風也、敎也」、及詩傳云「不戢、戢也、不儺、儺也」、「不多、多也」。如斯之類、儻削此文、頗成廢闕。

「也」とは、語尾や助字の言葉で、典籍には然るべくして据えられたものである。河北（北朝）の「經傳」では、盡くこの字を省略していて、その中には無くしてはいけない場合もある。例えば「伯也執殳」（『詩』衞風・伯兮）、「於旅也語」（『儀禮』鄉射禮）、「回也屢空」（『論語』先進）、「風、風也、敎也」（『詩』大序）、さらに『詩』（毛）傳に「不戢、戢也、不儺、儺也」（『詩』小雅・桑扈）、「不多、多也」（『詩』小雅・桑扈や大雅・卷阿）と言うのなどである。こうした例は、もしこの「也」字を削り取ってしまっては、何とも意味が通じなくなってしまう。

ここに「河北經傳」と見える「經傳」とは、如何なる意味なのか。そこでこの經傳の例として列擧される「也」字を含む句の出處を見ると、現代語譯の中で各句の引用の後の括弧内に示したように、「經傳」は『詩』や『儀禮』『論語』といった「經」と、『詩』傳の「傳」とに區分される。すなわち廣く「經」と、それに對して施された經義の解説としての「傳」という意味で、ここでは「經傳」という語を用いているのである[22]。
「經傳」の語は、書證篇にもう一例ある。『說文解字』を高く評價する顏之推を批判した某人に、顏之推が反論する一段なのだが、その最後に顏之推はこう言っている。

且余亦不專以說文爲是也。其有援引經傳、與今乖者、未之敢從。

しかも私とてひたすら『說文解字』を正しいとしているわけではありません。それが「經傳」を引用してきて論據とする中で、現行のものと乖離している場合があれば、それに盲從しようとするのではないのです。
『說文解字』を繙けば、數多くの「經」や經義の解說としての「傳」の類が、許愼の論據として引用されているのを知る。(23) するとここの「經傳」も、先の用例と同樣の意に解してよいであろう。
また『顏氏家訓』には、別に「傳記」や「記傳」という言い方も見受けられる。「傳記」の例は書證篇に次のようにある。

易有蜀才注、江南學士、遂不知是何人。王儉四部目錄、不言姓名、題云、王弼後人。謝炅・夏侯詠(24)、竝讀數千卷書、皆疑是譙周。而李蜀書一名漢之書云、姓范名長生、自稱蜀才。南方以晉家渡江後、北間傳記、皆名爲僞書、不貴省讀、故不見也。

『易』に蜀才注なるものがあり、南朝の學者は、これが何者なのか終ぞ知らなかった。王儉『四部目錄』は、その姓名を指摘せず、「王弼の後人」と題する。(梁の)謝炅や夏侯詠は、どちらも數千卷の讀書量を誇るが、ともに譙周のことではと思っていた。しかし『李蜀書』またの名『漢之書』には、「姓は范、名は長生、蜀才と自稱していた」と言っているのだ。南朝では晉が江南に渡って以來、北朝の「傳記」はすべて僞書と目し、それを讀むのをよしとはしなかったので、このことが誰の目にも入らなかったのである。

『易』に存在した「蜀才注」について、南朝の學者は誰の手に成るものであるかを審らかにし得なかった。だが顏之推は、李氏成漢についての史書『李蜀書』別名『漢之書』(25)にある記載から、蜀才が范長生であることを明らかにするに至った。その上で、晉の南渡以後は南朝で北朝の「傳記」を讀まなくなったことが、こうした狀況を生み出したと指摘するのである。
また「記傳」の例は、音辭篇に『春秋左氏傳』の「敗」字の音を議論する中で見える。

江南學士讀左傳、口相傳述、自爲凡例、軍自敗曰敗、打破人軍曰敗（宋本原注、敗、補敗反）。諸記傳未見補敗反、徐仙民讀左傳、唯一處有此音、又不言自敗・敗人之別、此爲穿鑿耳。

南朝の學者たちが『左傳』を讀む際、口頭にて傳承されていくうちに、自然と凡例（原則）が作られていき、自軍が敗退する場合には「敗」（薄邁反）の音で讀み、敵軍を打破する場合には「敗」（補敗反）の音で讀む。諸々の「記傳」には、「補敗反」という音は見出し得ず、徐仙民による『左傳』の音に、一箇所だけこの讀みの音が施されているが、なお自軍の敗退か敵軍の打破かの區別には論及しておらず、これはきっと穿鑿のし過ぎというものであろう。

『左傳』における「敗」字に對し、南朝では敵軍を打破する場合に「補敗反」の音があった。顔之推はこれについて諸々の「記傳」を調べた結果、徐仙民による『左傳』[26]の音に一例を見出したが、南朝の讀み分けを穿鑿のし過ぎと斷じるのである。
以上の「傳記」または「記傳」とは、果たして何を指すのか。ここで「傳」については、音辭篇冒頭の次の記事が興味深い。

夫九州之人、言語不同、生民已來、固常然矣。自春秋標齊言之傳、離騷目楚詞之經、此蓋其較明之初也。

一體この世の人々は、言葉が同じではなく、世に人が生まれてから、いつの時代もそうだったのだ。『春秋』

は齊地方の言葉による「傳」を殘し、「離騷」は楚地方の言葉の「經」と目されているのをはじめ、これらは恐らくその事實がはっきり示された初期のものであろう。

『春秋公羊傳』に齊地方の言葉が、『楚辭』離騷に楚地方の言葉がそれぞれ見えることは、具體例を伴って夙に趙曦明の注が指摘する通りである。いま注目したいのは、「傳」が「經」と對置されていることである。先の「經傳」の語の檢討に際しても見たように、顏之推は「經に對する傳」という意識を強く持っていたことが指摘できるであろう。

また「記」については、『顏氏家訓』に頻出する「書記」の語に着目したい。全部で五例を數えるが、まずそのうちの一例を擧げてみることにしよう。

梁孝元前在荊州、有丁覘者。洪亭民耳、頗善屬文、殊工草隸。孝元書記、一皆使之。（慕賢篇）

梁・孝元帝がかつて荊州の地に在ったとき、丁覘という者がいた。彼は洪亭の一平民に過ぎなかったが、實に上手く文字を書き、特に草書・隸書に巧みであった。孝元帝が文章を書くにあたっては、必ず彼に筆を執らせた。

ここでの「書記」は、當時は荊州刺史であった孝元帝（蕭繹）が書き記すもの一般を指すと讀める。だが以下に掲げる四例は、もう少し限定的な意味を持つように思われる。

雖百世小人、知讀論語・孝經者、尚爲人師。雖千載冠冕、不曉書記者、莫不耕田養馬。（勉學篇）

代々の寒微で取るに足りない人間であっても、『論語』『孝經』が讀める人間であれば、それでも人の師となれた。代々の貴家の出であっても、文獻の内容が理解できない人間であれば、誰もが田を耕して馬を飼う羽目になった。
顔氏之先、本乎鄒魯、或分入齊世、以儒雅爲業、徧在書記。（誡兵篇）
顔氏の祖先は、鄒・魯の地を淵源とし、ある者は分派して齊の地に移ったが、代々儒學を生業としてきたのは、どんな文獻にも記されていることだ。
世間小學者、不通古今、必依小篆、是正書記。（書證篇）
世の中の小學（文字學）者は、昔と今の相違がわからず、必ず小篆の字體を據り所に、文獻の文字を校訂している。
云爲品物、未考書記者、不敢輒名。汝曹所知也。（音辭篇）
言動や品物で、文獻の記載に對照して考究していないものは、決してみだりに名附けない。それはお前たちが知っていよう。
これら四例の「書記」は、單に書き記されたものというよりも、何らかのまとまった文獻という限定を伴うであろう。そしてすでに第一部第一章の第一節で明らかにしたように、顔之推という人が、すべて文獻に記載のあることを確認する學問のスタイルを「眼學」と稱して標榜したことを合わせ考えたとき、四例の「書記」は、その「眼學」の據り所となる文獻であるとも言えるのである。だが同時に、それが何か特定の分野に限定されるものではなく、廣く學問的な檢證に耐え得る文獻一般を指している點も、指摘しておく。

ここで改めて書證篇の「傳記」と音辭篇の「記傳」の意味を確認したい。顏之推にあっては「經」と「傳」が對置され、「傳」は「經」を解説するものとして強く認識されていた[27]。そして自身が標榜する「眼學」の據り所となる書物一般として、「書記」という言い方があった。これに對して、「傳記」「記傳」が、ともに『易』と『春秋左氏傳』についての文脈であったことに注意したい。

すると「傳記」「記傳」は、「書記」よりも「經」を對象にした文獻を念頭に置いて用いられた語彙なのではないか[28]。すなわち、「傳記」「記傳」のどちらも經に對する傳を中心に、その周邊の「眼學」の對象として當たるべき文獻を含んだものの集成を指すと思うのである。書證篇の「傳記」も、狹くは『李蜀書』を指し、それは史書であるが、顏之推が『易』蜀才注について、『易』に對する傳やその他の書物を調べていく中で、『李蜀書』において解答を得たと考えたい。

以上を踏まえたとき、自ずと『顏氏家訓』における二例の「禮傳」が指す內容が、明らかになるのではないか。つまり「禮」は「經」としての『禮記』を指し、「傳」は經義を解説してくれるものとして、『禮記』に關わる様々な書物を指す。筆者はこのように考えたい。

五　「多者」「少者」が意味するもの

勉學篇の「禮傳」については、なお「多者或至禮傳、少者不失詩論」と言うときの「多者」「少者」の意味について検討が殘る。第二節に紹介したように、この「多少」を文字數のこととするか、あるいは讀書量・勉強量のこととするかの二説があった。

ここで「禮傳」と對になる「詩論」であるが、これは『詩』と『論語』であること、疑いない。『論語』については、吉川忠夫氏が「六朝時代における『孝經』の受容」の中で、「『孝經』と『論語』にかんする知識が、いやしくも知識人たるものの、ないしは識字階層に屬するものの最低限度と考えられていた」ことを、先に「書記」の用例を見るべく引いた『顏氏家訓』勉學篇なども含めた記事から示している(29)。
吉川氏の論考の主目的は、『孝經』が知識人の最初に讀むべきテキストであったことを示す點にあったけれども、そこに引かれる記事の中には、『南齊書』卷五十四・高逸傳・顧歡の如く、幼くして『孝經』『論語』とともに『詩』を學んだとするものもある(30)。南北朝時代には類例に事缺かず、今いくつか見易い例を擧げよう。

景少聰敏、初讀論語・毛詩、一受便覽。（『魏書』卷八十二・常景傳）
常景は若くして聰明で、初めて『論語』『毛詩』を讀んだとき、一度教えられるとすぐに自分のものとした。
惠蔚年十三、粗通詩・書及孝經・論語。十八、師董道季講易、十九、師程玄讀禮經及春秋三傳。（『魏書』卷八十四・儒林傳・孫惠蔚）
孫惠蔚は十三歳で、『詩』『書』及び『孝經』『論語』に粗方通じた。十八歳で董道季が『易』を講じるのを師とし、十九歳で程玄を師として「禮經」及び『春秋』三傳を讀んだ。
幼而敏達、年十歲、誦孝經・論語・毛詩。後與世宗俱受禮記・尚書於盧誕。（『周書』卷十三・文閔明武宣諸子・宋獻公震傳）
宋獻公（宇文震）は幼くして敏く、十歳のときに、『孝經』『論語』『毛詩』を暗誦した。後に世宗（宇文毓）

と一緒に『禮記』『尙書』を盧誕より教授された。

松之年八歲、學通論語・毛詩。（『宋書』卷六十四・裴松之傳）

裴松之は八歲のときに、『論語』『毛詩』を學んで通曉した。

六歲誦論語・毛詩、意所不解、便能問難。（『梁書』卷四十五・處士傳・劉歊）

劉歊は六歲で『論語』『毛詩』を暗誦し、意味の分からないところについては、その都度意味を問い質した。

このように、知識人が最初に手を附けるべきテキストは、『論語』『孝經』に加えて『詩』があった。そして右の諸例に「誦」字が見え、『詩』についても暗誦が求められたことは、吉川氏が『孝經』についてすでに注意するのと同樣であろう。『詩』ほど暗誦に適した經典はあるまい。

だが右の諸例からもうかがえるように、『禮記』や「禮經」が初步のテキストとして取り上げられることは稀で、その學修は『孝經』『論語』『詩』からは一步進んだ段階だったと言えそうである。[31] そして多く師匠に就いて修めるものでもあった。もちろん七歲で『毛詩』『禮記』『左氏傳』『周易』、さらには諸子百家にまで手を伸ばした强者もいたが、[32] それはやはり例外であり、『孝經』『論語』『詩』を學問的に基礎段階とするならば、「禮經」や『禮記』は發展段階と位置づけなくてはなるまい。

以上のようであるならば、『顏氏家訓』勉學篇の「多者」「少者」を、單純に文字數の多寡のみに歸すると判斷するのは、躊躇せざるを得ない。やはり『詩』『論語』と『禮記』及びその解說としての「傳」の間には、學問的な質においてレベルの差が存在し、顏之推はそれをも含めて考えているとみるべきではないか。

もちろん『詩』『論語』『孝經』は、三禮や『春秋』三傳に比すれば文字數は少ない。だが顏之推が、士大夫の子弟として「少者不失詩論」と言うのは、單に文字數だけではなく、知識人としての最低限の學問として『詩』『論語』を修得すべしということであり、すると「多者禮傳」と言うのは、より發展的に多くを吸收する子弟は、『禮記』やその傳の類にも學修の範圍が及ぶということである、と筆者は考える。

おわりに

最後に本章の考察を踏まえて、冒頭に書き下し文で讀んだ『顏氏家訓』の勉學篇と序致篇について、現代語譯を示しておきたい。
年始九歲、便丁荼蓼、家塗離散、百口索然。慈兄鞠養、苦辛備至、有仁無威、導示不切。雖讀禮傳、微愛屬文、頗爲凡人之所陶染、肆欲輕言、不脩邊幅。（序致篇）
九歲になったばかりのとき、（父の死という）大きな苦難に見舞われ、家庭は滅茶苦茶になって、一族もバラバラになった。優しい兄は私を養育してくれ、その苦勞はあらゆることに及んだが、仁愛ばかりで威嚴がなく、指導教示は切實なものではなかった。（私は）『禮記』やその傳などを讀んだりしたけれども、實は文章を綴るのが好きで、すっかり世間の色に染められてしまい、欲に任せて好き勝手言い、自分を律することがなかった。
自古明王聖帝、猶須勤學、況凡庶乎。此事偏於經史、吾亦不能鄭重。聊擧近世切要、以啓寤汝耳。士大夫子弟、數歲已上、莫不被教、多者或至禮傳、少者不失詩論。（勉學篇）

昔から聖明なる帝王たちでさえも、學問に勵まなくてはならなかったのであって、ましてや我々凡才は、なおさら學問に勵まねばなるまい。この事實は經書や史書のあちらこちらに書かれており、私が改めて繰り返すまでもない。少しばかり近頃の重要な例を擧げて、お前たちを啓發しようというわけだ。士大夫の子弟で、それなりの年齢に達した者は、教育を必ず受けるのであって、進んだ者なら『禮記』やその傳などにまで及ぶし、最低でも『詩』『論語』は外さない。

すでに第一部第一章の冒頭でたどったように、『顏氏家訓』はある時期に集中して執筆された著作ではなく、顏之推が生涯をかけて書き繼いでいったものである。また長男・顏思魯の手もある程度加わっている。そのため現行本を以てその語彙選擇を截然と論じることには、愼重でなくてはならないであろう。そこで本章では、孤證によって論を進めることは嚴に愼み、廣く『顏氏家訓』の中の語彙とその用法を比較檢討して、結論を導いたつもりである。これにより、從來一致を見ていなかった『顏氏家訓』の「禮傳」の語の意味内容を明らかにし得たのではないか。
加えて本章の考證の過程で、顏之推が「禮」と言うとき、もっぱら經書としての『禮記』を指していたことを明らかにした。そしてまさに顏之推が生きた時代、三禮の中で『禮記』が確實に經書として地位を向上させつつあり、やがて『禮記正義』として五經正義の内の一つを占めるに至るのである。本章では、一先ず顏之推という人物の「禮」や經書に對する意識を、『禮記』が「記」(傳)から「經」へと位置づけを變化させていく思想史の流れの中に置くことに成功した。今後は『禮記』の「記」(傳)から「經」へという流れを、より廣い視野から總體的に檢證していくことを目指したい。

（1）【宇野】は現代語譯ではなく書き下し文によるものであり、以下その説は注釋に掲げられたものとなる。
（2）盧文弨の補注は『顏氏家訓注』（藝文印書館、一九六七）による。以下も同様。
（3）以下、本章に言及する王利器氏の説はすべて『集解』による。また本章で斷りなく頁數を記していれば、それは『集解』のものである。
（4）『大漢和辭典』（大修館書店、一九七四）、『漢語大詞典』（漢語大詞典出版社、一九九七）。
（5）【高】は現代語譯に『周禮』だけが見えて『春秋左氏傳』は見えず、何ら注釋もないが、「禮傳」を『周禮』のみに對應させたのではなく、【宇都宮】などと同様の方向で解していると考えられる。
（6）【程】は注では「禮」が『禮記』を指すとするが、譯語は《禮經》となっている。これは『禮記』を《禮經》と解したと言えなくもなかろうが、「傳」について注では『左傳』を指すとしながら、譯語は《春秋三傳》となっていて、全般に混亂が見受けられる。そのため、ここでは參考にしないこととする。
（7）洪氏の「公・穀浸微」の語は、隋代の狀況を指してではあるが、『隋書』經籍志・春秋類後敍に見える語をそのまま用いている。また『北史』儒林傳敍には「其公羊・穀梁二傳、儒者多不厝懷」とある。
（8）野間文史『五經入門　中國古典の世界』（研文出版、二〇一四）が唐開成石經に據った數として示すもの（二七九頁）。
（9）『集解』は「忌日不樂」の基づく『禮記』の文を、盧文弨の補注を引用して『禮記』祭義「君子有終身之喪、忌日之謂也。忌日不用、非不祥也、言夫日志有所至、而不敢盡其私也」とする。だが『禮記』檀弓上に「故君子有終身之憂、而無一朝之患、故忌日不樂」とあるのを典據とする方が勝ろう。
（10）風操篇には「禮間傳云」（九五頁）と、書證篇には「禮王制云」（四四二頁）という形で、それぞれ『禮記』からの引用が見られる。また『禮記』からの文の引用としては、別に省事篇の「表記云」（三三三頁）や書證篇の「月令云」（四一八頁）のように、「禮」字を冠しない形のものもある。
（11）以上、「詔命策檄」などの譯語はすべて【宇野】の當該箇所に對する注の語による。
（12）文章の淵源を五經に求める發想は、すでに劉勰『文心雕龍』宗經篇に見られ、『禮』を端緒とするジャンルとして銘・誄・箴・祝が擧げられている。この點を含めた顔之推の文學觀については、興膳宏「顔之推の文學論」（同氏『新版　中國の文學理論』（清文堂出版、二〇〇八）、所收）、參照。
(13) なお風操篇に「南人冬至歳首、不詣喪家、若不修書、則過節束帶以申慰。北人至歳之日、重行弔禮。禮無明文、則吾不取」とある。ここで「禮無明文」と言う「禮」は、文獻ではあろうが、『禮記』とまで斷じられるか定かではない。當時流通していたより廣く禮に關して述べられた書物一般を指す可能性も否定はし切れないように思う。
また『禮記』が原則「禮」一字で表されるのはここまで見てきた如くであるが、一例だけ「禮記」とされる例が書證篇にある。『史記』『漢書』に見える「媢」字について、「此二媢竝當作娼、娼亦妬也。義見禮記・三蒼」とあるのがそれである。推測に過ぎないが、これは「三蒼」が二字であるのに合わせて、「禮記」も二字にしたのではないか。

例えばすでに擧げた勉學篇の「書曰、好問則裕。禮云、獨學而無伴、則孤陋而寡聞」では、「書」と「禮」が一字ずつであった。これに對し、書證篇に「尙書曰、惟影響。周禮云、土圭測影、影朝影夕。孟子曰、圖影失形。莊子云、罔兩問影」とあって、「書」が他の古典に合わせて「尙書」二字にされている。もちろん『顔氏家訓』の中で無理な統一を圖るのは危險だが、一先ず勉學篇の「禮記」の例は、「三蒼」の二字に合わせたと解しておきたい。
(14) 淸・皮錫瑞『經學通論』三禮（中華書局、二〇〇三）、參照。
(15) 「爰從晉・宋、逮於周・隋、其傳禮業者、江左尤盛。其爲義疏者、南人有賀循・賀瑒・庾蔚・崔靈恩・沈重・范宣・皇侃等。北人有徐遵明・李業興・李寶鼎・侯聰・熊安生等」。いま『禮記正義』（上海古籍出版社、二〇〇八）に據った。
(16) 野間氏は前掲書で、「なぜ『小戴禮記』が經書としての『禮記』になり得たのか」と發問し、「その理由は明らかでない」としつつ、結果論としては、鄭玄が『儀禮』『周禮』『禮記』を三禮として有機的に關連づけて注釋したことが大きく影響したと言う（一八〇頁）。また六朝時代の老莊思想や佛教思想の盛行に相對する儒教陣營が、儀式の背景を理論的に説明する必要に迫られ、「禮」を理論的に解説した『禮記』の需要が高まったとする（一八二頁）。
(17) 風操篇八二頁。なお『儀禮』の中で喪服篇を獨立して扱うことが、魏晉以來盛んになったことは、藤川正數『魏晉時代における喪服禮の研究』（敬文社、一九六〇）、參照。

(18) 四一四頁・四三〇頁・四六一頁・五〇七頁。ちなみに音辭篇五四五頁には「劉昌宗周官音」が見えるが、これは固有名（書名）であり顏之推の言葉ではない。
(19) 風操篇八二頁、書證篇四二七頁・四三二頁・五〇九頁、音辭篇五六一頁・五六二頁。
(20) 「毛傳」は文章篇二八七頁・二九五頁、書證篇四一四頁・四二〇頁・四二一頁・四六七頁。「毛詩傳」は書證篇四一〇頁、「詩傳」は書證篇四三六頁。「傳」は書證篇四一三頁・四三四頁・四三七頁。
(21) 勉學篇二〇六頁。
(22) 引用した一段は、最後には不必要な「也」字を附加する俗學者を「又有俗學、聞經傳中時須也字、輒以意加之、每不得所、益誠可笑」と批判して締め括る。この「經傳」も先行のものと同意と見てよい。
(23) 『說文解字』が引用する「經」については、馬宗霍『說文解字引經攷』（中華書局、二〇一三）、參照。
(24) 「詠」字は元「該」字に作る。劉盼遂『劉盼遂文集』（北京師範大學出版社、二〇〇二）所收の「顏氏家訓校箋」により、「該」は「詠」の誤りとする（二四七頁）。
(25) この書については本箇所の『集解』注（四四一頁）など、參照。
(26) 『隋書』經籍志・經・春秋に「春秋左氏傳音三卷（徐邈撰）」。
(27) もちろん、これが顏之推に特殊な認識と主張したいわけではない。歷代「經」にはその解說としての「傳」が數多く存在することは言うまでもない。「傳」の基本的な性格は、池田秀三「中國古典における訓詁注釋の意義」が、「「傳」は傳承された著述・記載一般をいうが、とくに「傳とは經義を解說する者」（『漢書』古今人表注）とあるように、經書の注釋を指していうことが多い。ただ、經文を直接解釋するものだけではなく、經義を敷衍した論說や經文に關わる說話を記載したものも廣く「傳」と稱される」（同氏『中國古典學のかたち』（研文出版、二〇一四）、所收）と明快にまとめられる通りである（三三頁）。いまここでは、顏之推が「傳」と言った際に「經」と對置させ、「經を解說するもの」との認識を確固として有していたこと、これを強調しておきたいのである。
(28) すでに言及したように、顏之推が生きた時代、春秋三傳の中では『春秋左氏傳』がもっぱら行なわれた。顏之推自身も、『顏氏家訓』の中で論及するのは『春秋左氏傳』を主とした。こうしたことから、顏之推が『春秋左氏傳』を五經の一つとして位置づけていたと考えてもよいように思われる。
(29) 吉川忠夫「六朝時代における『孝經』の受容」(同氏『六朝精神史研究』(同朋舍、一九八六)、所收)の五四八頁から五五〇頁。以下、吉川氏の説はこの論考のもの。
(30) 八歲、誦孝經・詩・論。
(31) 他に『周書』卷二十六・斛斯徵傳「徵幼聰斛、五歲誦孝經・周易、識者異之。及長、博涉群書、尤精三禮、兼解音律」など、參照。
(32) 少聰敏、七歲好學、善毛詩・禮記・左氏傳・周易、諸子百家、無不畢覽(『隋書』卷七十六・文學傳・王貞)。

第二部　北朝士大夫と國家

――仕官と隱逸をめぐって――

第四章　北齊・劉晝における仕官と修養――『劉子』の分析を通じて――

はじめに

第一部（第一～三章）では、南北朝時代を生きた一人の知識人の代表として顔之推を扱ったが、續く第二部では、特に北朝の士大夫に焦點を當てて、彼らの社會觀や國家觀について檢討を加えたいと思う。序章にもいくらか觸れたように、從來の南北朝時代を對象とした研究では、知識人としてその思想が論じられるのは、南朝の士大夫である場合が多かった。一方の北朝の士大夫とその思想については、南朝のそれの影響下において語られ、その獨自の思想を考究されることは、多かったとは言い難い。そこで第二部では、計三章にわたり、北朝士大夫に獨自の思想を、その國家觀の中に見出すべく、仕官と隱逸という觀點から北朝士大夫に迫りたいと考える。そしてこの第四章はその第一歩として、北齊・劉晝とその著書『劉子』を對象にするものである。

これまで『劉子』という書物をめぐって活發に議論されてきたのは、その作者を誰に定めるかということであった。だがこれまでの先行研究(1)がすでに明らかにするように、『劉子』の作者は北齊・劉晝としてよく、本章もその立場に立つ。

作者の特定をめぐる議論が活發であった一方で、『劉子』の內容にまで踏み込んだ論考は、國內では、龜田勝見氏による一連の「『劉子』小考」[2]、「『劉子』と劉晝」[3]、「『劉子』とその著述意識」[4]、「『劉子』における理想的人格」[5]、また中國大陸では、論文として譚家健「《劉子新論》新論」[6]があり、著書としては陳志平『《劉子》研究』[7]などがある。

『劉子』が取り扱う分野は、その備える五十五の題目を一瞥すれば明らかなように、實に多岐にわたる。ただそこに同時代に對する具體的な批評や議論は特に見受けられず、議論の大部分がどの時代にでも通用するような一般論である感は否めない。そしてこのことが、內容から作品の時代と作者を定めるというアプローチを難しくさせ、作者をめぐる議論が繰り返される原因となったのである。

また『劉子』には、すでに諸注釋が明らかにするように、先行する様々な文獻からの拔書きが多い[8]。このことから、『劉子』は獨自性に乏しい書物と見做され、その內容が積極的に考察されてこなかった。だが『劉子』には、諸文獻の引用と劉晝自身の言葉によって構築された、劉晝自身の思想が內包され展開されているのではないか。本章では、『劉子』に展開される劉晝の思想の構造と特徵を、彼の仕官と修養ということに對する見解から明らかにし、分析を加えていくことにしたい。

一　價値と狀況

『劉子』を通讀すると、本來は有價値であると認められるものも、狀況によって有價値ではなくなるとする主張が多いことに氣づく。次の例は、その最も見易いものであろう。

救饑者以圓寸之珠、不如與之橡菽、貽溺者以方尺之玉、不如與之短綆。非橡綆之貴、而珠玉之賤。然而美不要者、各在其所急也。方於饑溺之時、珠玉寧能救生死哉。是以中流失船、一壺千金。貴賤無常、時使然也。(隨時章)
飢えている者を救うならば、直徑一寸の眞珠よりは橡や豆を與えた方がよく、溺れている者に贈るならば、一尺四方の玉よりは短いつるべ繩を與えた方がよい。橡やつるべ繩が貴重で、珠玉の價値が低いのではない。それなのに取るに足りない物を嘉するのは、それぞれがその差し迫った需要に對應しているからである。飢えたり溺れたりしているときに際して、珠玉がどうして生死を爭っている狀況を救おうか。だから河の流れの眞ん中で船を失えば、一つの壺さえも千金の價値がある。價値の貴賤に絶對ということがないのは、そのときの狀況がそうさせるのである。

雜穀やつるべ繩が眞珠や玉より重寶されるという價値轉倒の原因は、物の價値自體ではなく、それが直面する狀況にあると劉晝は主張する。同様の發想は、政治についても見出し得る。
時有淳澆、俗有華戎。不可以一道治、不可以一體齊也。故無爲以化三皇之時、法術以禦七雄之世、德義以柔中國之心、政刑以威四夷之性。故易貴隨時、禮尙從俗。適時而行也。(隨時章)
時代には厚薄があり、風俗には文化的と野蠻とがある。一つのやり方だけで國を治めることはできず、一つの體制だけで國を整えることはできない。こうして無爲の政治によって三皇の時代が治まり、法術の政治によって戰國七雄の世を統制し、德と義が中華の氣持ちを和らげ、政令と刑罰が四方の夷狄の氣質を威壓した。

だから易は時代に隨うことを貴び、禮は風俗に従うことを尊ぶ。その時宜に適った政治を行なうのだ。
このように、劉晝は政治において唯一絶對の手法は設けずに、その時代とその地の風俗に適した政治手法の選擇を要求するのである。
劉晝は『劉子』において、儒家的な仁義・仁愛を前提にその優位を認めつつ、民衆に善悪を辯えさせるべく、刻薄ではない刑罰を設ける必要性を説く。これが彼の基本的な政治論である。

聖人之爲治也、以爵賞勸善、以仁化養民。故刑罰不用、太平可致。然而不可廢刑罰者、以民之有縱也。是以賞雖勸善、不可無罰、罰雖禁悪、不可無賞。賞平罰當、則理道立矣。（賞罰章）

聖人が政治を行なうに、爵位・賞與により善を勸め、仁愛や教化により民衆を養う。そのため刑罰は用いずとも、太平の世は成し遂げられる。それでも刑罰を廢止できないのは、民衆に勝手な輩がいるからである。そこで賞與は善を勸めるけれども、罰則がないわけにはいかず、罰則は悪を禁じはするけれども、賞與がないわけにはいかない。賞與が公平で罰則が的を射ていれば、あるべき政治の秩序が確立する。

劉晝は、「爵賞」と「仁化」に基づいた政治の下では刑罰が不要とする。だがそれはあくまで聖人による理想の政治であり、現實にはやはり刑罰が必要となる。法術章では具體的に、爲政者を御者、法を轡にそれぞれ譬えながら、時宜に適った法の運用の必要性を主張する。また賞罰章では、その「法」に則った適正な賞罰の實施が民衆に善悪を辯えさせ、國家が治まると言う(9)。こうした政治思想は、秦の苛酷な法治主義とその滅亡を承けた、漢以來の德治と法治の併用の發想の域を出ない(10)。

だが興味深いことに、劉晝にとっては「仁義」も必ずしも絶對的な概念ではなく、また苛酷な法治主義に基づく政治も容認する餘地があったのである。『孟子』梁惠王下に見える話をもとに、隨時章で次のような議論を展開する。

昔秦攻梁。梁惠王謂孟軻曰、先生不遠千里、辱幸敝邑。今秦攻梁。先生何以禦乎。孟軻對曰、昔太王居邠、狄人攻之、事以玉帛、不可。太王不欲傷其民、乃去邠之岐。今王奚不去梁乎。惠王不悅。夫梁所寶者、國也。今使去梁、非不能去也、非異代之所宜行也。故其言雖仁義、非惠王所須也。亦何異救饑而與之珠、拯溺而投之玉乎。秦孝公問商鞅治秦之術、鞅對以變法峻刑。行之三年、人富兵强、國以大治、威服諸侯。以孟軻之仁義、論太王之去邠、而不合於世用。以商君之淺薄、行刻削之苛法、而反以成治。非仁義之不可行、而刻削之爲美。由于淳澆異跡、則政敎宜殊、當合縱之代、而仁義未可全行也。

むかし秦が梁を攻めた。梁の惠王は孟軻に言った「先生は千里の距離も厭われず、忝なくも我が地においでくださいました。いま秦が梁を攻擊しました。先生はどう防がれますか」。孟軻は答えて言った「その昔、太王は邠の地に居り、夷狄どもがこれを攻め、玉や帛を獻上してもだめでした。太王は自らの民衆たちが害せられるのを嫌い、そこで邠を去って岐へ行きました。いま王はなぜ梁を去られぬのでしょうか」。惠王は喜ばなかった。そもそも梁が寶とするのは國である。いまもし梁を去ろうとすれば去れないわけではないが、異なる時代には實行すべきではないのだ。だから孟軻の言は仁義なるものであっても、惠王が採用するようなものではなかったのだ。これがどうして飢えている者を救おうと彼に眞珠を與え、溺れている者を救おうと彼に玉を投ずるのと異なろうか。秦の孝公は、商鞅に秦の治め方を問い、商鞅は法律を變え刑罰を嚴しくすることと答えた。このやり方を實行すること三年、民衆は豊かになり兵力は強くなり、國は大いに治まって、諸侯を威壓し服従させた。孟軻の仁義により太王が邠を去ったことを論じても、世の實用には合致しなかった。商鞅の淺薄さによって刻薄な嚴法を施行し、それでも逆に國が治まった。仁義が實行されるべきでなく、刻薄であることが素晴らしいわけではない。時代の厚薄のあらわれが異なれば、政治と教化も殊にすべきであり、合縱の時世に際して、仁義だけですべてがうまくいくわけではなかったことによるのである。(11)

劉晝からすれば、國を寶とする梁の直面した狀況には孟子の語る「仁義」も適さなかったのであり、こうして「仁義」さえも否定的に評價される。また商鞅の苛酷な法家的政治と、孟子による仁義の言が對比されて、前者が時代に合致したことを理由に容認される點も興味深い。(12)もちろん劉晝も、一般には仁義による政治が苛酷な法治主義に勝るとするが、それは決して絶對的な評價ではなく、すべてその直面する狀況次第だったのである。

そして確認しておくべきは、そうした狀況は自らが作り出すものではなく、あらかじめ眼前に存しているものだったということである。つまり政治で言えば、爲政者は自らの是とする政治に合致する世の中を作り出すのではなく、あくまで自らが直面した狀況に合致した政治の選擇が求められたのである。

二　命・遇・勢と性

直面する狀況に合わせることが必要ながら、その狀況を自らは作り出し得ない。このような劉晝の見方は、前節に見た政治の面だけには限らず、個人のレベルでも同様であった。「命」「遇」「勢」の三概念を織り交ぜた次の議論に、それがうかがえる。
命有否泰、遇有屈伸。否與泰相翻、屈與伸殊貫。邀泰遇伸、不盡叡智、遭否會屈、不專庸蔽。何者、否泰由命、屈伸在遇也。命至於屈、才通卽壅、遇及於伸、才壅卽通。通之來也、非其力所招、壅之至也、非其智所迴。勢苟就壅、則口目雙掩、遇必屬通、則聲眺俱明。故處穴大呼、聲鬱數仞、順風長叫、響通百里。入井望天、不過圓蓋、登峰眺目、極於煙際。向在井穴之時、聲非卒嗄、目非暴昧、而聞見局者、其勢壅也。及其乘風蹈峰、聲非孟賁、目非離婁、而響徹眺遠者、其勢通也。(通塞章)(13)
「命」には「否」と「泰」があり、「遇」には「屈」と「伸」がある。「否」と「泰」は互いに入れ替わり、「屈」と「伸」は共存しない。「泰」を迎え「伸」に遭うのが、すべて優れた智慧を有しているわけではなく、「否」に遭い「屈」に會うのが、すべて凡庸なわけではない。なぜならば、「否」「泰」は「命」に依據し、「屈」「伸」は「遇」次第だからだ。「命」が「屈」になると、才覺が通じていてもすぐに塞がれ、「遇」が「伸」になれば、才覺が塞いでいてもすぐに通じる。「通」の到來は、その人の力が招き寄せられるものではなく、「壅」の訪れは、その人の智慧が變えられるものではない。「勢」が假にも「壅」であれば、口と目はともに覆われ、「遇」がきっと「通」であれば、聲も眺めもともにはっきりする。だから穴に居て大聲で叫べば、その聲は數仞の範圍に籠ってしまうが、風に合わせて長く叫べば、その響きは百里先まで通じる。井戸に入って天を見上げれば、その視界は圓い蓋の範圍に過ぎないが、峰に登って遠く見遣れば、茫漠たる遠方まで見渡せる。先に井戸や穴に居たときに、聲がしわがれていたわけではなく、目がひどく惡かったわけでもなく、それでも見聞の範圍が限られたのは、その「勢」が壅がれていたからである。風に合わせ峰に登ってから、聾が孟賁のようになったわけではなく、目が離婁のようになったわけでもなく、それでも聾がよく響き遠くを眺められたのは、その「勢」が通じたからである。

「遇」に屬するはずの屈伸の概念が途中から「命」に適用され、最初は峻別されていた「命」と「遇」の議論が次第に混同する。續いて通塞という概念が登場し、「遇」の通塞は「勢」の通塞と同義のように扱われ、「遇」の議論が「勢」の議論に變わる。つまり「命」の否泰は「遇」の屈伸であり、それが「勢」の通塞となるのである。そして着目すべきなのは、それぞれの狀態が變化するものとして扱われている點である。劉晝はこの議論で、「命」「遇」「勢」の狀態に人間の智慧や才覺は影響を及ぼさないことを明言している。遇不遇章「賢不賢、性也」を踏まえれば、そうした人間の智慧や才覺は人間の「性」と見做すことができ、つまり「命」「遇」「勢」の狀態は、人間の「性」によってどうこうできるものではないのである。

こうした考えが極まると、「命」をすでに定まったものとする命定論的な思想に陷る可能性を孕むであろう。實際、劉晝は命相章で、「命」はそれが表われた「相」と對應し、氣を受けた出生段階ですでに定まっていると言う(14)。だが同じ命相章で次のようにも言うのである。

命相吉凶、懸之於天。命當貧賤、雖富貴、猶有禍患。命當富貴、雖欲殺之、猶不能害。

命・相の吉凶、これは天に依據している。命が貧賤に當たると、(現實に)富貴であっても、なお禍いや患いが生じる。命が富貴に當たると、いくらこれを殺害しようとしても、なお殺害できない。

「命」は天に依據して定まっており、その狀態は自身の「性」では變え難い。だが「命」には、例えばそれまで現實には富貴であっても、「命」が貧賤に當たって禍患を生じるように、人生の中で變化がある。龜田氏は劉晝の「命」を論じる中で命相章に言及し、人生の途中では様々な状況の變化があっても、その終極點では定まった「命相」の通りの人生となることを劉晝は説くとする。[15] 確かに人生の終極における「命」は定まっていよう。だが劉晝は、「命」の變化に伴う人生の途中での多様な變化にはっきり言及しているのであり、今はその變化の方に焦點を當てたいのである。

自らの「性」が影響を及ぼし得るものではなくとも、人生の狀況に絶えず變化が存するという主張は、人の禍福や利害は交互に到來し、常に福であり利である、あるいはその逆ということはないとする利害章・禍福章の主張や、物事の價値がその直面する狀況次第で變わるとする先に確認した姿勢と共通しよう。

さて本節の冒頭に引いた通塞章は、續いて朱買臣・王章・蘇秦・班超らが、「勢」が屈していたときは自らの力量を發揮できずに容貌が憔悴しきっていたのに對し、それぞれの不朽の功績を打ち立てた後はその容貌が輝きを增したことを言って、こう結論する。


而昔如彼、今如此者、非爲昔愚而今賢、故醜而新美。壅之與通也。水之性清、動壅以堤、則波滔而氣腐。決之使通、循勢而行、從澗而轉、雖有朽骸爛胔、不能汚也。非水之性異、通之與壅也。人之通、猶水之通也。德如寒泉、假有沙塵、弗能汚也。以是觀之、通塞之路、與榮悴之容、相去遠矣。

しかし昔はあのようで、今はこのようであるのは、昔は愚かで今は賢く、元來は醜く新たに美しくなったわけではない。壅がるか通じるかだ。水の「性」は淸らかだが、その流動を堤防で止めれば、波が湧き起こって氣が腐る。これを流して通じさせれば、勢いに順じて流れ行き、谷に沿って曲がり、朽ちた骨や腐った死體によってでさえも汚すことはできない。水の「性」が異なるのではなく、通じるか壅がるかだ。人の通じるということは、あたかも水の通じることのようである。德は清冽な泉の如く、假に砂塵があっても汚すことはできない。こうして見ると、「通」と「塞」の在り方は、活き活きしているか、あるいは憔悴しているかという容貌と、その關係性は薄いのである。

劉晝に言わせれば、朱買臣ら四人は決してずっと「勢」が通じていたわけではなく、最初は「勢」が塞がれており、後に「勢」が通じたからこそ不朽の功業を打ち立てた。ここに、劉晝が個人の境遇について「勢」の通塞を重視していたことが見て取れるのである。

また四人の「勢」の通塞に對する「性」の位置づけが興味深い。水が堤防の存在により様態を變化させながらも、その「性」は一貫して清らかなものであるのと同様、彼ら四人の優れた「性」は、境遇に影響されず一貫して優れていた。さらに容貌について、確かに「勢」の「通塞」が彼らの容貌の變化に影響を與えた。すると最後の「通塞之路、與榮悴之容、相去遠矣」と言うのは一見矛盾するかの如くである。だが彼らの容貌の變化は、憔悴しているか活き活きしているかというあくまで表面上の變化であり、決して本質的な、すなわち「性」の影響による變化ではない。だからこそ「勢」の「通塞」と「榮悴之容」の間の關係性は薄いのである。

才覺や智慧、德などの人の「性」は、決して出生段階から誰しもが優れているのではない。後に詳しく述べるが、「性」を優れたものとするには修養が必要である。だが優れた「性」は、境遇によって變化しないのであり、自身の「勢」が通じたとき、あたかも水が通じたときに何によっても汚すことはできず、清冽な泉が湧き續けるように、存分に發揮されるのである。

以上のように、自らが直面する状況に左右されない「性」を備え、「勢」が通じれば出仕して世のためにその「性」を發揮することこそ、劉晝の理想とする狀態だったに違いない。劉晝は、いまだ世に出ていない有才の人物が出仕するには、見識者がその存在に氣づき、それに頼ることで可能であると强調する。

賢士有脛而不肯至者、蠹才於幽岫、腐智於柴蓽者、蓋人不能自薦、未有爲之擧也。（薦賢章）

賢才の士に足があるのにやって來ようとせず、才能を奧深い洞穴の中に蝕ませ、智慧を雜木の中で腐敗させてしまうのは、思うに人は自分で自分を推薦することはできず、まだ推擧してくれる存在がいないからである。

同樣の主張は知人・薦賢・因顯・附託の各章に一貫して見える。そしてこの見解は、文學の研鑽を積んで當時の高名な文人たちに自分の作品を見せたり、直言を好むという孝昭帝の卽位に際してしきりに上書したり、さらに幾度かあった自身を推薦する聲を耳にすると得意氣だったという、『北齊書』卷七十四・儒林傳および『北史』卷八十一・儒林傳上の劉晝傳が傳える劉晝の態度に通じる面がある。[16]劉晝に言わせれば、有才の人物がその才能を世に活かせるか否かは、同時代にその才能を認め、しかも世の中に彼を送り出すだけの力を有する存在がいるかにかかっており、[17]そしてそうした存在に巡り會えたときこそ、その人物の「勢」が通じたときだったのである。

確かに先引の通塞章で、「遇」が「伸」であれば才覺がなくても通じる（遇及於伸、才壅卽通）と言い、また遇不遇章では「命運が遇に當たれば、危險なる狀況も必ずしも禍いではなく、愚者も必ずしも窮しない（命運應遇、危不必禍、愚不必窮）」と言うが、それはあくまで「命」や「遇」という要素の强力さを訴えんがためであって、劉晝がそれに對して諦念を抱き、才智や德という「性」の力に絕望していたと卽斷してはならない。その證據に劉晝は言う。
賢才有政理之德、故能踐勢處位。……勢位雖高、庸蔽不能治者、乏其德也。（均任章）
賢く才能ある者は爲政の德を備えており、それ故に權勢を有し地位に就くことができる。……權勢があり地位が高くても、凡庸で愚かな者が政治をできないのは、その人の德が乏しいからである。
古之烈士、厄而能通、屈而能伸。彼皆有才智、又遇其時、得爲世用也。（激通章）
古の烈士は、困難にあっても通じることができ、抑壓されても伸びることができた。彼らはみな才智を備え、さらにその時世に合致したために、世に用いられたのだ。
ある人物が世に用いられるためには、その「勢」が通じ、さらにそれに對應できるだけの「性」を備えていなければならないと劉晝は認識していたのである。

三　性の修養と隱逸

自身の「勢」が通じ、かつ優れた「性」が備わっていれば、人は出仕して成功する。そこで『劉子』では「性」の修養が說かれる。修養は學問的な研鑽も當然含まれ、それは崇學・專學の兩章に語られる。だがより强調されるのは、外界からの刺激とそれにより自身の內部に生じる情欲を未然に防ぐことであり、その內容は淸神・防慾・去情・韜光の『劉子』冒頭四章に詳しい。例えば韜光章に言う。

物之寓世、未嘗不韜形滅影、隱質遐外、以全性棲命者也。……古之德者、韜跡隱智、以密其外、澄心封情、以定其內。內定則神腑不亂、外密則形骸不擾。以此處身、不亦全乎。

人は世に存在するに當たり、誰もが形骸を包み隱して影を消し、才質を世俗から遠く離れた地に隱し、そうして性を全くして命に安んずるのだ。……古の有德者は、痕跡を包み隱して智慧を露わにせず、そうして自身の外部を閉じ、心を清澄な狀態にして情を封じ込め、そうして自身の內部を落ち着かせる。內部が落ち着けば精神の居所は亂れず、外部を閉じれば肉體は損なわれない。こうして身を處せば、自らを全うできるのだ。

龜田氏は『劉子』の構成を檢證する中で、『劉子』冒頭の四章の議論は俗界・官界に生きることを拒否して隱逸を指向するとし、續けて『抱朴子』の隱逸と『劉子』の隱逸を比較して、後者については「積極的な喜びを見出すのではなく、俗世という現實から逃避するだけの消極的行動として隱逸が選ばれている」と述べる[18]。確かに冒頭四章だけを讀むならば、劉晝の志向する隱逸は氏の言の如くである。だが『劉子』全體を讀むとき、劉晝の志向する隱逸は必ずしもそうしたものに限られないのではないか。

劉晝は妄瑕章で、短所がありながらも政治的に成功して大きな功績を殘した人物たちを論じた後で、次のように言う。

袁精目・鮑焦、立節抗行、不食非義之食、乃餓而死、不能立功拯溺者、小節申而大節屈也。伯夷・叔齊、冰清玉潔、義不爲孤竹之嗣、不食周粟、餓死首陽。楊朱全身養性、去脛之一毛以利天下、則不爲也。若此二子、德非不茂、行非不高、亦安能治代案、蹈白刄、而達功名乎。此可以爲百代之鎔軌、不可居伊・管之任也。

袁精目や鮑焦は、節操を貫いて高尚な態度を保ち、不義の祿を食むことなく、何と餓死してしまい、功績を打ち立て世の危難を救うことができなかったのは、小さな節義は通しながらも大きな節義は通せなかったからだ。伯夷・叔齊は、德は高潔この上なく、義として孤竹國の後繼にはならず、周の祿を食まず、首陽の地で餓死した。楊朱は肉體を全くして性命を養って、脛の一毛を拔き取ることで天下のために奉仕するようなことすらしなかった。こうした彼らは德が盛んでないわけでなく、行ないが高尚でないわけではないが、どうして亂世を治め、鋭い刃を踏み、そして功名を成し遂げ得ようか。これは永代の規範とすることはできても、伊尹や管仲の（政治的な）任務に就くわけにはいくまい。

劉晝は、伯夷・叔齊や楊朱の德や行ないを評價しつつ、彼らが伊尹や管仲らのように職位に就いて政治を擔當する資格がない點を批難するわけだが、それはなぜか。劉晝は薦賢章で、自らを犧牲にして賢人を世に薦めた事例を紹介した上で、次のように言う。

所以致命而不辭者、爲國薦士、滅身無悔。忠之至也。德之難也。

自らの命を賭けてでも（賢人の推薦を）辭さないのは、國家のために士人を推薦すれば、自らの身が滅んでも悔いがないからである。至高の忠である。得難い德である。

伯夷・叔齊や楊朱は、あるいは自身の節義を貫徹し、あるいは修養により身を全うしたかもしれないが、天下國家の政治には何ら寄與しなかった。だから批難されたのである。この點、『莊子』大宗師が「眞人」を論じ、伯夷・叔齊を含めた著名な隱者たちを一まとめに「彼らは人のために自らを使役し、人の樂しみに自らの樂しみを合わせたのであって、自らの樂しみのために自らを樂しませた者ではない（是役人之役、適人之適、而不自適其適者也）」と言うのとは、同じく伯夷・叔齊を批難するが大いなる徑庭がある。『莊子』の視線が個人に向かっているのに對し、『劉子』の視線は明確に社會や國家へと向かっているのである。

四　劉晝における儒家と道家

劉晝には、『劉子』冒頭四章に見られるような外界との接觸を極力斷って修養する志向と、同時に天下國家のために自らの才智を發揮する志向の兩者が認められた。そしてこの兩志向は、劉晝の中では道家と儒家に振り分けられたのである。學派を九つに分けて各學派の特徵を論じた九流章では、すべての學派について論じた上で、最後に再び儒家と道家を特に論じて言う。

道者玄化爲本、儒者德敎爲宗。九流之中、二化爲最。夫道以無爲化世、儒以六藝濟俗。無爲以淸虛爲心、六藝以禮敎爲訓。若以禮敎行於大同、則邪僞萌生、使無爲化於成康、則氛亂競起。何者、澆淳時異、則風化應殊、古今乖舛、則政敎宣隔。以此觀之、儒敎雖非得眞之說、然玆敎可以導物。道家雖爲達情之論、而違禮復不可以救弊。今治世之賢、宜以禮敎爲先、嘉遁之士、應以無爲是務、則操業俱遂、而身名兩全也。

道家は玄妙な風化を基本とし、儒家は德による敎化を宗とする。九つの學派の中で、この二家の風化が最高である。いったい道家は無爲により世を化し、儒家は六藝により世俗を救う。無爲は淸虛なるものを心に内包し、六藝は禮敎により敎え導く。もし禮敎を萬物合一の世に行なえば、邪惡や詐僞の萌芽が生じ、無爲により周の成王・康王の世を治めれば、悪氣や亂れが競って起ころう。なぜならば、厚薄が時代により異なるのであれば、風化は殊にするべきで、古と今が乖離しているのであれば、政治や教化の在り方もかけ離れたものであるべきだからだ。こうして見ると、儒教は眞性を體得する教説とは言えないが、しかしこの教説は世を導くことができる。道家は心理に通達した論説ではあるが、しかし禮に違っては時弊を救うことはできない。いま世を治める賢人ならば、禮教を第一とすべきであるし、隱遁の士人ならば、無爲に努めねばならず、そうすれば操行と功業はともに成し遂げられ、そして肉體と名聲がどちらも全うできるのである。

禮教により世を教化する儒家は、「得眞」という修養の觀點からは不足な面があるが、世を導くという政治的な觀點からは確實に有益である。無爲を是とする道家は、「達情」という精神的な觀點からは優れているが、禮教という儒家的な側面を忘れては時弊を救えない。それぞれに思想の特色があり、どちらを選擇するかは直面する世の狀況次第である[19]。

政治についての議論は、最後にまとめの形で、現在の個人が取るべき態度についての議論に移り、劉晝は「治世の賢」と「嘉遯の士」の二種類を提示する。陳志平氏は、この九流章の議論を確認し、また伯夷・叔齊を批判した先引の妄瑕章にも觸れた上で、「操業」を成し遂げ、かつ「身名」も全うするには如何にすればいいのか、結局『劉子』は何ら解決手段を提示できていないと批評する[20]。だがそれは、儒家に立脚した「治世の賢」と道家に立脚した「嘉遯の士」を完全に分けて二人の人間とし、それぞれが「操業」と「身名」の一方のみを成し遂げ全うするものと考えるからなのである。

なるほど九流章で劉晝は、「治世の賢」と「嘉遯の士」の二種類を提示しているが、想定されているのは二人の人間ではなく一人の人間なのではないか。つまり一人の人間が、「治世の賢」としては儒家的志向を追究し、「嘉遯の士」としては道家的志向を全うすれば、儒家に屬する功業と名聲、道家に屬する操行と肉體のすべてが成し遂げられ全うされると言って、一人の人間が儒家と道家の兩志向を併せ備え、そのすべてを全うすることを目指しているのである。そして儒家を政治的に有益な思想と見做し、道家を精神的に有益な思想と見做していることを踏まえれば、劉晝は、一人の人間が、自らを修養する際には道家の思想に立脚し、出仕して政治に參畫する際には儒家の思想に立脚し、その兩思想を自身の境遇に應じて使い分けることを要求していると言えるのである。

一人の人間が修養と出仕の兩志向を兼ね備えることについて、惜時章ではこうも言っている。

今人退不知臯腐榮華、剗絕嗜慾、被麗絃歌、取媚泉石。進不能被策樹勳、毗贊明時、空蝗粱黍、枉沒歲華。生爲無聞之人、歿成一棺之土。亦何殊草木自生自死者哉。

今の人間は、退いては榮華を汚らわしいものとし、嗜好や欲望を削り絕つといったことを知らず、音樂に耽り、山水の世界に沒頭する。進んでは策略を展開し功勳を打ち立て、素晴らしい時代に贊助するといったことができず、徒に食らうばかりで、無駄に年月をやり過ごす。生きては誰にも知られずに、沒しては棺桶が殘るのみ。これでは草木が勝手に生えて自ずと枯れるのと、何ら違いがないではないか。

この議論も九流章と同様、世間から退いて自己の修養を目指す隱逸的な志向と、積極的に政治に參畫して功業を打ち立てんとする志向の二つを提示し、そのどちらもできない同時代人を批判している。これは、兩志向を一人の人間が兼ね備えることを劉晝が目指していたことを示そう。

以上のように考えれば、『劉子』において、道家と儒家の兩思想は一人の中で共存するものだったのであり、個人の狀況に應じたその使い分けこそが求められている。そうしてそれが達成されれば、一人の人間の中で「操業」はともに成し遂げられ「身名」もどちらも全うされると、『劉子』は言っているのである。そして儒家・道家ともにその思想的な長所と短所を擧げながら、儒家が世を導くことができ、道家が儒家の禮教を忘れては時弊を救えないと、政治的な觀點から兩思想をまとめていることからすれば、劉晝は最終的には「治世の賢」たることを目指したと言える。(21) 劉晝の思想にあっては、儒・道の兩思想は一人の人間の中で連續性を有し、その「道」から「儒」への移行がなされて仕官し得たとき、その人物はすべてを全うできるのだった。

五　劉晝と仕官

ここまで確認してきたことを踏まえ、劉晝の望む人生の在り方をまとめておきたい。まず何よりも、人は最終的には儒家的な思想に基づいて仕官すべきなのである。だがそのためには、自らの「勢」が通じ、かつそれに對應し得る優れた「性」を備えている必要がある。また、塞いだ「勢」は決して自らの「性」によって通じさせられないが、一生の中で絶えず變化するものだった。そこで「勢」が通じたときのために、人は「嘉遯の士」として道家的な志向により「性」を修養する。この修養期間は、劉晝の「隱逸」と位置づけ得るかもしれない。だがそれは決して最終目的ではなく、自身の優れた「性」を見識ある人物に見出されれば、それは自身の「勢」が通じたことを意味し、それに乘じて世に出、修養した「性」に適した官位を得て天下國家に存分に奉仕するのである。(22)

ここで『論語』や『孟子』の次のような言説を見ると、劉晝の態度は儒家的な士大夫の生の在り方としては、ごく一般的と言われるかもしれない。
子曰、……君子哉蘧伯玉。邦有道則仕、邦無道則可卷而懷之。（『論語』衞靈公）
先生が言った「……君子であるなあ蘧伯玉は。國家に道が行なわれていれば仕官するし、國家に道が行なわれていなければ、時の政治には參與せずに、從順として人に逆らわない」。
隱居以求其志、行義以達其道。（同、季氏）
世の中から隱れ住んで自らの志を追求し、正義を踏み行なって然るべき道に到達する。
古之人、得志澤加於民、不得志脩身見於世。窮則獨善其身、達則兼善天下。（『孟子』盡心上）
昔の人は、世の中に自己の志向するところが受容されれば民衆に恩澤を施し、自己の志向するところが受容されなければ自身を修養して世に存在する。困窮すれば自分獨り身を修めて節操を失わず、榮達すれば合わせて天下にも道を展開する。
だが『劉子』で表出される劉晝の態度は、次の二點において特異であろう。
第一は、仕官し得ない狀況に、『劉子』では外部からの刺激により生じる情欲を未然に防ぐという、「嘉遯の士」として道家の思想に立脚した具體的な修養を說いている點である。右に擧げた『論語』や『孟子』の例では、道を行なうということに重點があり、それを爲し得ないときにはそれにあえて逆らわなかったり、自らの志を追求したり、身を修めたりと對應は樣々である。しかもいずれも內容が抽象的であって、『劉子』のような具體性を持たない。

第二に、例えば『論語』の「道」のように、それが行なわれて初めて仕官するような理想的な世の狀態は、劉晝に想定されていない。彼が「嘉遯の士」として學問や道家的な修養に勵むのは、あくまで現狀として自らの「勢」が通じずに仕官できないからであり、世があるべき理想の政治と乖離し、自らの主義主張が受容されないために、仕官を拒んでいるのではない。人は仕官し得る限りは如何なる世であっても仕官して國家のために盡くすのが劉晝の大前提なのであり、自らの主義主張のために仕官しないという手段をとったからこそ、先に第三節に引いた妄瑕章で、伯夷・叔齊は批難されたのである。この點、『論語』や『孟子』に散見される伯夷・叔齊の肯定的な評價とは相容れない。

このように仕官を大前提としていた劉晝は、仕官に際して「遇不遇」ということにひどく拘った。『北史』の劉晝の傳が擧げる『高才不遇傳』という著作の存在(23)はそれを象徵する。

遇不遇の根據を「時」という個人を超えた存在に求めつつ、その到來を信じて俟ち、またそれに備えて身を修めるという態度が、遇不遇を論じる際によく見られる(24)。そしてそれは、確かに第二節に引いた激通章で、劉晝も世に用いられるための要件の一つとして「遇其時」を擧げており、劉晝の態度と通じる面がある。また劉晝は、「遇不遇、命也」(遇不遇章)と言い、その「命」は、第二節で見た命相章に「命相吉凶、懸之於天」と言うように、天と繫がって一個人の力ではどうにも抗い得ない絕對的なものと捉えられていた感がある。

だが彼の遇不遇、つまり個人の境遇をめぐる議論は、最終的には一士大夫の個人の出仕に際した「勢」の通塞の議論に收束していくことに注意しなければならない。すでに言及したように、劉晝は個人の境遇について「勢」の通塞を重視していた。そしてその「勢」の通塞は、人生の中で絕えず變化するものだったということを忘れてはならないのである。その彼にとって、遇不遇をめぐる議論の出發點は個人の「勢」の通塞なのであって、「時」すなわち時世は、抗えない存在として自身に作用を及ぼしてくるものではなく、また「然るべき時世」というような確固たる理想的なものが想定されているわけでもなかった。「時」が俎上に載せられるのは、彼の「勢」が通じ自らがそこに奉仕する立場に立ったときだったのである。彼が「性」を修養し、「勢」が通じたのに乘じて出仕するのは、例えば「道」と稱するような理想の政治が實現されたからと徐に出仕するわけではない。むしろ彼は、「勢」が通じて仕官した後になって初めて、その時代に適した政治を模索しようとしたのである。

六　劉晝における『劉子』の位置づけ

一貫して政治に關心を持ち、儒家に立脚して出仕を望んだ劉晝の態度を見れば、彼が『北齊書』および『北史』で儒林傳に列せられたのは正しい。しかし彼の傳を讀む限り、彼はずっと「勢」が通じず、「性」を發揮できないままに「嘉遯の士」としてその生涯を終えた。その劉晝が、自らのなかなか通じない「勢」の現狀に、それがいつか變化して通じると信じ、また通じさせることには作用できなくても、通じたら活かせる「性」というものを信じていたのは、そうあってほしいとする願望が反映されていたとも言えよう。だがさすがの劉晝も、晩年には弱氣をのぞかせる。

今日向西峯、道業未就、鬱聲於窮岫之陰、無聞於休明之世。已矣夫。亦奚能不霑衿於將來、染意於松煙者哉。

（惜時章）

いま日が西の峰に沈もうとしているのに、道德も功業もまだ成し得ておらず、名聲は奥深い山の中に塞がれ、素晴らしいこの世にまったく顯れていない。どうにもできまい。どうして衣の衿を將來に向けて濕らせ、悲嘆の思いを筆墨に籠めずにおられようか。


この發言は、何ら官職を得られないままに時間だけが過ぎ行くことに焦る、晩年の劉晝によるものに違いない[25]。

龜田氏は、こうした劉晝の生涯の變遷とそれに伴う彼の心境の變化が、『劉子』の構成に反映されていると主張する[26]。なるほど『劉子』には、劉晝自身の境遇が影響を及ぼした部分はあろう。だが同時に、『劉子』という書物には、彼の心境の變化によって區分することができないまとまり、つまり一書全體として多樣な彼の思想を提示した側面が、確固としてあるのではないか。

劉晝における『劉子』の位置づけを考える上で興味深いのが、彼の『劉子』以外の著作の存在である。一般に社會における樣々な問題を論じるとき、その議論はその時代なり王朝なりの具體的な社會狀況を反映した形で展開される。劉晝も『劉子』の中で、多樣な社會における問題について議論してはいる。だが劉晝が『劉子』において、具體的な世の中の現況やそれに對して講ずべき施策を語ることは、多くない。それらは恐らく、龜田氏も指摘するように、自身の上書を集めたという『帝道』や、當時の政治の不良さを指摘したという『金箱壁言』(『北史』劉晝傳)に語られたのであろう[27]。そして彼が上書し政治の舞臺に立たんとしたのが、推薦を受けた時や直言を好む孝昭帝が卽位したときであったことからすれば、それを劉晝は自身の「勢」が通じたときと捉えたのであり、『帝道』や『金箱壁言』には、當時の社會の實情に合致した政策や政治の在り方が語られたのだと思われるのである[28]。もっとも『北齊書』や『北史』の傳によれば、それが「多く世要に非ず」として採用されなかったのは、いかにも皮肉ではあるが。

一體『劉子』という書物は、具體的な社會の實情に卽した政策や方策を語るものではなく、それらは他の二種の書物に託された。では『劉子』における劉晝の主眼はどこにあったのか。それは、一書を通じて様々な價値觀を提示し、同時に様々な狀況に合致したものを選擇することの重要性を主張することにあったのである。『劉子』には、法術や賞罰、あるいは農業の重視（貴農章）といった、劉晝が總じて是とし得ると考えたであろう具體的な施策を述べる部分はある。だがそれらも、例えば仁義が否定されたこともあったように、決してどんな狀況でも通用する絕對的な施策として提起されたのではなく、自らの仕官の後に、仕官した時代と狀況に合致するかによって選擇するものの一つとして提起されたのではないか。

こうした意識は、『劉子』がいつの世にも通用するものであるという劉晝の自負へと繫がり、「私に數十卷の書物を後世に行なわせれば、齊・景公の四頭立ての馬車千臺を以てしても交換し得まい（使我數十卷書行於後世、不易齊景之千駟也）」という豪語（『北齊書』劉晝傳）とよく共鳴するのである。

おわりに

『劉子』という書物は、自身の「勢」が通じる前、すなわち出仕して具體的な上書や政治への批判を展開するに至るまでの劉晝の心理的な過程を明るみに出す。劉晝はあくまで仕官に拘わり、それは彼の境遇如何によらず、一生涯を通じて搖らぐことはなかったと思われる。だが仕官できるか否かは、「性」によってはどうにもし得ない存在に支配されていた。そこで劉晝は、人の一生の中で變化する「勢」に活路を見出したのだった。つまり

「勢」が通じたとき、人は仕官が可能になるのであり、そのときに備えて人は「性」を修養しておくのである。こうして劉晝の中には儒家と道家が竝在し、それが仕官と隱逸（自己修養）に對應する。『劉子』一書には、劉晝という一北朝士大夫の政治への飽くなき欲求と、一方で確實に存在した自己修養の感覺が看取し得るのである。そして「勢」が通じたとき人は出仕し、『劉子』の中で多様に提示する思想の中から、出仕した時代に合致したものを選擇していくことを劉晝は求めたのである。

以上、北齊に生きた劉晝に、強い仕官への拘りがあったことが明確になった。ではこれは北朝士大夫一般ではどうだったのだろうか。この點を、次の第五章では、仕官と對極に位置する隱逸との關係の中から、より具體的に探っていくことにしたいと思う。

（1）『劉子』の作者を北齊・劉晝とする先行研究には、吉川忠夫「讀書劄記三題」二「『劉子』の著者は劉晝」（同氏『讀書雜誌』（岩波書店、二〇一〇）、所收）、龜田勝見①「『劉子』小考」（『宮澤正順博士古稀記念　東洋―比較文化論集―』（青史出版、二〇〇四）、所收）および②「『劉子』と劉晝」（『三教交渉論叢』（京都大學人文科學研究所、二〇〇五）、所收）、王叔岷『劉子集證』序言（中華書局、二〇〇七）、楊明照「劉子理惑」（同氏『學不已齋雜著』（上海古籍出版社、一九八五）、所收）竝びに「再論劉子的作者」（同氏『劉子校注』（巴蜀書社、一九八八）、所收）、陳應鸞「劉子作者補考」（同氏『增訂劉子校注』（巴蜀書社、二〇〇八、以下『增訂』と略稱する）、所收）などがある。
（2）前掲龜田氏論文①。
（3）前掲龜田氏論文②。
（4）「『劉子』とその著述意識」（『六朝隋唐精神史の研究』（科學研究費補助金基盤研究（B）（2）（代表者：宇佐美文理）研究報告書）、二〇〇五、所收）。

（5）「『劉子』における理想的人格」（『中國思想史研究』三四、二〇一三、所收）。
（6）「《劉子新論》新論」（譚家健『六朝文章新論』（北京燕山出版社、二〇〇二）、所收）。作者は劉晝説だが、劉晝・劉勰とはまた別の南北朝時代の劉氏が作者である可能性も示唆する。
（7）『《劉子》研究』（吉林人民出版社、二〇〇八）。作者は魏晉時代の劉氏説を唱える。
（8）『劉子』の注釋には、前掲『增訂』や傅亞庶『劉子校釋』（中華書局、二〇〇六）などがあり、本章が引用する『劉子』の文が基づいた先行文獻については、それらを參照されたい。
本章の『劉子』の底本は『增訂』とする。楊明照氏は前掲『劉子校注』の出版後、その底本の道藏本への變更を希望した。『增訂』は、楊氏の死後、陳應鸞氏が道藏本を底本に『劉子校注』の注釋を大幅に增補したもので、本文は一貫して道藏本のまま改めず、もし文字を改めるべきと思われる場合には、〔增訂〕の中でその旨を述べる。本章で『劉子』を引用する際、陳氏が〔增訂〕の中で文字を改めるべき旨を述べ、それに筆者が贊同すれば注記なく改める。また唐の避諱で「治」を「理」、「民」を「人」に作るなどの例について、唐巻子本に基づいた傅增湘の校訂（『敦煌遺書劉子殘卷集錄』（上海書店、一九八八）、所收）がある箇所は改めた。なお底本は題目に「章」字がないが、普通名詞との混同を避けるため、本章では加えることにする。
（9）「立法者、譬如善御、察馬之力、揣途之數、齊其銜轡、以從其勢。故能登阪赴險、無覆轍之敗、乘危涉遠、無越軌之患。君猶御也、法猶轡也、人猶馬也、理猶軌也。執轡者、欲馬之遵軌也。明法者、欲人之循治也。轡不均齊、馬失軌也。法不適時、人乖理也。是以明主務循其法、因時制宜」（法術章）、「善賞者、因民所喜以勸善、善罰者、因民所惡以禁奸。故賞少而善多、刑薄而奸息。賞一人而天下喜之、罰一人而天下畏之。用能教狹而治廣、事寡而功衆也」（賞罰章）。
（10）『漢書』巻二十三・刑法志「聖人取類以正名、而謂君爲父母、明仁愛德讓、王道之本也。愛待敬而不敗、德須威而久立、故制禮以崇敬、作刑以明威也。聖人既躬明悊之性、必通天地之心、制禮作教、立法設刑、動緣民情、而則天象地」など。
（11）もととなる『孟子』の話は、實は滕文公と孟子の間での滕國をめぐる問答だが、今は原文のまま梁惠王と孟子の問答としておく。『史記』巻七十四・孟子列傳「梁惠王謀欲攻趙、孟軻稱太王去邠」の記事や、この問答が『孟子』梁惠王下に見えることなどから劉晝が混同したのだろう。また『孟子』では、自國を去る案と同時に、死んでも代々繼承した自國を離れない案も提示され、最終的な判斷は滕文公に委ねられ、しかも滕文公の判斷も明示されない。
(12) 國家に賢人を推擧することの重要性を說き、それができなかった公孫弘を「公孫弘不引董生、汲黯目爲妬賢」（薦賢章）と批判する劉晝と、『北史』巻八十一・儒林傳上・劉晝で「孝昭卽位、好受直言。晝聞之、喜曰、董仲舒・公孫弘可以出矣」と、公孫弘を自負する劉晝が矛盾するとして、『劉子』の劉晝作者說を否定する論考も存する（林其錟・陳鳳金『劉子集考』（上海古籍出版社、一九八五）附錄二「劉子作者考辨」三六三頁）。だがここで、彼が生きた時代にあっては最適の政治を行なった人物として肯定的に商鞅が評價される一方、履信章で商鞅は、「信」を輕んじたために自ら禍を招いた人物として否定的に評價されており、すでに『劉子』一書の中で商鞅の評價は二分される。劉晝はある人物や價値を絕對的に肯定あるいは否定することはなかったのであり、先のような公孫弘への評價の二分の可能性も十分にあり得たのであって、これを根據とした劉晝作者說への批判は當たらないと考える。
(13) 底本は「豈非」に作り、他に「豈其」に作る版本もあるが、いま前掲『劉子校釋』に從い「非其」に改める。
(14) 「命者、生之本也。相者、助命而成者也。命則有命、不形於形、相則有相、而形於形。有命必有相、有相必有命、同稟於天、相須而成也。人之命相、賢愚貴賤、脩短吉凶、制氣結胎受生之時、其眞妙者、或感五行三光、或應龍跡氣夢、降及凡庶、亦稟天命、皆屬星辰、其値吉宿則吉、値凶宿則凶。受氣之始、相命既定、卽鬼神不能改移、而聖智不能迴也」。なお前掲龜田氏論文①が論じるように、この「命」と「相」の一對一對應は、議論が進むにつれて崩れている。
(15) 前掲龜田氏論文①。
(16) 「河清初、還冀州、擧秀才入京、考策不第。乃恨不學屬文、方復緝綴辭藻、言甚古拙。制一首賦、以六合爲名、自謂絕倫、吟諷不輟。乃歎曰、儒者勞而少工、見於斯矣。我讀儒書二十餘年、而答策不第、始學作文、便得如是。曾以此賦呈魏收、收謂人曰、賦名六合、其愚已甚、及見其賦、又愚於名。晝又撰高才不遇傳三篇。在皇建太寧之朝、又頻上書、言亦切直、多非世要、終不見收采」（『北齊書』劉晝傳）。また「還、擧秀才、策不第、乃恨不學屬文、方復緝綴辭藻。言甚古拙、制一首賦、以六合爲名、自謂絶倫、乃歎儒者勞而寡功。曾以賦呈魏收而不拜。收忿之、謂曰、賦名六合、已是太愚、文又愚於六合。君四體又甚於文。晝不忿、又以示邢子才。子才曰、君此賦、似疥駱駝、伏而無娬媚。晝求秀才、十年不得、發憤撰高才不遇傳。冀州刺史酈伯偉見之、始舉晝、時年四十八。刺史隴西李璵、亦嘗以晝應詔。先告之、晝曰、公自爲國舉才、何勞語晝。齊河南王孝瑜聞晝名、每召見、輒與促席對飲。後遇有密親、使且在齋坐、晝須臾徑去、追謝要之、終不復屈。孝昭卽位、好受直言。晝聞之、喜曰、董仲舒・公孫弘可以出矣。乃步詣晉陽上書、言亦切直、而多非世要、終不見收采。編錄所上之書、爲帝道。河清中、又著金箱壁言、蓋以指機政之不良」(『北史』劉晝傳)。
(17) 第三者の力を利用して官界に出ようとする態度について、顏之推は『顏氏家訓』治家篇で「鄴下風俗、專以婦持門戶、爭訟曲直、造請逢迎、車乘塡街衢、綺羅盈府寺、代子求官、爲夫訴屈。此乃恆代之遺風乎」と言い、女性に限られた話ではあるが、こうした北朝の風習を鮮卑の頃から續くものとしている。前掲譚氏論文、參照。南朝ではその家格が官界での地位に大きな影響を及ぼしたのに對し、北朝では個人の才により人材を登用しようとする風潮がつとにあったこと、第一部第一章の注(43)、參照。
(18) 前掲龜田氏論文②。
(19) 前掲陳氏書が、『劉子』の思想を「儒道互補」と定義した(第五章「儒道互補與《劉子》:思想的統一」)のは正しい。だが「道高于儒」(一八一頁)や「《劉子》在推崇道家的前提下……」(一八三頁)など、『劉子』が道家を優位に位置づけたとするかのような發言には同意しかねる。
(20) 「《劉子》似乎沒有意識到他設計的方案中的漏洞、卽身名和操業如何兩全。如果入世、可以操業俱遂、但很難身名兩全;如果出世、可以身名兩全、卻不能操業俱遂。對于這個問題、作者是不能給出答案的、因爲他本人就是一個矛盾的論述者」(前掲陳氏書、二七一頁)。
(21) 惜時章で「人之短生、猶如石火、炯然以過」と一生の短促を自覺しながら、現世を忘れて快樂に走るのではなく、あくまで「行其德義、拯世危溺、立功垂模、延芳百世」と社會に關わろうとする點は、この傍證となろう。前掲譚氏論文、參照。

(22) 自身の才に適した役割を國家において果たすことを目指す點、適才章に詳しい。
(23) 注(16)所掲。
(24) 例えば「夫賢不肖者、材也。爲不爲者、人也。遇不遇者、時也。死生者、命也。今有其人、不遇其時、雖賢其能行乎。苟遇其時、何難之有。故君子博學深謀、脩身端行、以俟其時」(『荀子』宥坐)。橋本敬司「「遇不遇」考―天から時へ」(『中國研究集刊』麗號、二〇〇九)が、この『荀子』の議論を、出土文獻を含めた諸文獻に見える「遇不遇」をめぐる議論と對比して思想史上に位置づけている。
(25) 「日向西峯」という表現は人間の末年を象徴する常套句である。程天裕「『劉子』作者新證―從《惜時》篇看《劉子》的作者」(『吉林大學社會科學學報』一九九〇年六期、所收)、參照。
(26) 前掲龜田氏論文①及び注(4)所掲龜田氏論文。
(27) 前掲龜田氏論文②。
(28) 劉晝の上書は多く佚しているが、『廣弘明集』巻六・辨惑篇に排佛を過激に訴える劉晝の上書が見える。その内容については、前掲吉川氏論文、二二八～二三一頁、參照。

第五章　北朝における隱逸——王朝の要求と士大夫の自發——

はじめに

『北史』と『南史』では、隱逸傳に列せられる人物の數に大きな差がある。『南史』には實に四十六人が列せられるのに對し、『北史』はわずか七人が列せられるのみなのである。個別の王朝の正史を見ると、南朝では『陳書』を除いて『宋書』隱逸傳、『南齊書』高逸傳、『梁書』處士傳が立てられる。一方北朝では、『魏書』逸士傳が立てられてはいるが、それもわずか四人を列するに過ぎず、『北齊書』や『周書』に至っては、隱逸傳に相當する列傳すらない狀況である。

こうした南北朝間での相違に關連して、南北兩方の王朝に仕えた經驗を持つ顏之推が、興味深い發言をしている。彼は『顏氏家訓』終制篇において、自らの一生を總括する形で、自身が本來はすべきでなかったにもかかわらず出仕した理由の一つとして、次のようなことを擧げているのである。

以北方政教嚴切、全無隱退者故也。

北方の政治・教化は嚴肅で切迫したものであり、まったく隱棲する者がいなかったからである。

これは南朝から北朝へと流轉した顏之推の實感がこもった、貴重な言葉である。だが「政教嚴切」が具體的にどういったことを指し、また本當にまったく隱棲、隱逸する人物が北朝にいなかったのか、疑問が生じよう。

さらに顏之推の言う「北方」が、具體的にいつの段階のどこを指すのか、ということも不明瞭である。この點について例えば宇都宮清吉氏による『顏氏家訓』の邦譯では、明確に「北方（隋朝を指す）」とする。(1) 確かに隋朝で士大夫たちが積極的に仕官し、そのために隱逸の態度が採り難かった樣は、盧思道「勞生論」(2) での發言が示唆していよう。盧思道は、隋朝の政治の樣子を語り、自身が隱逸への志向を達成し得なかったことをこう述べているのである。


今泰運肇開、四門以穆、冕旒司契於上、夔・龍佐命於下。支伯・善卷、恥徇幽憂、卞隨・務光、悔從水石。余年在秋方、已迫知命。情禮宜退、不獲晏安。

いま（隋朝の）天運が開かれ、四方に至るまで睦まじく、上では皇帝さまが素晴らしい統治をなされ、下では（舜を支えた）夔や龍（のような臣下たち）が皇帝さまを補佐されている。（この時代にあっては、）支伯・善卷であっても、いたく褻れていると申し上げることを恥とし、卞隨・務光であっても、石を背負って水に沈むことを後悔するであろう。(3) 私の年齡は暮れの段階に及び、もう知命の五十歳に迫らんとしている。感情の上からも禮儀の上からも致仕すべきだったが、致仕による安樂を獲得できずにいた。


この盧思道の發言は、かつての舜や湯王に天下を讓られるも拒んだ隱者たちに借りて、周圍の士大夫が積極的に仕官を望んだ様を描出しているのであろう(4)。だが果たして顏之推が言う「北方」はすなわち「隋朝」である、と限定してもよいのだろうか。あるいは宇都宮氏は、顏之推の言葉が『顏氏家訓』での遺言とも見做すべき終制篇で發せられたものであることから、「北方」はその發言を爲した時點での彼の所在地、すなわち隋朝を指すと判斷されたのかもしれない。だが顏之推は隋朝のみならず、北朝では北齊・北周にも仕官したのであって、そこでの隱逸の様相も考察する必要があろう。またその前の時代、つまり北魏の隱逸の様相も合わせて考究すべきである。

ところがこれまで、魏晉南北朝時代の隱逸をめぐる研究は、もっぱら南朝を對象とし、北朝の隱逸にはほとんど目を向けてこなかった(5)。そこでこの第五章は、いま見た顏之推の言葉を出發點に、北魏から始まって東魏・北齊、西魏・北周、そして隋朝に至るまでの、北朝全般の隱逸をめぐる状況について考察を試みるものである。

一　北朝における隱逸への壓力

顏之推が北朝の政治・教化を「嚴切」と言ったのは、具體的にどういう事實を指したのか。このことについて、『魏書』卷五十八・楊椿傳の楊椿の言葉を見たい。北魏・孝文帝の時代、やっとの思いで致仕を許された楊椿は、行に臨んで子孫に訓戒して言う。


北都時、朝法嚴急。……汝等脫若萬一蒙時主知遇、宜深愼言語、不可輕論人惡也。

都が北都（平城）の頃、朝廷の法制は嚴肅刻急であった。……お前たちがもし萬一にも時の君主の恩遇を蒙れば、ぜひとも言葉をしっかり愼み、輕率に人の悪いところを論じてはならないぞ。

また『魏書』巻四十八・高允傳では、北魏初めの嚴しい法制の中で、高允が長年にわたって一度も處罰されなかったことを、實に珍しいこととして傳えている。

魏初法嚴、朝士多見杖罰。允歷事五帝、出入三省、五十餘年、初無譴咎。

魏初の法制は嚴しく、朝士たちは多く杖刑に處された。高允は歷代五人の皇帝に仕え、三省に出入りすること五十餘年、一度もお咎めを被ることがなかった。

このように、洛陽遷都以前の北魏から、北朝の法制とその適用は嚴しく、楊椿が子孫に輕率な發言を愼むよう特に訓示するほどに、當時の朝廷には張り詰めた空氣があった。

こうした空氣は、顏之推の生きた時代にも續いた。『北齊書』や『周書』、さらに北齊・北周の興亡の顚末を詳細に綴った盧思道の北齊・北周「興亡論」には、兩朝の皇帝とその朝廷の「嚴」なる様が散見される。

見文宣政令轉嚴、求出、除趙州刺史、竟不獲述職、猶爲弄臣。（『北齊書』巻三十三・徐之才傳）

文宣帝の政策法令がどんどん嚴しくなるのを見て、（徐之才は）外任を申し出、趙州刺史に除せられたが、とうとう實際にはその職に就くことができず、そのまま側近の臣に甘んじた。

但政苛碎、暗於聽受。降年不永、期歲而崩（「北齊興亡論」、孝昭帝）

ただ（孝昭帝は）政治が苛酷で細々としており、臣下の言葉に耳を貸さなかった。壽命は長くはなく、一年して崩御した。
及誅護之後、始親萬機。克己勵精、聽覽不怠。用法嚴整、多所罪殺。號令懇惻、唯屬意於政。羣下畏服、莫不肅然。（『周書』卷六・武帝紀下）
宇文護が誅された後、（武帝は）自ら政務を執り始めた。私欲を抑え全力を盡くし、政務を怠らなかった。法律の適用はきわめて嚴しく、刑死に處することが多かった。政令の發布は誠懇痛切で、ひたすら精神を政治に集中した。臣下たちは畏れ服し、誰もが肅然とした。
令行禁止、內外肅然。……軍令肅然、秋毫莫犯。……但天性嚴忍、果於殺戮、血流盈前、無廢飲噉。（「北周興亡論」、武帝）
（武帝のときは）政令を發すれば行なわれ禁令を施せば止み、內外は肅然としていた。……軍令は肅然として、少しも犯則する者はなかった。……ただ（武帝は）生まれついての殘忍な性質で、殺戮に果斷で、血が目の前に溢れていても、酒を飲むのをやめはしなかった。
及高祖崩、宣帝嗣位。……運又上疏曰、……帝亦不納、而昏暴滋甚。（『周書』卷四十・樂運傳）
高祖が崩御して、宣帝が繼位した。……樂運はまた上疏して言った、……帝はまたも聽き入れずに、暗愚ぶりはいよいよ甚だしくなった。
これらの記事や、北齊・文宣帝が末年は酒浸りで臣下を斬りつけた話(6)などを考えると、政治の面では、嚴しい法制とその適用の苛酷さに加え、北朝の諸君主による橫暴な專制に恐怖心を覺える臣下、という構圖を顏之推は

「嚴切」と評したと言えるだろう。

そもそも北朝では、皇帝を中心とした中央集權への志向が强かった。次の北周・武帝の言葉などは、その志向を象徵する。

（高祖）謂曰、……且近代以來、又有一弊。暫經隸屬、便卽禮若君臣。此乃亂代之權宜、非經國之治術。詩云、夙夜匪解、以事一人。一人者、止據天子耳。（『周書』卷十二・齊煬王憲傳）

（高祖が）言った「……さらに最近になって、またもう一つの弊害がある。暫しの間ある者に隸屬すれば、すぐにその者と君臣關係の如き禮を執る。これは實に亂世における假初めの方策であり、國を治める政治のやり方ではない。『詩』（大雅・烝民）に「朝から晩まで惰ることなく、一人にだけお仕えする」とある。「一人」とは、ただ天子に仕えるのみである」。

かかる强い中央集權志向は、致仕にも影響を及ぼした。老齡を理由に致仕を强く願い出た北周の于謹や韋孝寬は、武帝に次のようにそれを拒まれている。

公若更執謙沖、有司宜斷啓。（『周書』卷十五・于謹傳）

公が假にさらに謙虛な態度をとったとしても、有司にはそれを取り次がせない。

往已面申本懷、何煩重請也。（『周書』卷三十一・韋孝寬傳）

先にもう致仕したいとの本心を私に面と向かって口にしたのだから、どうしてわざわざ重ねて（致仕を）請願する必要があろう。

致仕を拒まれた例は、他にも北周・北齊の兩王朝で多く見出せる。(7) もちろん致仕を求めながら拒まれた事例はいつの世にも存在し、これらを北朝だけの特徴とはできない。だが于謹や韋孝寬への毅然とした武帝の口調は、當時「官を去ること」が嚴しく拒まれた様を示すに十分であろう。

あるいは喪に服するべきときに、それを許されずに仕官することとなった例も見出し得る。北魏・孝昌二年(五二六)の「於景墓誌」(8)には、彼が父の死去に際して悲しみに暮れながら、かつての優秀な働きぶりによって再度仕官を要求されたことをめぐり、こう記されている。

君以麤斬在躬、號天致讓。但以帝命屢加、天威稍切、遂割罔極之容、企就斷恩之制。

於景君は麤斬縗に自らが服さねばならないため、天子に對し號泣して(仕官を)辭退した。ただ皇帝の命令が幾度も及び、その威嚴は次第に切迫したものとなり、かくて(親への)極まりなき(想いによって窶れた)容貌に無理をして、望んで家庭内の慈恩を斷絶する制度に從った。(9)

この事例は、ただ國家への奉仕が喪に服するという個人的な事柄に優先されたことを示すのみならず、それが皇帝の度重なる嚴しい要求によってもたらされたという點で、北朝の強い中央集權志向をも描出していよう。(10)

以上のような「官を去る」ことを許さず、常に仕官を求める北朝の姿勢をよく示すものに、出仕を拒む韋夐に贈った北周・明帝の詩がある。『周書』巻三十一・韋夐傳に見えるこの明帝の詩は、最初の四句で隱逸についてこう說き起こす。

六爻貞遯世　　六爻(易)は世を遁れることを貞しいとし

三辰光少微　　三辰（日・月・星）は隱者の少微の星を輝かせる[11]
潁陽讓逾遠　　潁水にて耳を洗った許由の退讓はますます遠いもの
滄州去不歸　　天下の讓渡を辭した滄州の子州支伯は去ってしまって歸らない[12]
續く八句では、隱逸の世界・自然を描寫し、最後は隱者へ思いを馳せる。
香動秋蘭佩　　芳香が秋蘭の香りのする佩飾から立ち上がり[13]
風飄蓮葉衣　　風が蓮の葉のような衣を飜す
坐石窺仙洞　　石に坐して仙人の住み處の樣子を窺い
乘槎下釣磯　　槎に乘って釣り絲を垂れる磯部へ下る
嶺松千仞直　　峰の松はすらっと眞っ直ぐで
巖泉百丈飛　　巖の泉は遠くまで水しぶきを飛ばす
聊登平樂觀　　暫し平樂觀にでも登って
遠望首陽薇　　遠く首陽山で薇を採る伯夷・叔齊でも見遣ろうか
以上のような、具體的な隱逸世界の自然や樣子の描寫は、左思や陸機ら南朝の「招隱詩」（『文選』卷二十二）に通じるものと言えよう。だが興味深いのは、この明帝の詩と南朝「招隱詩」が、結びで明白に方向性を異にすることである。そのことを明らかにするために、まずは左思と陸機の「招隱詩」の結びを確認しておこう。
躊躇足力煩　　世の憂いの中を彷徨するうちに脚力が弱ってしまった

聊欲投吾簪　暫し私の冠を留める簪を外したく思う（左思、其一）
相與觀所尚　隱者とともに自身の是とするところを披歴し合い
逍遙撰良辰　安閑自在としてよき時節を選ぼう（左思、其二）
富貴苟難圖　富貴とは實に思い通りにならないもの
稅駕從所欲　車を乘り捨てて思うところに從おう（陸機）
このように南朝「招隱詩」では、結びで作者自身が隱逸に傾斜し、隱逸への憧れと同調が描出されるのである。
一方で明帝の詩の結びはどうか。
詎能同四隱　まさか商山に隱れ棲んだ四人の隱士のように
來參余萬機　世に出て來て私の政治に參畫してはくれますまい
四隱は所謂「商山四皓」で、秦の暴政から逃れ、漢・高祖の再三の招きにも應じなかった四名の隱士たちとして知られる。だが彼らは、高祖が太子を廢せんとした行爲に忠告すべく、一度だけ世に出て來たことがある（『史記』卷五十五・留侯世家）。注目すべきことに、明帝の詩の結びは、「商山四皓」の隱士としての側面ではなく、世に出て來た事實の方を用いているのである。
そもそも「招隱詩」の本來は、小尾郊一氏がすでに指摘しているように、『楚辭』招隱士序が表明する「隱士を招く」という意圖の下、隱逸世界の苦しさを強調し、隱士を出仕させるべく作られたものであった。それが南(14)

朝「招隱詩」に至ると、詩題こそ『楚辭』を踏襲して隱士を招來するかの如くだが、その實は最後まで隱逸への同調であり傾斜である。(15)

また王康琚「反招隱詩」(『文選』卷二十二)には、「「小隱」は山林に世を避けて隱れ、「大隱」は世間の中に身を置いて隱れる(小隱隱陵藪、大隱隱朝市)」の句が見出せる。これは左思や陸機が描く山林での隱逸ではなく、世に居りながら境地としての隱逸を主張するものだが、自身の思いに從う「自得」の境地を追求する點で、左思や陸機の「招隱詩」と相違しない。その身をどこに置こうとも、隱逸の境地を贊美している點は共通するのである。

さて明帝の詩の結びの二句は、南朝「招隱詩」及び王康琚「反招隱詩」のいずれとも異なった方向性を有していよう。それは韋夐が「自得」の境地に生きることを許容せず、「招隱詩」の本來である隱士・韋夐を政治に參畫させる意圖を、表現の上ではいくらかオブラートに包みながらも、確かに打ち出しているのである。そしてこの事實から、北朝において隱士の存在が許容されにくく、嚴しい仕官への壓力が存したことを讀み取るのは、この詩が皇帝の作であるとしても、決して無理ではないと思われるのである。(16)

また「反招隱詩」は、隱逸の境地に贊同しつつも、「招隱詩」の如く山林に身を避ける態度は「小隱」と否定し、世間に居りながら隱逸の境地にあることを「大隱」と肯定した。こうした意識は、仕官しながら精神的に隱逸の境地にある所謂「朝隱」の態度へと繫がり得、それは南朝の隱逸の特徴としてしばしば擧げられる。では仕官して世間に居ることが強く求められた北朝に、「朝隱」は見受けられたのだろうか。

明帝に詩を贈られた韋夐は、度重なる招聘もすべて斷り、次の如き生活を送っていた。

所居之宅、枕帶林泉。夐對翫琴書、蕭然自樂。時人號爲居士焉。至有慕其閑素者、或載酒從之、夐亦爲之盡

歡、接對忘倦。（『周書』韋夐傳）
住んでいた邸宅は、林泉に接していた。韋夐は琴や書に向き合って手慰みとし、悠然と自適した。當時の人々は彼を居士と號した。彼の安閑質素な樣を慕う者が、酒を持參して彼に附き從うことがあれば、夐の方でもそれを實に歡び、應對に倦むことがなかった。

韋夐は山水を愛し隱逸の志向を有し、官職にも就かず、彼を慕って集った者の一人だった薛裕は、「韋居士という人は、退いては山や谷に居るでもなく、進んでは朝廷に居るでもない（至如韋居士、退不丘壑、進不市朝）」（『周書』卷三十五・薛端傳附弟裕）と評した。こうした意識で仕官すれば、それは「朝隱」の態度に近づこう。だが北朝でそうした態度は、韋夐の他に、東方朔の陸沈の態度を思慕した樊遜（『北齊書』卷四十五・文苑傳・樊遜）、退くにも場所がなく、また仕えるのも逡巡すると言った王晞（『北齊書』卷三十一・王昕傳附弟晞）などにその一端がうかがえる程度で、甚だ少なかったと言わざるを得ないのである。

そもそも「朝隱」は、自らの生活を支える安定收入、つまり俸祿があって初めて成立する。そして第一部第一章の第六節で見たように、南朝士大夫の生活が俸祿に頼りきっていたことは、『顏氏家訓』が隨所で痛烈に批判する通りである。つまり南朝士大夫にとっては、山林で辛い生活を送らずとも自得し得る「朝隱」こそが、隱逸の在り方として最も適していたのである。だが北朝では、俸祿が支拂われない時期が長く、また減俸も度々實施されたこと、やはり第一章で言及した。(17) 彼らには「朝隱」、すなわち安定した俸祿に頼って精神の充足を追求するような隱逸は、困難だったのである。

ここまで述べてきたように、北朝では隱士に仕官への壓力が加えられ、また仕官して「朝隱」の態度を取ることも難しかった。續いてより廣く、北朝が隱逸をどう位置づけていたのかを考察していくことにしたい。
まず北朝がまったく隱者の存在を不要と見做していたわけではないことは、先の明帝の詩が隱者の風のある韋夐を召し出そうとしていた事實からも十分にわかる。そして『魏書』巻四十一・源賀傳のエピソードは、そうした觀點からすれば興味深いであろう。許周なる人物は、自稱するところに從えば、梁・武帝の黄門侍郎であったが、山水を好み榮譽を欲しないが故に致仕を申し出たところ、追放された。その彼が北魏に入って崇嶺にて自身の宿志を果たしたいと申し出てきたことに對し、源賀の孫・源子恭が疑って、次のように上奏しているのである。

昔夷齊獨往、周王不屈其志、伯況辭祿、漢帝因成其美。斯實古先哲王、必有不臣之人者也。蕭衍雖復崎嶇江左、竊號一隅、至於處物、未甚悖禮。豈有士辭榮祿、而苟不聽之哉。
むかし伯夷・叔齊が自らの志に從うと、周・武王は彼らの志を咎めようとはせず、伯況（後漢・周黨の字）が俸祿を辭すると、後漢・光武帝はためにその美事を全うさせました。これはまったく古の先哲王たちも、きっと臣下とはしない人物がいたということです。蕭衍（梁・武帝）は江左に鬱々としており、狹いところで帝號を僭稱してはおりますが、物事への對處については、そこまで禮に悖るようなことはありません。どうして士人が榮譽・俸祿を辭退して、それを假にも許さないなどということがありましょう。

こうして奏上は事の眞相を再調査すべきとし、それは聽き入れられ、詔が下されて事實を調べさせたところ、果たして源子恭の言の通り、許周なる人物の經歴は全くの詐稱であった。古來隱者の存在を容認する考えがあったことを示し、かつそれを根據とした理論を朝廷が聽き入れたということは、やはり北朝にも隱者の存在を認める餘地があったと言えよう。

だが『魏書』巻九十・逸士傳序に着目した場合、その隱者の認め方にかなり特異な面があることに氣づく。序は、まず仕官と隱逸の間には長い歴史があると言い、續いて伯夷・叔齊と華士・狂矞という二組の隱者を擧げて、前者が隱逸しながら爲政者に咎められず、後者が隱逸を理由に殺害されたのはなぜか、と設問する。

蓋兼濟獨善、顯晦之殊、其事不同、由來久矣。昔夷齊獲全於周武、華矞不容於太公、何哉。

思うに「併せて世も救う」ことと「自身の修養に徹する」こと（『孟子』盡心上）、仕官と隱逸の間の相違は、その在り方が同じではなく、來歷も古い。むかし伯夷・叔齊が周・武帝に殺害されることなく、華士・狂矞が太公望に容れられず殺害された[18]のは、どうしてか。

そして序はその問いに、次のように解答する。

求其心者、許以激貪之用、督其迹者、以爲束教之風。

その隱逸の心情を汲みとったのは、貪欲の風を抑制するという效用のために許容し、その隱逸の行動を督責したのは、それを名教による管理という風教としたのである。
「貪欲の風の抑制」という隱逸の效用は、『孟子』萬章下および盡心下「伯夷の風聲を耳にすれば、頑迷貪欲の人間も廉潔になり、軟弱無能の人間も強い決意を起こす（聞伯夷之風者、頑夫廉、懦夫有立志）」に始まり、多くの正史が隱逸者のための傳の序で述べる。その一方で、『中外日報』社説「隱者に嚴しい時代」がすでに言及するように、爲政者が隱者の行動を風教による引き締めとして督責することを容認する發想は、他の正史における隱逸者のための傳の序には見られず、實に異例中の異例と言えるのである。[19]

序は「しかし世を遁れて歸らない人間は、いつの時代にもいた（而肥遁不反、代有人矣）」と續け、彼らが「情は得失を無きものにし、懷いは憂いを忘れ去る（夷情得喪、忘懷累有）」境地にあったことを述べた上で、隱逸の有する價値をこう評する。

比夫邁德弘道、匡俗庇民、可得而小、不可得而忽也。
かの德を打ち立て道を押し廣め、風俗を匡正して民衆を庇護することに比すれば、意義が劣るとは言っても、忽せにしてはならないものである。

ここでは隱逸の意義を十全に評價するのではなく、それを積極的に世や人民のための政治に關わる態度と比較し、そうした態度の方がより意義を有していると認定した上で、それでも隱逸に無視できない面があると述べられる。例えば『宋書』卷九十三・隱逸傳序は、隱逸にランク差を設けたが、それがあるべき隱逸の意義の主張のためだった點は搖るがない[20]。列せられる隱者のために隱逸の積極的な意義を述べるべきはずの傳の序で、このように隱逸を相對的かつ低く評價するのは、やはり實に異例であろう。つまり北朝では、あくまで實際に政治に參畫することが隱逸よりも重要視され、隱逸を「教化」の名の下に嚴しく制限する風があったことを看取し得るのである。
確かに『魏書』逸士傳序は、『北史』卷八十八・隱逸傳序で補ったものとされる。だが例えば『南史』卷七十五・隱逸傳序が『南齊書』卷五十四・高逸傳序をほぼそのまま襲うように、『北史』隱逸傳序に北朝當時の何らかのソースが存した可能性は十分あろう。そしてそれを以て現行の『魏書』逸士傳序が補われているのであれば、ここまで見た『魏書』逸士傳序に、北朝當時の隱逸觀が色濃く反映されていると言ってよいのではないか。

先に檢討した明帝の詩が意味するところも加味して考えるならば、北朝では常に仕官して王朝に奉じることが強く要求され、そこに隱逸を許容する餘地は少なく、隱逸すらも王朝による政治の管理下にあったのである。こうして見ると、まったく顏之推の言の如く、北朝の政治・教化は嚴切で、官を去るという選擇肢を取りにくい狀況にあったと考えられるのである。

二　北朝における「忠」と「孝」

ここまで、北朝における政治權力の側からの、積極的に政治に關わることの要求と、それから逃れようとする士人への壓力を確認してきた。ではそうした壓力下に生きた士人たちは、どういった意識でそれに對峙したのか。そもそも仕官から離れることは、「公」の世界から「私」の世界へと自らの生の立脚點を移すことを意味すると言えよう。するとそこからは、王朝への「忠」と家への「孝」のどちらを優先するか、という問題が生じる。この問題をめぐっては古來盛んな議論があり、特に南朝については、すでに唐長孺「魏晉南朝的君父先後論」(21)がある。唐氏は南朝では基本的に「孝」が「忠」に優先されたことを論證しており、筆者もそれに同意するが、唐氏は北朝には何ら言及しない。そこで本節では、北朝にあっては南朝に反して「忠」が「孝」に優先されたことを示していこうと思う。

まず注目したいのは、そもそも皇帝自身が、自らの家の私的なことよりも、國家のための公事を優先する意識を明示しているという事實である。北魏の高祖・孝文帝が卽位した當初は、高宗・文成帝の皇后である文明大后（馮太后）が實權を握っていた。その彼女も死に、洛陽に遷都して間もない太和十九年（四九五）、孝文帝は南征の最中に、文明大后の兄・馮熙の代都における訃報に接する。そこで元丕が、孝文帝自ら代都に歸還して喪事に臨むよう求めた。これに對する孝文帝の詔を見てみたい。

詔曰、今洛邑肇構、跂望成勞、開闢暨今。豈有以天子之重、遠赴舅國之喪。朕縱欲爲孝、其如大孝何。縱欲爲義、其如大義何。天下至重、君臣道懸。豈宜苟相誘引、陷君不德。(『魏書』卷十四・神元平文諸帝子孫列傳・東陽王丕)

詔に言う「いま首都・洛陽が定められたばかりで、成功が實に待ち望まれ、土地の開拓が現在も續いている。どうして天子の重任にあって、はるばる舅氏の喪事に赴くということがあろうか。朕が假に孝を爲さんとして、では大孝の方はどうしたらよいのか。假に義を爲さんとして、では大義の方はどうしたらよいのか。天下のことはこの上なく重要で、君主と臣下とでは道理が互いにかけ離れているもの。どうして假初めに惑わせて、君主を不道德へと陷れてよかろうか」。

この詔では、外戚・馮熙の喪事に赴くことを孝・義として提示し、それはそれで重視すべき德目ではありながらも、より重要な「大孝」・「大義」があり、それらは天子として國事に臨むことに他ならないのである。親戚關係上の私的な喪事を全うする「孝」・「義」よりも、洛陽に遷都したばかりで多難な國事に、皇帝として全力を盡くすこと(大孝・大義)をより重視しており、これは「公」の「私」に對する優先の一例と言える。(22)
孝文帝にはもう一つ、私事と公事をめぐる記事がある。彼の嫡子であり太子の元恂は學問を好まず、また肥滿のために新しい首都・洛陽の暑さに我慢がならず、北方の舊都・代都を戀しく想っていた。(23)だが中庶子・高道悅がしばしばこれを諫めたため、太子・元恂は彼を恨み、そこで孝文帝の留守を狙って高道悅を殺害した。事が發覺して廢太子が議論されるに至ると、太子の世話を擔當していた臣下たちは必死で孝文帝に謝罪するも、孝文帝は彼らに對して次のように言ったという。

高祖曰、卿所謝者私也、我所議者國也。古人有言、大義滅親。今恂欲違父背尊、跨據恆朔。天下未有無父國、何其包藏、心與身俱。此小兒今日不滅、乃是國家之大禍、脫待我無後、恐有永嘉之亂。乃廢爲庶人、置之河陽、以兵守之、服食所供、粗免飢寒而已。（『魏書』卷二十二・孝文五王・廢太子）

高祖は言った「其の方らが謝罪しておるのは「私」のことであり、朕が議論しておるのは「國」のことである。古人も言っている、重大な義理のためには肉親をも滅ぼす（『左傳』隱公四年）と。いま恂は父に違反し至尊（天子）に背理し、遠く恆州・朔州の地に身を寄せんとしている。天下にこれまで父を無視する國はないのであり、どうして彼を庇ってやって、精神も肉體も全きを得させようか。この若輩者に今ここで嚴しくしておかねば、實にこれは國家の大いなる禍いとなり、もしかすると私に後繼者がいないのを待って、永嘉の亂の如き事態になるやもしれぬのを恐れるのだ」。そこで恂を廢して庶人とし、彼を河陽に置き留め、兵士にこれを守衛させて、提供した衣服や食事は、おおよそ飢えと寒さとが免れる程度に過ぎなかった。

ここでの孝文帝の態度も、やはり私的な嫡子の身よりも、國家のこと、つまりは公事をこそ大事と見做すものであり、先に見た記事と共通するものであろう。こうした皇帝自身の「私」に對する「公」の優先の意識は、北朝の風紀に強い影響を及ぼしたのではあるまいか。

では續いて臣下たちの樣子も見ていきたい。まずは北魏である。『魏書』を見ると、實に數多くの王朝に對する忠義が示された記事を拾うことができる。[24]そして注意したいのは、中に朝廷への「忠」と家への「孝」という對比があり、そこで「忠」が優先されていたと考え得る事例が確認されることである。
太宗卽位、拜散騎常侍。詔曰、士處家必以孝敬爲本、在朝則以忠節爲先。不然、何以立身於當世、揚名於後代也。……勤而不賞、何以奬勸將來爲臣之節。(『魏書』巻三十四・王洛兒傳)
太宗が卽位して、(王洛兒は)散騎常侍を拜命した。詔に言う「士人が家に居る際には必ずや孝敬を根本とし、朝廷にある際には忠節を優先させる。そうでなければ、どうやって當世において存在を認められ、後世にまで名聲を轟かせられよう。……勤勉にして賞與がなければ、どうやって將來の臣下としての節義を奬勵できようか」。
臣聞孝行出於忠貞、節義率多果決。(『魏書』巻七十二・路恃慶傳附路思略)
私奴が聞きますに、孝行とは忠貞から出るもので、節義とは大部分が果敢な決斷であります。
この二例から倉卒な判斷は下せないが、前者の詔が「忠」と「孝」を併記しながらも、結局は王洛兒の忠義を稱贊する方向に落ち着くことや、後者での「孝が忠に出る」とする認識からすれば、「忠」と「孝」の二者が竝列された際、重點は「忠」の方にあると言えるのではないか。
また『魏書』巻四十一・源賀傳に見える源賀の孫・源子雍とその長子・源延伯の記事も興味深い。孝明帝の時代に夏州刺史となった源子雍は、時に沃野鎭の破落汗拔陵を筆頭とする胡賊の反亂に見舞われ、夏州城内に籠って防戰した。そして長子・源延伯が詔によって禁軍一千を引き連れて援軍に赴くと、源子雍は東夏州へと食糧の確保に出向き、城内は源延伯が守ることとなる。しかし源子雍は胡賊に捕えられてしまい、夏州城内は憂いと懼れに包まれたのであった。ここで源延伯は、城内の者たちに次のように諭したという。

吾父吉凶不測、方寸焦爛、實難裁割。但奉命守城、所爲處重。若以私害公、誠孝並闕。諸君幸得此心、無虧所寄。

我が父君の生死は豫斷を許さず、心の中が焼け焦げてボロボロになったようで、まったく何とも處置の仕様がない。しかしながら帝命を奉じて州城を固守する、この任務は實に重いものである。もしも（父への憂慮という）私的なことによって（帝命という）公的な仕事を損なうようなことがあるならば、帝への誠心も親への孝行も、ともに缺いてしまうことになる。諸君はどうかこの私の心意を理解して、專念する事柄を過つことがないようにしてほしい。

これを聞いた城内の者たちは奮闘し、胡賊の手から夏州城を死守したのであった。ここで注目すべきなのは、源延伯が父親・源子雍への憂慮という私的なことによって、帝命という公的な任務を損なっては、帝への誠心と父親への孝行、この兩者を損なうことになってしまうと認識していることである。この「誠孝」は、あるいは「忠孝」と讀み替えても差し支えはないであろう。つまり源延伯は、「忠」と「孝」を並立させながら、「忠」を損なっては「孝」までも損なうことになると認識しているのであって、結果的には「忠」を優先させていると言えるのである。

『北齊書』からもまた、東魏・北齊において王朝への忠が示された例を幾つか拾うことができる。(25) そして仕える王朝と自らの家とが對置された場合、王朝に忠を盡くすことが選擇されていることは、北魏より明確である。例えば世宗を庇って死んだ陳元康は、詔で次のように稱揚される。

進忠補過、亡家徇國。(『北齊書』卷二十四・陳元康傳)
忠義を進めて過ちを補い、家を亡ぼして國に殉じた。(26)
これは「詔」という支配者側の視點に立つもので、自らの家を犠牲に王朝への忠を盡くしたことを顯彰するのは當然とも言える。だが被支配者自身も、王朝への忠を自らの家に優先させる意識を表明している例がある。北周と北齊の戰いで、降伏しない北齊・傅伏に對して、北周が彼の息子と韋孝寬を說得に遣わしたところ、傅伏は韋孝寬に對して次のように言って、自らの息子を批難したのである。
事君、有死無貳。此兒爲臣不能竭忠、爲子不能盡孝、人所讐疾。願卽斬之、以號令天下。(『北齊書』卷四十一・傅伏傳)
君主に仕えては、殉死はしても二君には仕えない。こやつは臣下としては忠義を竭くせず、息子としては孝行を盡くせず、人々が恨めしく思うものだ。どうかすぐにこやつを斬って、それを天下に號令してくれ。
西魏・北周でも、王朝への忠の心は見出される。例えば裴寬(字長寬)は、東魏に捕らえられて高澄に見える。裴寬の立派さを悟った高澄は、彼を味方にしようと口說くが、裴寬は脫出して西魏に歸還し、宇文泰に再見する。その裴寬を宇文泰はこう稱贊するのである。
裴長寬爲高澄如此厚遇、乃能冒死歸我。雖古之竹帛所載、何以加之。(『周書』卷三十四・裴寬傳)
裴長寬は高澄にかくも厚遇されたのに、何と死を冒してまで私の下に歸って來てくれた。古の竹帛に記載された事であっても、これ以上のことがあろうか。
この裴寛の例が象徴的に示すように、西魏・北周が東魏・北齊と凄まじい攻防を展開したこの時代、二君には仕えないという態度によって、自身の仕える王朝への忠が示されたのである(27)。そして、先ほど東魏・北齊に見られた「國への忠」と「家への孝」という對の構圖は、西魏・北周においてはさらに鮮明となる。

及孝武西遷、事起倉卒、信單騎及之於瀍澗。孝武歎曰、武衞遂能辭父母、捐妻子、遠來從我。世亂識貞良、豈虚言哉。……東魏又遣其將高敖曹・侯景等率衆奄至。信以衆寡不敵、遂率麾下奔梁。居三載、梁武帝方始許信還北。信父母既在山東、梁武帝問信所往、信答以事君無二。梁武帝深義之、禮送甚厚。大統三年秋、至長安。自以虧損國威、上書謝罪。(『周書』巻十六・獨孤信傳)

孝武帝が西遷するに及び、事態は急に起こったため、獨孤信は單騎で瀍澗に向かった。孝武帝は感歎して言った「武衞將軍・信はすぐ父母の下を辭去し、妻子を棄てて、はるばる私に從ってくれた。亂世にこそ素晴らしい貞節の存在を知るとは、何と虚言ではないことか」。……東魏はまた將軍の高敖曹・侯景らに群衆を率いて速やかに向かわせた。信は兵數が少なく敵わなかったために、そのまま軍を率いて梁に奔った。梁に三年居て、梁・武帝は初めて信に北へ戻ることを許可した。信の父母は山東にいたため、梁・武帝が信の歸還する先を問うと、信は二君に仕えることはないと答えた。梁・武帝はいたく彼の忠義を稱え、實に丁重に送り返した。大統三年の秋、長安に戻った。自ら國の威信を損なったとして、上書し謝罪した。

及帝入關、事起倉卒、辯不及至家、單馬而從。或問辯曰、得辭家不。辯曰、門外之治、以義斷恩、復何辭也。……趙青雀之亂、魏太子出居渭北。辯時隨從、亦不告家人。其執志敢決、皆此類也。(『周書』巻二十四・盧辯傳、前半部分は第一部第二章第四節に既掲)[28]
孝武帝が關中に入るに及び、事態は急に起こったので、盧辯は家に戻る暇がなく、單騎で帝に從った。ある人が辯に「家を辭去できましたか」と問うた。辯は言った「家の外の事柄については、忠義により恩義を斷絶するもの、どうして辭去などしましょうか」。……趙青雀の亂で、魏の太子は逃げて渭北にいた。辯もそれに隨行し、またも家の者たちに告げなかった。彼の節操を變じない果斷さは、どれもこの類であった。
俄而孝武西遷、俠將行、而妻子猶在東郡。滎陽鄭偉謂俠曰、天下方亂、未知烏之所集。何如東就妻子、徐擇木焉。俠曰、忠義之道、庸可忽乎。吾既食人之祿、寧以妻子易圖也。遂從入關。(『周書』巻三十五・裴俠傳)
間もなくして孝武帝が西遷し、裴俠は從おうとしたが、妻子がなお東側にいた。滎陽の鄭偉が俠に言った「天下は正に亂れ、烏合の衆はどう落ち着くかわからない。妻子とともに東にいて、ゆっくりと附く側を決めてはどうか」。俠は言った「忠義の道は、どうして忽せにしてよかろうか。私は朝廷からの俸祿を頂戴しているからには、どうして妻子のことで計畫を改めよう」。そのまま帝に從って關中に入った。
もちろん「忠」と「孝」はともに忽せにし得ない有價値な德目であった。だが自らが仕える王朝への「忠」と、自身の家への「孝」という兩德目が衝突した場合、彼らは家族からただ一人離れて、自らが仕える王朝に奉じることを厭わなかった。つまり北朝にあっては、「孝」に對し「忠」が優先されたのであった。
ここまでは時代を追って正史から事例を徵してきたが、同樣の事例は墓誌にも求められる。いま一例として北魏・孝昌元年（五二五）の「元懿墓誌」[29]を擧げれば、墓主の元懿が、喪の明けないうちながら北邊での騷亂を征伐する軍の統率を任されたことに、「元懿君は國家がまだ安定しないがために、服すべき喪を顧みずに軍役に従事した（君以家國未康、冒哀從役）」と言う。類例は、自主的な場合も、あるいは王朝の側からの強い要請による場合もあるが、墓誌にいくつか見える[30]。
以上のような「孝」に對して「忠」を優先させようとする北朝士大夫たちの意識は、「忠」と「孝」が究極的には相容れないとする認識へと繋がる。そして相容れない以上は、そのどちらか一方を選擇しなくてはならないのであるが、その場合には「忠」が選擇されたのであった。まずは『周書』から例を見よう。
遂定入關之策。帝以顯和母老、家累又多、令預爲計。對曰、今日之事、忠孝不可竝立。然臣不密則失身[31]、安敢預爲私計。帝愴然改容曰、卿卽我之王陵也。（『周書』卷四十・宇文神擧傳）
かくて關中に入るという方策が決定した。孝武帝は、宇文顯和の母が老齢で、係累もまた多いため、事前に家のための手配をさせた。（宇文顯和は）それに應じて、「今日の事態に、忠と孝は竝立し得ません。しかし臣下は言行に至らぬ點があれば身を滅ぼすものであり、どうして事前に自分の家のための手配など致しましょう」と言った。帝は肅然と居住まいを正し、「君は朕にとっての王陵だ」と言った。
邙山之役、大軍不利、宜陽・洛州皆爲東魏守。崤東立義者、咸懷異望、而玄母及弟竝在宜陽。玄以爲忠孝不兩立、及率義徒還關南鎭撫。太祖手書勞之。（『周書』卷四十三・魏玄傳）
邙山の役で、軍は勝利できず、宜陽・洛州はすべて東魏の管轄となった。崤東の義擧する者たちは、誰もが裏切りを謀ったが、しかし魏玄は母と弟がみな宜陽にいた。玄は忠と孝は兩立しないと考え、義兵たちを率いて關南に歸還し、そこを鎭撫した。太祖は手ずから書を認めて彼らを慰勞した。

三年、高敖曹率衆圍逼州城、杜窋爲其鄕導。企拒守旬餘、矢盡援絶、城乃陷焉。企謂敖曹曰、泉企力屈、志不服也。及竇泰被擒、敖曹退走、遂執企而東、以窋爲刺史。企臨發、密誡子元禮・仲遵曰、……且忠孝之道、不可兩全。宜各爲身計、勿相隨寇手。但得汝等致力本朝、吾無餘恨。不得以我在東、遂虧臣節也。爾其勉之。

(『周書』卷四十四・泉企傳)

(大統)三年、高敖曹が軍衆を率いて州城を圍み逼り、杜窋がそれを先導した。泉企は十日餘り堅固に守ったが、矢は盡き救援も杜絶え、城はかくて陷落した。企は敖曹に「私は力盡きたが、服従するつもりはない」と言った。竇泰が捕えられ、敖曹が引き揚げるに及び、そのまま企を捕えて東に向かい、窋を刺史とした。企は出發に際し、密かに息子の元禮・仲遵に誡めて言った「……また忠義と孝行の道は、兩方を全うはできない。お前たちはぜひそれぞれに自身で圖り、賊どもの手下にはならないように。ただただお前たちが我ら本朝・西魏のために力を盡くしてくれさえすれば、私に何の悔いもない。私が東に居るからと、臣下としての節義を缺くようなことになってはならぬぞ。お前たち、努力するように」。

これらの例から、西魏においてはしばしば「忠」と「孝」の竝立を明確に否定した上で、「忠」の方を優先すべきものとして考えていたことが、容易に見て取れるであろう。

また『隋書』卷三十七・李穆傳附李崇には、次のようなエピソードが見える。

周元年、以父賢動、封廻樂縣侯。時年尙小、拜爵之日、親族相賀、崇獨泣下。賢怪而問之、對曰、無勳於國、而幼少封侯、當報主恩、不得終於孝養、是以悲耳。賢由此大奇之。

（李崇は）北周の元年、父・李賢（李穆の兄）の勳功により、廻樂縣侯に封じられた。李崇はまだ幼く、拜爵の當日、親族たちはそれを祝賀したのに、崇だけが涙していた。賢が訝しんで理由を尋ねると、答えて言った「國に對して勳功もありませんのに、幼少にして侯に封ぜられ、主君の恩義に報いなければなりませんが、（すると）親に對して孝を盡くした奉養を全うすることができなくなり、そのために悲嘆しているのです」。賢はこれにより彼を大變に優れているとした。

李崇は親への奉養を全うできなくなることを悲しんでいる。それは廻樂縣侯に封じられたがために、親への奉仕に對して、主君への奉仕を優先させなければならないからなのであった。ここでは「忠」と「孝」の兩立ができない旨を明言しているわけではないが、兩者を提起した上で、實際としては一方の「忠」を優先して全うしなければならないからこそ、もう一方の「孝」を全うできないとするのである。やはり「忠」と「孝」を兩立し得ないものとして見て、「忠」が優先されている。

別に『隋書』巻四十一・高熲傳によれば、尉迥が兵を擧げた際、隋の高祖・楊堅に厚い信頼を得ていた高熲は、自らその平定を申し出た。そしてその出發の様子が、こう紹介されている。

熲受命便發。遣人辭母、云忠孝不可兩兼。歔欷就路。

高熲は命を受けるとすぐに出發した。人を遣わして母親に辭去し、「忠と孝とは兼ねることができません」と傳えさせた。むせび泣いて平定へと出向いた。

高熲は何も母親への孝心を缺いていたわけではない。そのことは、母親に出立の件を直接は言えなかったことに悲泣している様子からも明らかである。だが「忠」と「孝」が兩立し得ない事實は如何ともし難く、その事實を母親に示して、高熲は「忠」のために盡くす方を選擇したのであった。(32)

このように、北朝では「忠」と「孝」は竝立し得ないという認識がある程度廣まっていた。そして「忠」と「孝」の一方の選擇を迫られたとき、彼らはやはり「忠」を選擇したのである。

その一方で、東魏・北齊及び西魏・北周と對峙していた南朝では、忠孝が兩立し得ないとする立場は三例を見出せる。まず一例目は、沈約の筆に成る『宋書』卷七十三・顏延之傳論である。


史臣曰、出身事主、雖義在忘私、至於君親兩事、既無同濟、爲子爲臣、各隨其時、可也。

史臣言う、出仕して君主に仕えては、公義として私恩を忘れ去るべきであるが、君主への忠と親への孝の兩者につき、兩立はできなくなったなら、子息として臣下として、それぞれの時宜に從えばそれでよいのだ。


ここでは忠孝が兩立し得ないときには、その時の狀況に應じた選擇をすればよいとされ、積極的にどちらか一方の選擇を求めてはいない。だがこの論に、沈約の個人的な怨恨の感情が籠められていることは、頭に入れておかねばならない。つまり顏延之の息子・顏竣が宋・孝武帝の下で活躍したために、父の顏延之は元凶劉劭に責められ、また沈約の父・沈璞は元凶劉劭に加擔したために、顏竣に殺害された。こうした事實があるため、右の引用に續けて沈約は、顏竣が忠でないばかりか、自分の親にも殘忍で孝行を盡くせぬ人は、人の親、つまりこの場合は沈璞にも殘忍なのだと、口を極めて顏竣を批判するのである。(33)こうしたことからすれば、忠孝はどちらに從うもよい、という前提には、そのどちらをも達成できなかった顏竣像をより效果的に描出する役割があるのであって、そこには沈約の恣意性が多分に與っており、この沈約の發言がどこまで南朝における普遍性を持ち得るかは、疑わしいとしなければなるまい。
二例目は『魏書』巻四十三・劉休賓傳である。劉休賓は南朝宋の人物で、北魏・慕容白曜の軍との戰いで投降に惱んでいた。さて彼の妻は崔邪利の娘で、崔氏が北朝に渡ったために、妻と男兒・文曄も北朝に渡った。劉休賓は臣下の尹文達に慕容白曜の軍勢を見に遣らせると、尹文達はそこで劉休賓の妻子に會い、その髪と爪を持ち歸って自軍必敗の勢を告げるのだった。この報告に對する劉休賓の言葉と反應を見よう。

休賓撫爪髮泣涕曰、妻子幽隔、誰不愍乎。吾荷南朝厚恩、受寄邊任、今顧妻子而降、於臣節足乎。然而密與其兄子聞慰議爲降計。

休賓は爪と髪を撫でて涙して言った「妻子と遠く隔たって、誰が不憫でないというのか。私は南朝の手厚い恩義を受け、邊境防衛の任務を帯びており、いま妻子のことを氣にかけて投降するなど、臣下としての節義の點で不足ではないか」。しかしながら、密かにその兄の子・聞慰と相談して投降の計畫を立てた。
實は相談を受けた聞慰の方は投降に強く反對し、その後も紆餘曲折があるのだが、最後にはここにすでに氣持ちをのぞかせている如く、劉休賓は北魏に投降するのである。これは「忠」と「孝」の狭間で苦しみつつも、結局は「孝」を優先させた事例であろう。
第三例は次のような記事である。

澄之弟琨之、爲竟陵王誕司空主簿。……誕之叛、以爲中兵參軍。辭曰、忠孝不得竝。琨之老父在。將安之乎。

誕殺之。(『南史』卷十三・宋宗室及諸王傳上・營浦侯遵考附子澄之)
澄之の弟の琨之は、竟陵王・誕の司空主簿となった。……誕は謀反に際し、彼を中兵參軍にした。彼はそれを辭して言った「忠と孝は竝立し得ません。私には年老いた父がおります。父を置いてどこへ行けましょうか」。誕は彼を殺した。

ここでもやはり「忠」と「孝」は兩立しないとの認識が示されながら、ここではむしろ「孝」を持ち出すことによって「忠」を退けようとする意思が表明されている。

以上の南朝の事例を踏まえると、やはり北朝では「忠」が「孝」に優先され、南朝ではその逆であったことがよくわかる。さらに北朝の事例で引用してきた人物のうち、魏玄が父の代に梁から北朝へ移り住んだ人物である以外は、みな元來から北朝の人間であったことをも考え合わせれば、ここに南朝と北朝における「忠」と「孝」の位置づけの相違が十分に窺えるであろう(34)。

確かにここまで引用を重ねてきた人物にしても、例えば北齊・傅伏は結局北周に仕えたし、『周書』魏玄傳は「崤東の義擧する者たちは、誰もが裏切りを謀った」と言っている。また北朝においても、個人の利益のために仕える王朝を裏切った人物は史書に散見される(35)。そして王朝に忠を盡くす場合でも、それが本心からではなく、あくまで打算であった可能性を、『周書』卷三十六・司馬裔傳の次の記事は示唆する。


十五年、太祖令山東立義諸將等能率衆入關者、竝加重賞。

(大統)十五年、太祖は山東の義擧する武將たちのうち、多勢を率いて關中に入ることのできる者たちに、多くの報償を與えた。

支配者の側からの、義擧して味方してくれる者たちへの報償を狙った義擧もあっただろう。だが司馬裔は、所領の千室を率いて眞っ先に太祖の下に至り、太祖が彼を封じようとしたのを固辭して言ったのである。

裔固辭曰、立義之士、辭鄉里、捐親戚、遠歸皇化者、皆是誠心內發、豈裔能率之乎。今以封裔、便是賣義士以求榮、非所願也。太祖善而從之。

司馬裔は固辭して言った「義擧の士が、鄉里を辭去し、親族たちを棄てて、はるばる君主さまの教化に歸心したのは、誰もが誠心からの自發であり、どうして私が引き連れて來たのでありましょう。いま私を封じようとなさるのは、取りも直さず義擧の士たちを榮譽のために賣り渡すことになり、私の望みではありません」。太祖はそれを善しとして彼に從った。


こうした彼の發言から、やはり仕える王朝に忠義の心を示す意識が、當時の北朝士人の間でかなり定着していたことが讀み取れるであろう。

また確認しておきたいのは、これらが決して武勇を好んだ北朝武人のみの意識ではないということである。ここまで引用を重ねてきた人物たちの多くに學問の素養があったことは、彼らの傳を讀めば明白である。

以上のように、北朝では自身の保身よりも奉じる王朝への「忠」を重んじる傾向が根強くあり、ためにそこから去って隱逸する氣持ちが生じにくかったとも言えるのではないか。

三　北朝に存した隱逸への志向

ここまで確認してきたように、北朝では政治權力から逃れて官を去ることが困難で、かつ「公」の世界に自らの生を奉仕する意識が士大夫の間で根强かった。だがそれでもなお、「公」の世界たる官から去ろうとする志向を有する人間が、北朝において皆無ではなかった。本節では、北朝の隱逸の具體例を見ていき、その特徵を南朝と比較しながら考察したいと思う。
北朝で隱逸の志向を明確に吐露した人物として、まず北齊・祖鴻勳が擧げられよう。『北齊書』卷四十五・文苑傳・祖鴻勳には、彼が北魏の滅亡期に官を去って歸鄕し、なお官に留まる陽休之に隱逸を勸めて送った書簡が載錄されている。書簡は、家の貧しさと親の老いを歸鄕の理由として擧げ、鄕里の自然の樣子とそこでの充實した暮らしぶりを實に克明に描寫する。そして官界を否定し、そこになおも留まる陽休之に隱逸を勸めてこう言う。

把臂入林、挂巾垂枝。攜酒登巘、舒席平山。道素志、論舊款。訪丹法、語玄書。斯亦樂矣。何必富貴乎。
手を取り合い林に入り、垂れた枝に頭巾を掛ける。酒を攜え峰に登り、敷物を山の平地に廣げる。平素の懷いを述べ、舊交を論じる。煉丹の術を探り、玄學の書を語る。これも實に樂しいではないですか。富貴だけが樂しみではないのです。

老莊の思想に基づき山水の樂しみの境地に滿足する一方で、官界という俗なる世界と價値を拒む態度は、南朝士大夫が求める隱逸と目立って相違はしない。(36) またここに描寫される山水は、小尾郊一氏が南朝の影響下にあって特に新しさはないと述べるのが當たっていよう。[37]しかし自然への憧憬とそこでの暮らしを、「隱逸」として具體的に吐露し描寫したこの書簡は、北朝において非常に稀少な存在と言わなくてはならないのである。
山水は、後漢末あたりまで、當時の政治的な混亂を避ける場として機能してきた。それが魏晉時代に入ると、次第に自由の境地の存在する場と見做されるようになり、さらに南朝では、山水の世界が隱逸と密接に結びつき、士大夫たちは積極的に山水に踏み行ってその情景を詩賦に詠じた。つまり山水が鑑賞と閑居の對象となったのである。[38]
ではそうした南朝に對し、北朝において山水は、如何なる位置づけにあったのだろうか。北魏・孝明帝時代の孝昌年間の末、李愍が山林に隱れたことを、彼の傳は次のように傳えている。

孝昌之末、天下兵起、愍潛居林慮山、觀候時變。(『北齊書』卷二十二・李元忠傳附宗人李愍)
孝昌年間の末、天下に兵亂が起こり、李愍は林慮山に潛伏して、時世の變化の樣子を窺った。

李愍のように、戰亂や政治鬪爭による混亂が生じた際、北朝には官を去って山林に隱れた人物が多くいた。[39]だがそれは、あくまで時局判斷のための一時的な潛伏だったのであって、決して隱逸を求めて山林に隱れたのではなかった。その證據に、彼らは混亂の收束とともに世に出て再び出仕した。つまり北朝における山水は、一時的に危險から身を避けるための場所として、むしろ後漢末あたりまでのような役割を果たしていた面が大きかったと言えるのである。
もちろん北朝における山水が、全面的にそうした位置づけにあったとは言わない。北朝でも、隱逸と山水は切り離せない關係にあった。例えば『北史』卷八十八・隱逸傳に列せられる人物たちの數人は、實際に仕官を拒んで山に入ったし、特に馮亮は山水を愛したと明記される。[40] また『魏書』巻九十・逸士傳の李謐には、自然を鑑賞する態度があった。[41] だが逆に言えば、馮亮や李謐ら以外には、隱逸者のための傳においてすら、山水に閑居しそれを鑑賞する態度は見受けられず、その他の傳に至ってはなおさらである。[42] これは、『南史』巻七十五及び七十六の隱逸傳上下に列せられる人物で、山水を愛好したと明記されない人物はほとんどおらず、また隱逸傳以外においても山水の愛好と鑑賞の態度が隨所に見受けられる事實とは、大きく相違すると言わざるを得ないだろう。[43]
こうした北朝における山水の位置づけからすれば、隱逸と山水を結びつけた祖鴻勳の書簡は、非常に稀少な存在である。そして我々は、北朝が隱逸の選擇肢を取りにくい狀況にあったことを知っているからこそ、官を去り、山林に身を置いて隱逸の境地を吐露した祖鴻勳のような人物が北朝にいたことには、留意しなければなるまい。
いま一つ、北朝の隱逸について興味深いことは、官を去った人間たちの生き方を是認する風潮が、北朝の知識人層において、ある程度の集團性を持った形で作られていたということである。そのことを、いくつかの實例を見ながら示したい。
まずは北朝の、最初から官を望まなかったり、あるいは官を辭して後は死ぬまで仕えなかったりした人物を、幾人か擧げよう。

茂性謙愼、以弟沖寵盛、懼於盈、遂託以老疾、固請遜位。高祖不奪其志、聽食大夫祿。還私第、因居定州之中山。自是優遊里舍、不入京師。(『魏書』巻三十九・李寶傳附李茂)

李茂は性格が謙虚で愼み深く、弟の李沖が甚だ寵愛されて、權勢に過ぎるのを危惧したため、そのまま老年と疾病に託つけて、固く官位を辭せんと求めた。高祖もその氣持ちを退けず、大夫の俸祿を食むことを認めた。私邸に戻り、そこで定州の中山に居住した。これからは私邸に悠々と暮らし、都には行かなかった。
頻表乞免、久乃見許。性好墳素、白首彌勤、年踰七十、手不釋卷。凡所著述、詩賦銘頌、五十餘篇。（『魏書』巻五十二・趙逸傳）
何度も上奏して致仕を請願し、随分してようやく許可された。古い典籍を好む性質で、年老いてますます勤勉、年齢が七十を超えても、手から書物が離れることはなかった。趙逸が著述したものとしては、詩賦銘頌が五十餘篇あった。
公緒沉冥樂道、不關世務、故誓心不仕。……公緒潛居自待、雅好著書、撰典言十巻、又撰質疑五巻・喪服章句一巻・古今略記二十巻・玄子五巻・趙語十三巻、竝行於世。（『北齊書』巻二十九・李渾傳附族子公緒）
李公緒は道を樂しむことに沒頭し、社會の實務には關心がなく、そのため出仕しないと心に誓った。……公緒はひっそりと隱居して自分のことに專念し、平素から著述を愛して『典言』十巻を撰し、また『質疑』五巻・『喪服章句』一巻・『古今略記』二十巻・『玄子』五巻・『趙語』十三巻も撰して、どれも世に通行した。
後還鄉里、閉門不出將三十年、不問生產、不交賓客、專精覃思、無所不通。（『北齊書』巻四十四・儒林傳・馮偉）
後に鄉里に戻り、門を閉ざして三十年近く外に出ず、財產を問題にせず、賓客と交流せず、精神を集中して深く思索し、通じないところはなかった。
齊亡後、歸鄉里講經、卒於家。（『北齊書』巻四十四・儒林傳・鮑季詳）

北齊が滅亡して後、鄕里に歸って經を講じ、家で亡くなった。

彼らは官を去った後は鄕里に歸り、そこで思索に耽って自らの是とするところに沒頭して生きたと言える。そしてそれは、南朝の隱逸者が自然に踏み行ってそれを鑑賞した風流とは、樣子を異にするであろう。

さて、彼らは極力世間とは沒交渉な生活を送った。だが北朝において、官を去って自らの是とするところを追求する彼らの如き生き方を、學問の素養を持った人物たちが是認し、かつ共有する風潮が存したのである。

先に祖鴻勳の書簡に、隱逸と自然を結びつける思想を見出したが、その書簡の相手・陽休之もまた、隱逸と無關係ではなかった。松岡榮志氏が指摘したように、陽休之は『陶淵明集』を編纂し、その序の中で自ら陶淵明の詩文を好んで鑑賞した旨を表明しているのである(44)。これは、官を去る祖鴻勳と官に留まる陽休之という、一見相反する者同士の間でやり取りされた書簡が、隱逸の志向を決して拭い去れない知識人の意識という、共通の土壤の上に成立していることを意味するのではないか。より踏み込んで言うならば、祖鴻勳と陽休之はともに北朝第一級の知識人と言ってよいわけだが、彼ら北朝の知識人層の間では、やはり官を去らんとする志向が常に存していたと言えるのである。

次に『北史』隱逸傳の崔廓を見たい。

初爲里佐、屢逢屈辱、於是感激、逃入山中。遂博覽書籍、多所通涉、山東學者皆宗之。

最初は里佐に任じられたが、しばしば屈辱に遭い、そこで發奮して山中に隱れ入った。そのまま書籍をたくさん讀み、多くの分野に通じたので、山東の學者たちは誰もが彼を宗師と仰いだ。

山中に入った崔廓を、山東の學者たちがこぞって宗師と仰いだことは、當時の知識人層に、彼のような官を去ったところで學問に生きる態度を許容し稱贊する意識があったことを意味しよう。

またすでに言及した馮偉などは、あたかも人と一切の交流を斷っていたかの如くだが、その傳によれば、彼の下には郡守・縣令から季節ごとの羊や酒、門徒たちからの報酬が屆けられた。これらを彼は一切受領しなかったけれども、ここでもまた、彼の官を去って自らの學問に打ち込む態度が敬慕されているのである(45)。

さらに北魏のことであるが、劉昞は隱居したとされるも大量の學徒がいたようで、加えて名士として時の權力者に隨分と重寶されたらしいのである。


昞後隱居酒泉、不應州郡之命、弟子受業者、五百餘人。李暠私署、徵爲儒林祭酒・從事中郎。……遷撫夷護軍、雖有政務、手不釋卷。……蒙遜平酒泉、拜祕書郎、專管注記。築陸沉觀於西苑、躬往禮焉、號玄處先生。學徒數百、月致羊酒。牧犍尊爲國師、親自致拜、命官屬以下、皆北面受業焉。……世祖平涼州、士民東遷、夙聞其名、拜樂平王從事中郎。(『魏書』卷五十二・劉昞)

劉昞は後に酒泉に隱居し、州郡による仕官の命令には應じず、彼に學問を習う弟子は五百人餘りいた。李暠が私的に職位を授け、徵して儒林祭酒・從事中郎とした。……撫夷護軍に遷り、政務はあったのだが、手から書物が離れることはなかった。……沮渠蒙遜が酒泉を平定すると、祕書郎を拜命し、專ら注記のことを掌った。陸沉觀を西苑に築き、自らそこへ行って禮拜し、玄處先生と號した。學徒は數百名、月ごとに羊肉や酒がもたらされた。沮渠牧犍は彼を尊重して國師とし、自ら彼の下に出向き、官員の俗吏たち以下、すべてに命じて彼に北面して學問を授かるようにさせた。……世祖が涼州を平定すると、そこの人民たちは東へ移動し、早くから彼の名聲が聞こえていたので、樂平王從事中郎を拜命した。

この記事から、劉昞が隱居して學問を備えていたことが、却って彼の名聲を高め、多くの受業生を集めて支持を得、彼のいた酒泉を平定した北涼の君主たちや、それをさらに平定した北魏の世祖・宣武帝ら權力者にも認められ、厚遇を受けたと考えられる。逆に言えば、酒泉を平定した時の權力者たちにとって、彼を厚遇することは、彼を支持する多くの知識人層の支持を獲得することに繫がったのである。

北周では、韋夐とその周邊の行動が目を引く。すでに第一節で紹介したように、韋夐は山水を愛し隱逸の志向を有し、彼を慕った者が相當數いたようである。そしてその中の一人としてすでに紹介した薛裕が、疾病によりその四十一年の生涯を閉じると、「文章の士たちが數人、彼に誄文を物した（文章之士、誄之者數人）」のである。彼の傳のほとんどは、韋夐の生き方を慕った樣で占められ、恐らくこの誄文を物した文章の士たちも、そうした薛裕の認識を評價したものと思われる。そしてそれは、間接的には韋夐のような生き方を是認していたことをも意味するのではないだろうか。

さらに言うならば、先の劉昞の場合と同樣に、こうした文人層に支持者を有する韋夐であったからこそ、明帝は第一節に見たような詩を彼に贈ったとも言えよう。つまり韋夐を招聘することで、彼のみならず、それを取り卷き思慕する知識人層をも政治權力の中に取り込もうという明帝の意圖も、あの詩には見出し得るのである。これは劉昞の事例と合わせて、北朝における政治權力による隱逸の管理という視點に連なるであろう。

殘念ながら、以上に紹介した隱逸の志向を有する人物たちの傳は、彼らが隱逸に踏み切った直接的な理由をあまり語ってはくれない。そこには、祖鴻勳と陽休之に共通する陶淵明の影響が端的に示す南朝文化の影響、あるいは崔廓が發憤する要因ともなった北朝が抱えた政治の問題の影響などが、多様かつ複雑に絡み合っていたであろう。だが北朝においても、官を離れて自らの是とするところを追求する生き方が、主流とまでは言い切れないものの、ある程度は知識人階層の中から出てきていたということは確認されるのである。(46)

おわりに

北朝においても、祖鴻勳など知識人層を中心に、隱逸を志向した人物は確かにいた。この點で冒頭の顏之推の言に、隱棲するものの存在を全面的に否定するかの如くあるのは、やや彼の誇張の面があると言える。だが南朝に比すればやはり少ないのは事實であり、顏之推はかなりの實感を持って、あのような發言に至ったのであろう。

そして興味深いことに、祖鴻勳は書簡を陽休之に送って隱逸を宣言したにもかかわらず、その書簡に續く彼の傳記によれば、彼はその文才を買われてであろう、梁からの使者の對應人員に充てられ、官に就いたまま生涯を閉じたのである。(47)同時代には、他にも祖鴻勳のように官位に就くことを意圖的に拒み、その望みを一度は達成しながら、再三の求めにやむを得ず再び官位に就いた人物がいた。(48)こうした事實は、すでに確認した嚴切な政治や教化と無關係ではあるまい。北朝では、假に官を去る望みを一度は達成し得ても、やはり常に強い仕官へのプレッシャーがかけられたのである。

以上のように、北朝には、北魏から東魏・北齊、西魏・北周にかけて、確かに隱逸が盛んになりにくい要因が一貫して存した。まずは王朝の側からの絶え間ない嚴しい仕官の要求である。また王朝に隱逸者を教化の名の下に管理しようとする意志があり、隱逸を許容する餘地が少なかった。さらに王朝への忠をとかく重要視する意識が、士大夫の側にも多分にあった。

こうして見ると、顏之推が言う「北方」を隋朝に限定するのは問題があるとしなければならない。これは北朝全般を指すのである。そしてなるほど顏之推の言うように、北朝は政治・教化が嚴切で、仕官した人間にとって隱逸という選擇肢は、それを望んだとしてもかなり取りにくい狀況にあった。これは、北朝と對峙した南朝とは大きな徑庭があったと言わなければならないのである。

以上本章では、士大夫と政治世界の關係から、北朝における隱逸の特徴を追ってきた。中國における士大夫の生は、やはり政治世界を中心に營まれたのであり、隱逸とは、政治世界から離れることを指したであろう。だが隱逸ということを考えるとき、政治的な要因の他にも、文化的あるいは宗教的な樣々な要因にも留意する必要がある。今後はそうした觀點をも視野に入れて、南朝と北朝を比較し、その上で北朝の隱逸を位置づけることを課題としたい。

さて北朝全體の隱逸をめぐる檢討を通して、我々はいくらか北朝士大夫の社會觀、國家觀に迫ることができたのではないか。次の第六章では、特に北周が北齊を滅ぼした際の北齊士大夫の意識と態度を分析することで、より詳細に北朝士大夫たちの社會觀、國家觀の內實に迫ることにしたいと思う。

（1）宇都宮清吉譯注『顏氏家訓2』（平凡社、東洋文庫、一九九〇）一九〇頁。
（2）以下、本書では盧思道の作品は祝尙書『《盧思道集》校注』（巴蜀書社、二〇〇一）に據る。
（3）すべて以下の『莊子』讓王の故事に基づく。「舜讓天下於子州支伯。子州支伯曰、予適有幽憂之病、方且治之、未暇治天下也。……舜以天下讓善卷。善卷曰、余立於宇宙之中、冬日衣皮毛、夏日衣葛絺。春耕種、形足以勞動。秋收歟、身足以休食。日出而作、日入而息、逍遙於天地之間、而心意自得。吾何以天下爲哉。悲夫、子之不知余也。遂不受。於是去而入深山、莫知其處」。また「湯將伐桀、因卞隨而謀。卞隨曰、非吾事也。湯曰、孰可。曰、吾不知也。湯又因務光而謀。務光曰、非吾事也。湯曰、孰可。曰、吾不知也。湯曰、伊尹何如。曰、强力忍垢、吾不知其他也。湯遂與伊尹謀伐桀、尅之、以讓卞隨。卞隨辭曰、后之伐桀也謀乎我、必以我爲賊也。勝桀而讓我、必以我爲貪也。吾生乎亂世、而无道之人再來漫我以其辱行、吾不忍數聞也。乃自投椆水而死。湯又讓務光曰、知者謀之、武者遂之、仁者居之、古之道也。吾子胡不立乎。務光辭曰、廢上、非義也。殺民、非仁也。人犯其難、我享其利、非廉也。吾聞之曰、非其義者、不受其祿、无道之世、不踐其土。况尊我乎。吾不忍久見也。乃負石而自沈於廬水」。
(4) 盧思道の隱逸觀については、第六章で顏之推のそれと比較しながら詳しく考察する。
(5) 小尾郊一『中國の隱遁思想　陶淵明の心の軌跡』(中央公論社、一九八八)、神樂岡昌俊『隱逸の思想』(ぺりかん社、二〇〇〇)、王瑤「論希企隱逸之風」(同氏『中古文學史論』、北京大學出版社、一九八六。邦譯として石川忠久・松岡榮志譯「隱逸を願う風潮について」(王瑤『中國の文人　「竹林の七賢」とその時代』(大修館書店、一九九一)、所收)がある)などが、隱逸の發生とその時代ごとの變遷を詳說している。また特に六朝期の隱逸については、吉川忠夫「序章　六朝士大夫の精神生活」(同氏『六朝精神史研究』、同朋舍、一九八四、所收)、參照。だがいずれも南朝の隱逸を論じるのみで、北朝の隱逸には觸れない。
北朝の隱逸については、興膳宏『望鄕詩人　庾信』(集英社、一九八三)が、本章のように南北朝正史における隱者として列傳される人物の數の差異や、顏之推の發言を材料に、北朝社會が隱逸の態度を取り難い狀況にあったであろうことを指摘する(一二〇～一二二頁)。また氏は『魏書』卷九十・逸士傳・眭夸における隱者への嚴しい法律の追求の存在を指摘し、同樣の指摘は、『中外日報』社說「隱者に嚴しい時代」(二〇〇九年八月四日附、http://www.chugainippoh.co.jp/NEWWEB/n-shasetu/09/0908/shasetu090804.html、二〇一七年九月二十八日最終閱覽)にも見える。本章は、これらの觀點に導かれながら、より具體的に北朝の隱逸の實態に迫ろうとしたものである。
(6) 『北齊書』卷三十・高德政傳。
(7) 北周は『周書』卷三十七・寇儁傳、卷四十五・儒林傳・樂遜など。北齊は『北齊書』卷四十二・陽斐傳、卷十七・

斛律羨傳、「俄而文宣不豫、斃於麴蘗。儲君繼體、纔歷數旬、近習預權、小人竝進。楊公慮有危機、引身移疾、幼主若喪股肱、固相敦勉」（『北齊興亡論』）など。
(8) 趙超『漢魏南北朝墓誌彙編』（天津古籍出版社、一九九二）一九六頁。
(9) 『禮記』喪服四制「門內之治、恩揜義。門外之治、義斷恩」。また第一部第二章第四節、參照。
(10) 林登順『北朝墓誌研究』（麗文文化事業、二〇〇九）三三一頁、參照。
(11) 初、月犯少微。少微、一名處士星、占者以隱士當之（『晉書』卷九十四・隱逸傳・謝敷）。
(12) 子州支伯については『莊子』讓王に見え、滄州との關わりは阮籍・爲鄭沖勸晉王牋「臨滄洲而謝支伯、登箕山而揖許由」（『文選』卷四十）。なお本書で『文選』は胡刻本に據る。
(13) 扈江離與辟芷兮、紉秋蘭以爲佩（『楚辭』離騷）。
(14) 招隱士者、淮南小山之所作也。昔淮南王安、博雅好古、招懷天下俊偉之士。自八公之徒、咸慕其德、而歸其仁、各竭才智、著作篇章、分造辭賦、以類相從。故或稱小山、或稱大山、其義猶詩有小雅・大雅也。小山之徒、閔傷屈原、又怪其文昇天乘雲、役使百神、似若仙者、雖身沈沒、名德顯聞、與隱處山澤無異、故作招隱士之賦、以章其志也（『楚辭』招隱士序）。
(15) 小尾郊一「「招隱」の詩」（同氏『中國文學に現われた自然と自然觀』、岩波書店、一九六二、所收）、參照。
(16) 「（謝萬）工言論、善屬文。敘漁父・屈原・季主・賈誼・楚老・龔勝・孫登・嵇康四隱四顯、爲八賢論。其旨以處者爲優、出者爲劣」（『晉書』卷七十九・謝萬傳）から、「四隱四顯」つまり「八賢」のうちの「四隱」が、明帝の詩に言う「四隱」と對應する可能性もある。すると結びの二句は、「どうしてあの四人の隱士と同じであってよいでしょうか、世に出て來て私の政治に參畫してください」と解釋され、謝萬は隱逸する四隱を是と、出仕する四顯を非としたことから、明帝の詩はやはり韋夐に出仕を求め、むしろ仕官をより強く要求したことになる。だが結びの二句に至るまでの詩の流れから、そうした解釋はやや唐突で強過ぎると感じる。また『藝文類聚』卷三十六・隱逸（詩題「贈韋居士」）では「詎」字を「儻」字に作り、そうであれば「四隱」は一度でも世に出て來た隱士たちでなくてはならない。あるいは『文苑英華』卷二百三十二（詩題「招隱士逍遙公韋夐」。『周書』韋夐傳に據る限り、「逍遙公」はこの詩とその返詩のやり取りが行なわれた後の號であり、この詩題は後世の命名に係ろう）では、「四隱」を「四皓」に作る。確かに「詎」字を「儻」字に作るのは『藝文類聚』のみで、『文苑英華』が「四隱」を「商山四皓」と解して改字した可能性はあるが、こうした點からも、この詩の「四隱」を積極的に『晉書』謝萬傳の「四隱」とはし難い。
(17) 第一部第一章注（36）、參照。
(18) 『韓非子』外儲說右上に基づく。
(19) 注（5）所揭。「おおむね正史は、隱者の生き方を絕贊することに終始し、隱者を殺害するのはもってのほかのことしているのだが、見られるように『魏書』逸士傳の序はいささか論調を異にし、太公望にも一定の評價が與えられているのである」。
(20) 『宋書』卷九十三・隱逸傳とそこに表出された沈約の隱逸觀については、神塚淑子「沈約の隱逸思想」（『日本中國學會報』三一、一九七九）、前揭吉川氏書二二五頁など、參照。
(21) 唐長孺『魏晉南北朝史論拾遺』、中華書局、一九八三、所收。
(22) 李隆獻「兩漢魏晉南北朝復仇與法律互涉的省察與詮釋」（同氏『復仇觀的省察與詮釋』、臺大出版中心、二〇一二、所收）七〇頁、參照。
(23) なお『資治通鑑』卷一百四十・齊紀六では、さらに孝文帝が太子・元恂に中華式の衣冠を與えたにも關わらず、元恂はいつも密かに胡服（鮮卑服）を着ていたとのエピソードを附加する。このことを含め、北魏における漢化とその抵抗をめぐっては、拙稿「北魏の漢化について—高祖・孝文帝の洛陽遷都の前後で—」（『柴田昭二先生御退職記念論文集』、二〇一六、所收）、參照。
(24) 「彧撫膺慟哭、遂奔蕭衍。……及知莊帝踐阼、彧以母老請還、辭旨懇切。衍惜其人才、又難違其意、遣其僕射徐勉私勸彧曰、昔王陵在漢、姜維相蜀、在所成名、何必本土。彧曰、死猶願北、況於生也。衍乃以禮遣」（卷十八・太武五王列傳・臨淮王子彧）、「庫仁盡忠奉事、不以興廢易節、撫納離散、恩信甚彰」（卷二十三・劉庫仁傳）、「父翼、河間相。慕容垂之圍鄴、以翼爲後將軍・冀州刺史・眞定侯。翼泣對使者曰、先君忠于秦室、翼豈可先叛乎。忠臣不事二主、自古通義、未敢聞命」（卷二十四・鄧淵傳）、「元禧之謀亂也、車駕在外、變起倉卒、未知所之。忠進曰、臣世蒙殊寵、乃心王室。臣父領軍、付留守之重計。防遏有在、必無所慮。世宗卽遣忠馳騎觀之、而烈分兵嚴備、果如所量。世宗還宮、撫背曰、卿差彊人意。賜帛五百匹。又曰、先帝賜卿名登、誠爲美稱。朕嘉卿忠款、今改卿名忠。旣表貞固之誠、亦所以名實相副也」（卷三十一・于栗磾傳附于栗忠）、「初天興中、先子密問於先曰、子孫永爲魏臣、將復事他主也。先告曰、未也。國家政化長遠、不可卒窮。自皇始至齊受禪、實百五十餘歳矣」（卷三十三・李先傳）、「十一月、疾甚。勑子姪等曰、……吾荷先帝厚恩、位至於此、史功不成、歿有遺恨。汝等以吾之故、竝得名位。勉之勉之。以死報國」（卷三十五・崔光傳）、「肇子植。自中書侍郎爲濟州刺史、率州軍討破元愉、別將有功。當蒙封賞、不受云、家荷重恩、爲國致效、是其常節、何足以膺進陟之報。懇惻發於至誠」（卷八十三・外戚傳下・高肇附子高植）など。
（25）「累遷驃騎大將軍・東徐州刺史。解州還、遂稱老疾、不求仕。齊受禪、追璵兼前將軍、導從於圓丘行禮。璵意不願策名兩朝、雖以宿舊被徵、過事卽絶朝請。天保四年卒」（卷二十九・李璵傳）、「愔謂榮貴曰、僕家世忠臣、輸誠魏室、家亡國破、一至於此。雖曰囚虜、復何面目見君父之讐。得自縊於一繩、傳首而去、君之惠也」（卷三十四・楊愔傳）、「周帝見之曰、何不早下。伏流涕而對曰、臣三世蒙齊家衣食、被任如此、革命不能自死、羞見天地。……後主失幷州、使開府紇奚永安告急於突厥他鉢略可汗。及聞齊滅、他鉢處永安於吐谷渾使下。永安抗言曰、本國旣敗、永安豈惜賤命。欲閉氣自絶、恐天下不知大齊有死節臣。唯乞一刀、以顯示遠近」（卷四十一・傅伏傳）など。
（26）『左傳』宣公十二年「士貞子諫曰、……林父之事君也、進思盡忠、退思補過、社稷之衞也」、『孝經』事君章「子曰、君子之事上也、進思盡忠、退思補過。將順其美、匡救其惡。故上下能相親也」。
（27）他に『周書』では「屬魏孝武西遷、東魏遣侯景率衆寇荊州。寧隨勝奔梁。梁武帝引寧至香磴前、謂之曰、觀卿風表、終至富貴、我當使卿衣錦還鄉。寧答曰、臣世荷魏恩、位爲列將。天長喪亂、本朝傾覆、不能北面逆賊、幸得息肩有道。儻如明詔、欣幸實多。因涕泣橫流、梁武爲之動容。在梁二年、勝乃與寧密圖歸計」（卷二十八・史寧傳）、「屬隋文帝初爲相國、百官皆勸進。熾自以累代受恩、遂不肯署牋。時人高其節。隋文帝踐極、拜太傅、加殊禮、贊拜不名」（卷三十・竇熾傳）、「敷少有志操、重然諾。每覽書傳、見忠臣烈士之事、常慨然景慕之。……齊將段孝先率衆五萬來寇、梯衝地道、晝夜攻城。……敷知必陷沒、乃召其衆謂之曰、……守死窮城、非丈夫也。今勝兵之士、猶數百人、欲突圍出戰、死生一決。儻或得免、猶冀生還、受罪闕庭。孰與死於寇乎。吾計決矣、於諸君意何如。衆咸涕泣從命。……敷殊死戰、矢盡、爲孝先所擒。齊人方欲任用之、敷不爲之屈、遂以憂懼卒於鄴」（卷三十四・楊傳傳）、「（賀拔勝）敗績、遂將麾下數百騎南奔於梁。謙亦與勝俱行。及至梁、每乞師赴援。梁武帝雖不爲出軍、而嘉勝等志節、竝許其還國。乃分謙先還、且通隣好。魏文帝見謙甚悅、謂之曰、卿出萬死之中、投身江外。今得生還本朝、豈非忠貞之報也。太祖素聞謙名、甚禮之」（卷三十五・崔謙傳）など。
（28）注（9）、參照。
（29）羅新・葉煒『新出魏晉南北朝墓誌疏證』（中華書局、二〇〇五）一一五頁。
（30）具體的に墓誌の名稱を年代順に擧げれば、北魏「元龍墓誌」・「羊祉」など。以上、前掲林氏書の三二八〜三三二頁、參照。
（31）『周易』繫辭傳上。
（32）第一部第二章注（29）に引いた『隋書』卷五十・李安傳の隋・文帝による詔では、叔父・李璋の反亂を告發した李安を稱譽して「今更詳按聖典、求諸往事、父子天性、誠孝猶不竝立、況復叔姪恩輕」と言う。古典を調べるに、父と子という絕對的な結び附きに對してでさえ忠孝は竝立し得ず、忠のために孝を退けなければならなのであるから、叔父であればなおさらである、との意である。
（33）「以此爲忠、無聞前誥。夫自忍其親、必將忍人之親、自忘其孝、期以申人之孝、食子放麑、斷可識矣」。以上のこと、前掲吉川氏書の二三二頁、參照。
（34）興味深いのは、『顏氏家訓』歸心篇に「抑又論之。求道者、身計也。惜費者、國謀也。身計國謀、不可兩遂。誠臣徇主而棄親、孝子安家而忘國、各有行也」と見えることである。この認識が顏之推の一生のどの時點で明確になったのか、そして彼の佛教に對する意識とどう連關するのか、別稿を期したい。
（35）清・趙翼『陔餘叢考』卷十七「六朝忠臣無殉節者」などは、南北朝の王朝交替期に王朝を裏切った人間を具に擧げ、彼らに節義の概念は定着せず、宋代以降になってやっと儒學が節義を明らかにしたと論じる。節義の問題については第三部第九章、參照。
（36）松岡榮志「陽休之と祖鴻勳―陶淵明への距離」（『中國文化』四八、一九九〇）は、この書簡における陶淵明の影響を論じる。
(37) 小尾氏注（15）所掲書五九八頁、參照。
(38) 注（5）所掲書、注（15）所掲書、及び呉世昌「魏晉風流與私家園林」（同氏『羅音室學術論著』第一卷・文史雜著（中國文藝聯合出版、一九八四）、所收）など、參照。
(39) 「避尒朱之難、匿於嵩山」（『北齊書』卷二十八・元韶傳）、「愔以世故未夷、志在潛退、乃謝病、與友人中直侍郎河間邢邵隱於嵩山。及莊帝誅尒朱榮、其從兄侃參贊帷幄。朝廷以其父津爲幷州刺史・北道大行臺、愔隨之任。……愔從兄幼卿爲岐州刺史、以直言忤旨見誅。愔聞之悲懼、因哀感發疾、後取急就雁門溫湯療疾。郭秀素害其能、因致書恐之曰、高王欲送卿於帝所。仍勸其逃亡。愔遂棄衣冠於水濱、若自沉者、變易名姓、自稱劉士安、入嵩山、與沙門曇謨徵等屏居削迹。又潛之光州、因東入田橫島、以講誦爲業。海隅之士、謂之劉先生。太守王元景陰佑之。神武知愔存、遣愔從兄寶猗齎書慰喩、仍遣光州刺史奚思業令搜訪、以禮發遣。神武見之悅、除太原公開府司馬、轉長史、復授大行臺右丞、封華陰縣侯、遷給事黃門侍郎、妻以庶女」（『北齊書』卷三十四・楊愔傳）、「以天下方亂、遂解官侍養、隱於林慮山。武定中、文襄徵爲大將軍府功曹」（『北齊書』卷三十八・元文遙傳）など。
(40) 亮既雅愛山水、又兼巧思、結架巖林、甚得栖游之適、頗以此聞。世宗給其工力、令與沙門統僧暹・河南尹甄琛等、周視崧高形勝之處、遂造閑居佛寺。林泉既奇、營製又美、曲盡山居之妙。
(41) 謐不飲酒、好音律、愛樂山水。高尚之情、長而彌固、一遇其賞、悠爾忘歸。
(42) ただ北朝でも、例えば「性不飲酒、而雅好賓遊。毎良辰美景、必招引時彥、宴賞留連、間以篇什。當時人物、以此重之」（『周書』卷三十四・裴寛傳）とあり、自然を鑑賞する態度がある程度の範圍の人々の間で重んじられていたことが窺える。
(43) 前掲呉氏論文は、『洛陽伽藍記』などから、北朝の王公貴族層に自然愛好の精神があったと指摘する。だがその愛好に、南朝が自然を「退隱の場所」とした質素さはなく、むしろ園林の中に高層建築を建てて絢爛豪華に飾ったものであったとも言う。
(44) 前掲松岡氏論文、參照。

(45) 趙郡王出鎭定州、以禮迎接、命書三至、縣令親至其門、猶辭疾不起。王將命駕致請、佐史前後星馳報之、縣令又自爲其整冠履、不得已而出。王下廳事迎之、止其拜伏、分階而上、留之賓館、甚見禮重。王將擧充秀才、固辭不就。歲餘請還。王知其不願拘束、以禮發遣、贈遺甚厚、一無所納、唯受時服而已。及還、終不交人事、郡守縣令、每親至其門。歲時或置羊酒、亦辭不納。門徒束脩、一毫不受。耕而飯、蠶而衣、簞食瓢飲、不改其樂、竟以壽終。
(46) 例えば南朝では、隱者の下に大きな學團が形成され、それが當時の知識人層に大きな影響力を有したことを示す記述は、史書に散見される。だが北朝は、もちろん官を去った人間が門徒を抱え、彼らに學を講じて生計を立てていたことはあったであろうが、南朝ほどの大きな知識人層の集團を形成していたかは疑問である。
(47) 梁使將至、敕鴻勳對客。高祖曾徵至幷州、作晉祠記、好事者玩其文。位至高陽太守、在官清素、妻子不免寒餒、時議高之。天保初卒官。
(48) 「爲賀拔勝荊州開府長史。勝不用其計、棄城奔梁。叔武歸本縣、築室臨陂、優遊自適。世宗降辟書、辭疾不到。天保初復徵、不得已、布裘乘露車至鄴。楊愔往候之、以爲司徒諮議、稱疾不受。肅宗卽位、召爲太子中庶子、加銀青光祿大夫。……又願自居平陽、成此謀略。……世祖踐阼、拜儀同三司・都官尙書、出爲合州刺史。武平中、遷太子詹事・右光祿大夫」（『北齊書』卷四十二・盧叔武傳）、「既而樊子鵠爲吏部尙書、其兄義爲揚州刺史、乃以虯爲揚州中從事、加鎭遠將軍。非其好也、遂棄官還洛陽。屬天下喪亂、乃退耕於陽城、有終焉之志。大統三年、馮翊王元季海・領軍獨孤信鎭洛陽。于時舊京荒廢、人物罕存、唯有虯在陽城、裴諏在潁川。信等乃俱徵之、以虯爲行臺郎中、諏爲北府屬、竝掌文翰。……四年入朝、周文帝欲官之、虯辭母老、乞侍醫藥。周文許焉。又爲獨孤信開府從事中郎。信出鎭隴右、因爲秦州刺史、以虯爲二府司馬」（『北史』卷六十四・柳虯傳）。

第六章　新王朝への意識—盧思道と顏之推の「蟬篇」を素材に—

はじめに

北周・武帝が北齊を滅ぼした後のこととして、『隋書』巻五十七・盧思道傳は次のような逸話を載せる。

周武帝平齊、授儀同三司、追赴長安、與同輩陽休之等數人作聽蟬鳴篇。思道所爲、詞意淸切、爲時人所重。新野庾信、徧覽諸同作者、而深歎美之。

北周・武帝が北齊を平定し、(盧思道は)儀同三司を授けられ、それに從って長安へ赴き、[1]同輩の陽休之ら數人と「聽蟬鳴篇」を物した。思道の物した作品は、字句と意味內容がはっきりと明確で、當時の人々に評價された。新野の庾信は、あまねく諸々の同時に物された作品を見て、深く思道の作品を歎美した。

ここに見える陽休之らの一團とは、『北齊書』巻四十二・陽休之傳によれば次の十八人である。

陽休之、袁聿修、李祖欽、元脩伯、司馬幼之、崔達拏、源文宗、李若、李孝貞、盧思道、顏之推、李德林、陸乂、薛道衡、高行恭、辛德源、王劭、陸開明

彼らのうち、何人が實際に盧思道傳にいう「聽蟬鳴篇」（以下「蟬篇」と呼稱する）を詠じたかは不明ながら、いま盧思道と顏之推の作品が傳わる。[2]そしてこの第六章が取り上げるのは、この盧思道と顏之推による「蟬篇」である。

ところで具體的に盧思道と顏之推の「蟬篇」について考える前に、彼らに先行する文學作品の中に、蟬が如何に取り入れられていたかということを、確認しておかねばなるまい。この點については、すでに川合康三氏に「蟬の詩に見る詩の轉變」[3]と題する詳細な論考がある。この論考は本章の議論の出發點であり、いまその論點をまとめておきたい。

川合氏は、文學の中で詠じられる蟬の特色を、主として次の二點にまとめている。
A．「蟬が露しか口にしない淸らかな生き物である（と考えられていた）こと」。
B．蟬が「秋の時節に鳴くこと」。
以下、このA・Bの兩指摘を、本章ではそれぞれ「指摘A」「指摘B」と呼稱する。また指摘Aに關連して川合氏は、特に後漢以後、蟬の高潔さを士大夫たる自己に擬えることが蟬を扱った文學の基本となり、同時に「高潔であることによって虐げられざるをえないという敗者の悲哀、嗟嘆が必ず伴なう」と言う。[4]
さて川合氏は、同論考の中で盧思道の「蟬篇」を取り上げてもいる。まず氏は、蟬を題材とした南朝の詠物詩の多くが、蟬のある一面を把捉して詠じた遊戲的な作品であるのに對し、盧思道「蟬」篇は、蟬に觸發されて自己の感慨を唱った作品とする。[5]そして盧思道の「蟬篇」を、「全編を貫く基調は、庾信「哀江南賦」など、南朝文人が北朝に身を移して望鄉の思いを唱ったのと變わらない」と評する。[6]
この評價に對して筆者は、盧思道「蟬篇」の全體的な分析や、顏之推「蟬篇」との比較を通じて、川合氏とはやや異なる角度から、盧思道「蟬篇」を、さらには顏之推「蟬篇」を論じ得ると考える。すなわち新王朝たる北周に對する意識や態度を、表現の仕方こそ異にしながらも打ち出した作品として、兩「蟬篇」を取り上げたいと考えるのである。

盧思道「蟬篇」は、これまでしばしば考察の對象とされてはきた。(7) だが一方の顏之推「蟬篇」の研究、さらには兩者の「蟬篇」を比較した研究は、管見の及ぶ限りない。この第六章では、第五章で明るみに出した北朝士大夫における隱逸観を踏まえつつ、盧思道と顏之推の「蟬篇」を比較し分析することで、新王朝たる北周に對する二人の意識や態度の共通點と相違點を明らかにしていきたい。

一　盧思道の「蟬篇」

本節では、盧思道の「蟬篇」について、必要に應じて各句の典故や難解な語句などに解説を加えながら、原文と邦譯を提示していく。なお川合氏の指摘A、Bに該當する箇所には、傍線を引いて言及する。行論の便宜上、韻により段落を分け、各段落に盧①などと番號を振った。


盧思道「蟬篇」

聽鳴蟬、此聽悲無極。羣嘶玉樹裏、迴噪金門側。長風送晩聲、清露供朝食。

鳴く蟬の聲を聽くに、これを聽けば悲しみは極まりない。美しい木々の中で群がり鳴き、煌びやかな門の側でめぐり鳴く。遠くまで吹く風が夕暮れ時の鳴き聲を乘せ、清らかな露が彼らの朝食となる。（盧①）

傍線部は指摘Aに該當するものである。

晩風朝露實多宜、秋日高鳴獨見知。輕身蔽數葉、哀鳴抱一枝。流亂罷還續、酸傷合更離。蹔聽別人心卽斷、纔聞客子淚先垂。

夕暮れ時の風と朝露とは實によろしいが、秋日に高所で鳴く姿はどうして見つけ得よう。輕やかな身は數枚ばかりの葉に覆われ、悲しく鳴いて一本の枝を抱く。亂雜な鳴き聲が終わってはまた繰り返し、悲傷を含む鳴き聲が合してはまた散り散りになる。しばし蟬の聲を聽けば、鄉土に別れを告げた旅人の心はすぐに斷えんばかり、わずかに蟬の聲を耳にすれば、異土の客人からは淚がすぐに落ちる。（盧②）

盧②では、盧①の末句を受けて、冒頭に再び朝露が登場する（指摘A）。また「秋日」に始まる傍線部は、指摘Bに該當する。「獨見知」は、それに續けて、蟬が數枚の葉や一本の枝ほどのスペースしか占有しないことを述べていることから考えて、「獨（なん）ぞ知られん」という反語の意として讀んだ。

故鄉已超忽、空庭正蕪沒。一夕復一朝、坐見涼秋月。河流帶地從來嶮、峭路干天不可越。紅塵早蔽陸生衣、明鏡空悲潘掾髮。

故鄉はすでに遙か遠く、人なき家の庭はきっと荒れ果てていよう。一日また一日と、ただ冷たい秋の月を見遣るばかり。河の流れは大地を帶狀に廻って道筋は入り組み、險峻な山道は空にも届くほどで越え難い。都會の塵埃がすぐに陸機の衣を黒くしてしまい、一點の曇りもない鏡が虛しく潘岳の白髮を映して悲しませた（のと同じ狀況に、私はある）。（盧③）

傍線部は蟬の鳴き聲と直接は關係しないが、やはり季節が秋であることを示す（指摘B）。「從來」の語は、故鄕から今までに經てきた嶮しく入り組んだ道程の意に解した。陸機の故事は、「顧彥先の爲めに婦に贈る（爲顧彥先贈婦）」其一（『文選』卷二十四）の「都では風に舞う塵が多く、白かった着物も黑くなった（京洛多風塵、素衣化爲緇）」に基づく。潘岳の故事は、「秋興賦」（『文選』卷十三）で、三十二歲の潘岳が自身の白髮を見つけて歎じた話に基づく。過去の偉大な詩人も感じた都に暮らす勞苦を引き合いに、嶮しい道のりを經て遠く長安へやって來た自らの悲哀を、强調して述べているのである。

④

長安城裏帝王州、鳴鐘列鼎自相求。西望漸臺臨太液、東瞻甲觀距龍樓。說客恆持小冠出、越使常懷寶劍遊。學仙未成便尙主、尋源不見已封侯。富貴功名本多豫、繁華輕薄盡無憂。詎念漂姚嗟木梗、誰憶闌單倦土牛。
長安の街中は帝王の州都、鐘が鳴りご馳走が竝び、富貴な者たちが自然と相集う。西に漸臺を望めば太液に面し、東に甲觀を見遣れば龍樓門に到る。遊說の士は（杜欽の如く）いつも小冠を頭に出かけ、使者は（越への使者・陸賈の如く）常に寶劍を懷に使いに出る。（欒大の如く）仙術を學び、まだ完成せずともすぐ公主を娶る者や、（張騫の如く）河源を尋ねて見つからないのに、もう侯に封ぜられる者がいる。富貴功名の方々は元來が樂しみ多く、輕やかで華やかな人々はまったく憂いなどない。どうして故鄕を離れ、宛て所なく漂い悲嘆する木の人形になど氣を留めよう、誰が疲れ果てて窶れ、のろのろ步く土牛のことなど記憶しよう。（盧
到着した北周の都・長安は、前漢の名だたる貴人に比肩し得る、眩いばかりの富貴な人物が集う地であった。
杜欽は裕福ながら眼に病氣を持ち、それを隱すべく小さな冠を頭に出かけた（『漢書』卷六十・杜欽傳）。越への使

者として出向いた陸賈は、いつも懐に寶劍を抱いていた（『史記』巻九十七・陸賈傳）。欒大は不死の藥など仙術により漢・武帝に接近し、公主を娶った（『史記』巻二十八・封禪書）。張騫は河源を窮究すべく西域に乘り出し、博望侯と稱された（『漢書』巻六十一・張騫傳）。

しかし盧思道は、却って自らを「木梗」や「土牛」という、故鄕を離れて彷徨する、官位進まぬ人間とする。「木梗」（木の人形）は『戰國策』齊策三の故事に基づく。蘇秦は木の人形と土偶の對話を設定し、故鄕を離れて宛て所なく漂流する木の人形に託して、秦に行こうとした孟嘗君を諫めた。また「土牛」は官位の進みが遅いことを指し、『三國志』巻二十八・魏書・鄧艾傳に附された州泰の傳、その注に裴松之が引く『世說』の逸話に基づく。司馬宣王（懿）に認められた州泰は、喪が明けると一氣に新城太守に取り立てられたため、「乞食が小さな車に乘って、一體何と速く走ることか（乞兒乘小車、一何駛乎）」と、尙書・鍾繇を介して司馬懿に揶揄された。對して州泰は、文才ある名家の出として若い時分より文官の職にあった司馬懿について、「猿が土牛に跨って、これまた何と歩みの遅いことでしょう（獼猴騎土牛、又何遲也）」と返したのであった。


歸去來、靑山下。秋菊離離日堪把、獨焚枯魚宴林野。終成獨校子雲書、何如還驅少游馬。

さあ歸ろう、靑山の下に。秋菊は盛んで毎日でも摘め、一人干魚を焼いて林野で宴會だ。とうとう一人で書物を校訂する揚雄になれるのに、どうして却って少游の言うように駄馬など驅ろうか。（盧⑤）

揚雄が王莽政權下に天祿閣で校書に從事したことは、『漢書』巻八十七下・揚雄傳贊に見える。また少游は、『後漢書』列傳十四・馬援傳で、大志を抱き仕官する馬援に、從弟として次のように助言した。

士生一世、但取衣食裁足、乘下澤車、御款段馬、爲郡掾吏、守墳墓、鄕里稱善人、斯可矣。致求盈餘、但自苦耳。

男が世に生まれては、ただ衣食がちょうど足りる程度、（沼地を行く）下澤車に乘り、ノロノロ進む駄馬を御し、郡の掾吏くらいにでもなって、先祖のお墓を守り、鄕里で善人と稱される、これでよいのです。滿ち足りた餘裕のあることを求めても、ただ自分を苦しめるだけですよ。

なおこの最後の揚雄と少游の二句は、「終に成る獨り子雲の書を校するに、何如ぞ還って少游の馬を驅らん」と讀んだが、後半を「何ぞ還た少游の馬を驅るに如かん」と讀む可能性もある。いま提示した邦譯のようになることは、後に第四節で詳說する。

二　顏之推の「蟬篇」

續いて顏之推「蟬篇」の原文と邦譯を示す。要領は前節の盧思道「蟬篇」と同樣である。

顏之推「蟬篇」

聽秋蟬、秋蟬悲非一處。細柳高飛夕、長楊明月曙。歷亂起秋聲、參差攪人慮。

秋の蟬の鳴き聲を聽くに、その悲しみは一箇所だけからもたらされるのではない。細い柳が高くたなびく夕暮れ時も然り、長い楊に明るい月が輝く明け方も然り。不規則に秋の鳴き聲を上げ、あれやこれやと人の思慮を掻き亂す。（顏①）

傍線部はいずれも指摘Bに該當し、この顔之推「蟬篇」も、盧思道の「蟬篇」と同様に秋に鳴く蟬を詠じる。なお第二句が六字なのは、一字衍字があるかもしれない。
單吟如轉簫、羣噪學調笙。乍飄流曼響、多含斷絕聲。垂陰自有樂、飮露獨爲淸。短緌何足貴、薄羽不羞輕。螗蜋翳下偏難見、翡翠竿頭絕易驚。容止由來桂林苑、無事淹留南斗城。
單獨の聲の調べは簫を吹くかのよう、群れで喧しいのは笙を奏でるかのよう。突然に伸びやかな聲の響きを漂わせるが、その多くが實に悲傷なる聲を含む。蟬は樹木の枝葉に覆われて充足していようし、露を飮んで獨り淸らかなものであろう。（口の長い蟬からすれば）短い口なぞ取るに足りず、薄い羽でも輕いことを恥じ入りなどしない。蟷螂の陰の下では一匹として見當たらず、翡翠の羽で飾った鳥黐の先端からは實にさっと飛び立つ。私はこの度の抑留で桂林苑（建鄴）からやって來て、いま無駄に南斗城（長安）の地に留め置かれている。（顔②）
傍線部は指摘Aに該當する。この顔②はよく讀めない部分が多く、いま主に王利器氏の注釋に從った。(8)「短緌」の語は他に用例を見出し難いが、『禮記』檀弓下「蟬有緌」の鄭玄注に「緌（冠のひも）は蟬の口が長くて腹の下まであるのに似る（緌爲蜩喙、長在腹下）」とあり、蟬の長い口に對して取るに足りない短い口を指すと思われる。蟷螂が蟬の天敵であることは、『說苑』正諫篇に見える。(9)「翡翠竿頭」は、恐らくは鳥黐の類であろう。曹植「蟬賦」（『藝文類聚』巻九十七・蟬）でも、雀や蟷螂の恐怖に怯え、惡童に鳥黐で追い回される蟬の悲運を歎じている。(10)「驚」字の解釋は、向島成美「漢魏六朝詩の「驚」字について」(11)を參考にした。

「桂林苑」だが、左思「呉都賦」（『文選』巻五）に「軍實を桂林の苑に數へ、戎旅を落星の樓に饗す（數軍實乎桂林之苑、饗戎旅乎落星之樓）」とあり、その劉逵注は「呉に桂林苑・落星樓有り、建鄴の東北十里に在り（呉有桂林苑・落星樓、在建鄴東北十里）」と言う。長安城を「南斗城」と呼稱することは、『三輔黃圖』巻一・漢長安故城に見えている。(12)

城中帝皇里、金張及許史。權勢熱如湯、意氣諠城市。劍影奔星落、馬色浮雲起。鼎俎陳龍鳳、金石諧宮徵。關中滿季心、關西饒孔子。詎用虞公立國臣、誰愛韓王游說士。

長安の街中は皇帝さまの居所、（前漢の）金日磾・張安世そして許伯・史高のような顯官がいる。その權勢の熾烈なること熱湯の如く、その意氣は街中に充滿している。帶びた劍の影は流星が落ちるかの如く、車馬の姿は浮雲が湧き起こるかのよう。鼎や俎の上には見事なご馳走が竝び、金石の樂器は素晴らしい音樂を奏でる。關中には季心のような氣概ある人物が滿ち溢れ、關西には關西の孔子・楊震のような好學の人物が豐富にいる。どうして虞公のために國を保つべく諫めた臣下（宮之奇）など採用しよう、誰が韓昭侯のために秦に附かぬよう獻策した遊說の士（蘇秦）など寵愛しよう。（顏③）

盧④と同樣、繁華な長安の樣子を描出する。季心はその任俠ぶりにより名を馳せ、氣概は關中を蓋うほどであった（『史記』巻一百・季布列傳附弟季心）。楊震は字伯起、學問を好み、究明しない經書はなく、當時の儒者たちに「關西孔子、楊伯起」と言われた（『後漢書』列傳四十四・楊震傳）。

以上のような才氣溢れる長安の人物たちに對し、顏之推は自らを「宮之奇」や「蘇秦」に擬える。宮之奇は、虢を伐たんとする晉に虞公が道を貸そうとした際、虞と虢が一體であることを理由に二度も諫めたが聽き入れられず、結局は一族を率いて虞を去った（『左傳』僖公二年・三年）。蘇秦は、かの「寧ろ鷄口と爲るも牛後と爲る無かれ」の語で、韓昭侯に强國・秦に附かぬよう説得した（『史記』巻六十九・蘇秦列傳）。この二人に自己を擬えた顏之推の意識については、第五節で考えたい。
紅顏宿昔同春花、素鬢俄頃變秋華。中腸自有極、那堪教作轉輪車。
若く色艷あった顏は、かつて春の花のようであったが、白髪であっという間に秋の華へと變じてしまった。心の中には自ずと限界があるのであって、どうして車輪がぐるぐる轉じて停まらないような氣持ちの亂れに堪えられようか。（顏④）
「中腸自有極、那堪教作轉輪車」の二句は、「悲歌」古辭（『樂府詩集』巻六十二）を用いている。これは異國に居て故鄕に戻れないことを歎じたもので、その結びの二句には「自己の心情を口には出せず、心の中は車輪が轉じるようだ（心思不能言、腸中車輪轉）」とある。

三　兩「蟬篇」の比較

前節までで、盧思道と顏之推の「蟬篇」の原文と邦譯を示した。續いて兩「蟬篇」を構成と內容の面から比較しつつ、分析を加えていくことにしたい。

まず兩「蟬篇」を、先行する蟬を題材とした文學と比較してみよう。すでに兩「蟬篇」の各段で傍線を引きながら言及したように、兩「蟬篇」には指摘A、Bに該當する要素がともに見受けられた。また顏②「螗蜋翳下偏難見、翡翠竿頭絶易驚」では、蟬を虐げる外敵が登場しており、これは川合氏が指摘Aに關連して言う「高潔であることによって虐げられざるをえないという敗者の悲哀、嗟嘆」を描出している。つまり兩「蟬篇」は、傳統的な文學上の蟬のイメージを繼承していたと言ってよい。

續いて兩作品を比較しながら、さらに分析を進めよう。まず氣づくのは、前半部分の盧①〜③と顏①・②の構成が共通することである。ともに蟬の聲による悲哀を起點に、長安に連行される自らの境遇を悲嘆しているのである。

だが共通する構成の中で、兩者が描出する內容には差異があるように思われる。

まず盧思道だが、彼の主たる關心事は、蟬の聲に端を發する望鄉の念を詠じることにある。具體的には、盧①では「悲無極」と、盧②では「悲鳴」とそれぞれに表現された蟬の鳴き聲が、「蹔聽別人心卽斷、纔聞客子淚先垂」の二句で、鄉土に別れを告げた旅人や異土の客人の心理に作用し、彼らに離れた故鄉に對する悲しみを生じさせるのである。それを受けた盧③は「故鄉已超忽、空庭正蕪沒」に始まり、すでに蟬は登場せずに、望鄉の念から語り出されている。續いて「河流帶地從來嶮、峭路干天不可越」と、長安へ向けて連行される嶮しい道程が示されて、鄉土との隔絶の事實を突き付ける。だが鄉土との隔絶ということは、同時に一日ずつ確實に異土、すなわちここでは長安へと步みを進めていることでもあり、盧③の最後に至ると、都での暮らしに疲弊する陸機と潘岳が盧思道自身と重なって（紅塵早蔽陸生衣、明鏡空悲潘掾髮）、長安抑留の悲哀が强調されるのである。盧②における、鄉土に別れを告げた旅人や異土の客人も、他ならぬ盧思道自身なのだが、その段階ではなお望鄉の念が悲哀の主な部分を占めていた。しかし盧③で徐々に故鄉を離れ、長安への接近が意識されるにつれて、望鄉の念よりも都に抑留されることへの悲哀の分量が增していく。こうした心情の推移を經て、盧④における長安の描寫へと入っていくことになる。

一方の顔之推は、望鄕の念をさほど强調してはいないかの如くである。むしろ、蟬の聲の有り様に對する多面的な描寫に氣づかされる。顏①では、蟬の聲が一箇所や一時のものではなく（「秋蟬悲非一處」、「細枊高飛夕、長楊明月曙」）、そのための不規則な蟬の鳴き聲に振り回される人間の心理が示される（歷亂起秋聲、參差攪人慮）。顏②では、蟬の單獨の調べと群れで鳴く喧しさ（單吟如轉簫、羣噪學調笙）、淸らかさや輕やかさ（垂陰自有樂、飮露獨爲淸。短緌何足貴、薄羽不羞輕）、天敵の存在とそれへの對應（螗蜋翳下偏難見、翡翠竿頭絕易驚）などが述べられる。こうした蟬の聲や蟬自體の特性に多方面から觸れ、それに搔き亂された顏之推自身は、そこに悲哀を覺える。そしてそのまま、「容止由來桂林苑、無事淹留南斗城」という、自身の長安抑留の現實へと歸着するかのようである。ここには、明確な形での望鄕の念は見出し難い。

以上のように、蟬の聲から說き起こし、最後は長安抑留の事實とその悲哀で結ぶという、共通した構成を持つ盧①〜③と顏①・②だが、その內實を探ると、相違點が多いのである。

續いて盧④・⑤と顏③・④を比較したい。盧④と顏③は、ともにまず長安の繁榮を詠じた上で、そこに自らの位置づけを圖る。だがここにも、兩篇の間で差異が見受けられる。

盧思道は盧④で「詎念嫖姚嗟木梗、誰憶闌單倦土牛」と言い、長安では相手にされない木の人形や土牛に自らを譬える。さらに盧⑤に「歸去來、靑山下。秋菊離離日堪把、獨焚枯魚宴林野」とあれば、長安にいることを拒否し、あたかも隱逸を望むかのようである。

一方で顏之推は、顏③「詎用虞公立國臣、誰愛韓王游說士」と歎じ、長安で受容されぬとする口吻は、先の盧思道「詎念嫖姚嗟木梗、誰憶闌單倦土牛」と共通する感がある。だが受容されないことを歎じながらも、宮之奇や蘇秦という國家の大事に進言した人物に自らを擬えている點は、盧思道と大きな差異があるのではないか。確かに顔④「素鬢俄頃變秋華」の句などは、自身の衰えや限界を痛感しているような口調だが、決して盧思道のように長安滯在を拒んでいる樣子や、隱逸を望むような樣子は表明されていない。

以上のように、兩「蟬篇」は、長安に至るまでの心理的な推移の描寫だけでなく、新王朝たる北周の都・長安での自身の位置づけ方にも、かなりの相違がありそうである。川合氏が、南朝の詠物詩における蟬の表現と比較し、盧思道の「蟬篇」を、蟬に觸發されて自己の感慨を唱った作品と規定したことは觸れたが、それは顏之推「蟬篇」にも當てはまろう。しかしその感慨の具體的な内容は、「望鄉の念」という側面以外には、明らかにされていない。そこで次節以下、盧思道と顏之推における新王朝への意識について、「蟬篇」以外の情報も交えて考察を深めることで、彼らが唱った感慨の内實に多面的に迫ってみたい。

四　盧思道と新王朝

盧思道は、盧⑤の最初の二句「歸去來、靑山下」で、隱逸の地たる靑山の下に行かんと宣言し、續く二句「秋菊離離日堪把、獨焚枯魚宴林野」から、あたかも北周での仕官を拒んで隱逸を目指したかのようであることは、すでに述べた。だがこのことから單純に、盧思道が隱逸志向を有していたと斷じてよいのであろうか。いま盧⑤最後の四句「秋菊離離日堪把、獨焚枯魚宴林野。終成獨校子雲書、何如還驅少游馬」を、解釋も含めて見直しつつ、盧思道と隱逸について些かの考察を試みたい。それが盧思道の新王朝に對する意識を探る上でも、有意義であると考えるからである。

四句の前半二句は、秋の菊を摘み、林野で一人宴會をする生活を述べる。こうした境地を自然の中に見出す態度は、南朝では多く見られたものの、北朝にあっては少なかったこと、すでに第五章で明らかにした。續く後半二句では、揚雄と少游が登場する。まず揚雄だが、「獨校子雲書」の五字をそのまま讀めば、「一人で揚雄の書物を校訂する」意になろうが、ここでは都會の繁榮と喧騷を離れて一人書物に對面する揚雄に、盧思道が自身を重ね合わせているのではないか。こうした揚雄像を把捉した類例として、いま盧思道に先行するものと、やや後の例を擧げよう。
左思「詠史詩」其四（『文選』巻二十一）は、都の華やかな様子を描いた後、こう揚雄のことを詠じる。

寂寂揚子宅　　人の聲一つせぬ揚雄の家
門無卿相輿　　門には貴人の車など來ず
寥寥空宇中　　奥深い幽寂な部屋の中
所講在玄虛　　講じているのは玄虛の道
言論準宣尼　　言論は孔子様に準據して
辭賦擬相如　　辭賦は司馬相如殿に擬える
悠悠百世後　　遙か後の世にまで
英名擅八區　　令名は天下にほしいまま

また盧照鄰「長安古意[13]」は、長安の煌びやかな様を切々と六十四句にわたり詠った後、急に節を變じて、次の四句で作品を結ぶ。

寂寂寞寞揚子居　人の聲一つせずひっそりとした揚雄の住居
年年歳歳一牀書　いつだって棚一杯の書物
獨有南山桂花發　ただ南山の桂花だけが開き
飛來飛去襲人裾　ヒラヒラ飛んで衣服の裾に舞い降りる

以上の二作品のように、都で實に華やいだ生活を送る貴人たちとは對照的に、一人ひっそりと書物に埋もれて學問に沒頭する揚雄像が、盧思道の前後には見出され、盧思道もそうした揚雄像に自身を重ね合わせたのである。(14)

少游の句が基づく『後漢書』列傳十四・馬援傳の記事は、すでに盧思道「蟬篇」の邦譯を示す中で引いた。『後漢書』馬援傳で少游は、駄馬を御して郡の掾吏になれば十分とした。だが揚雄の句で見たように、盧思道は、都會の喧騷を離れて書物に埋もれた揚雄の靜謐な生活に憧憬したのであり、その達成の前には、少游が勸める駄馬を御することすら拒まれたのではあるまいか。これが二句を「終に成る獨り子雲の書を校するに、何ぞ還た少游の馬を驅るに如かん」と讀む可能性を採らなかった所以である。

さて盧思道は、北周では完全に仕官を拒み、都會の喧騷を離れた自然の中で學問に沒頭する生活（隱逸）を目指したかの如くであり、實際、盧思道はしばしば隱逸志向を口にした。

まず彼の父親・盧道亮が、隱居して仕官しない人物であった。(15)そして北齊・天統二年（五六六）の作という「盧紀室誄」では、亡くなった盧詢祖との思い出を語る中で、「私は「大隱」を想い慕い、あなたは「陸沈」に思いを致した（余慕大隱、子惟陸沈）(16)」と言う。また「上巳禊飲詩」では次のように詠じる。

山泉好風景　　山泉では風景を好み
城市厭囂塵　　街中では喧騒を厭う
聊持一樽酒　　ちょっと一樽の酒でも手に
共尋千里春　　共に邊り一帯の春を探そう
餘光下幽桂　　落日の光が幽隱の桂に注ぎ
夕吹舞青蘋　　夕風が青い浮草の上に舞う
何言出關後　　何を言おうか函谷關を出でし後
重有入林人　　ここにも林に分け入る隱士がおりますぞ

これは、北齊滅亡に伴い函谷關から長安に入った自身を、かつて關を通った老子に擬え、北周では物言わず山林に分け入る隱逸の士となる願望を表明したもので、「蟬篇」の詠じるところと、狀況も內容も共鳴するものと言えよう。

北周末から隋初の作では、「孤鴻賦」の序が自身の一貫した隱逸志向の存在を吐露する。

雖籠絆朝市、且三十載、而獨往之心、未始去懷抱也。

世俗の暮らしに縛られて、もう三十年になろうとするが、獨り自らの思いに從って生きたいという心持ちは、始めからずっと心の中よりなくなった例がない。

またすでに第五章の冒頭でも言及したが、隋代の作である「勞生論」は、隋の安定した政治狀況と、周圍の隱逸を恥じる風の存在を指摘した後で、次のように述べる。
余年在秋方、已迫知命。情禮宜退、不獲晏安。
私の年齢は暮れの段階に及び、もう知命の五十歳に迫らんとしている。感情の上からも禮儀の上からも致仕すべきだったが、致仕による安樂を獲得できずにいた。
そしてこれに續けて、自然の中で氣儘に學問する具體的な隱逸の情景を描くのである。加えて「贈李行之詩」や、北齊・武平五年（五七四）に致仕を願い出た陽休之に贈った「仰贈特進陽休之詩」など、盛んに友人の隱逸を贊美してもいる。いま前者を引こう。
水衡稱逸人　都水使者（たる李行之）[17]は逸人と稱されて
潘楊有世親　潘家と楊家の如くに李家と盧家は代々の親戚關係
形骸預冠蓋　肉體の方は仕官して冠蓋をつけてはいるが
心思出囂塵　精神の方は喧しい世間を超越している
以上、盧思道は生涯を通じて隱逸志向をしばしば口にした。だがこれらを、「蟬篇」も含めて額面通りに受け取るのは危險なのではあるまいか。
例えば同時代の南朝に目を轉じると、興膳宏氏がすでに指摘しているように、謝眺や沈約などの文人が、しきりに隱逸を望む發言をしながらも、一向に實行には移さず、それらは表現上のポーズに過ぎないと、劉勰『文心雕龍』情采篇で次のように批難されるに至る。

故有志深軒冕、而汎詠臯壤、心纒幾務、而虚述人外。眞宰弗存、翩其反矣。
だから氣持ちはいたく高位高官を志向しているくせに、輕佻にも（隱逸の地たる）靜かな澤邊を歌い、心は政治の要務に就くことから離れられないのに、空々しく世俗からの超越を描出しようとする。そこには作者の眞情などあったものではなく、容易く眞情に反したことを詠じるのだ。[18]
盧思道は北朝でも第一級の文人であり、劉勰が歎じる南朝の風潮を知っていたであろう。しかも盧思道が上述の如く、何度も隱逸志向を吐露しつつも、實際には隱逸を選擇しなかった事實は、南朝の風潮と共通する面を持つ。
以上から、盧思道が「蟬篇」で表明した隱逸志向は、他の作品でのそれとともに、「本音」と解することに躊躇を覺えざるを得ない。ここで「蟬篇」が詠じられた後の盧思道の實際の行動を見るに、『隋書』盧思道傳は、冒頭の「蟬篇」の逸話に續けて次のような記事を載せている。
未幾、以母疾還鄉、遇同郡祖英伯及從兄昌期・宋護等擧兵作亂、思道預焉。周遣柱國宇文神擧討平之、罪當法、已在死中。
ほどなくして、（盧思道は）母親の病氣のために鄉里に戻り、同郡の祖英伯と從兄の盧昌期・宋護らが擧兵して反亂を起こしたのに出會し、思道もこれに參預した。北周は柱國大將軍・宇文神擧を派遣してこれを平定し、（思道の）罪狀は法に觸れ、まさに死罪の危機に直面した。[19]
この記述は、一見すると盧思道が積極的に反北周の亂に加擔したとも受け取れる。[20]だが唐・張說「齊黃門侍郎盧思道碑」（『文苑英華』巻八百九十三）は、この邊りの事情をこう綴っている。

入周、除御正上士。定省歸郡。郡人祖英伯作難、公脅在其旅。

北周に入り、御正上士に除せられた。母親の様子を見に鄕里に戻った。同郡の人の祖英伯が反亂を起こし、公（盧思道）は脅迫されてその軍旅の中にあった。

碑の内容は、盧思道が北周ですぐに御正上士に除されていること、祖英伯の反亂に強制的に參加させられたと明記していること、この二點で正史と齟齬がある。稻住哲朗氏は、「盧思道と「周齊興亡論」について[21]」の中で二點目の齟齬に觸れ、宇文神擧による亂の平定後、盧思道がすぐに赦された事實と合わせて、彼の反亂への積極的な加擔に否定的な見解を示す。正史も盧思道と反亂の間の因果關係を「遇」字で示しており、やはり盧思道は決して反亂に進んで參預したわけではなかったろう。

また一點目の齟齬だが、他に據るべき資料を缺くために、どちらをも事實とは決定し難い。だが『隋書』盧思道傳が「開皇年間の初め、……盧思道は才能と門地に自負があり、よく周圍を侮り威壓し、このため出世の道は滯った（開皇初……思道自恃才地、多所陵轢、由是官塗淪滯）」と言うように、官界での出世を目論む性向と自負が、盧思道にはあった。また倪其心氏は、先に隱逸志向の存在を示唆する例として擧げた隋代の作「勞生論」で、時世を誹った末尾に、隋・文帝がその頽廢の風を改めたことへの稱贊があることを以て、盧思道はやはり常に政治活動を行ない、官位を欲していたと見做す[22]。そして何より現實の盧思道は、いつの時代も一貫して仕官の道を歩んだのであり、長安に至ってすぐの段階から仕官を目指していたと考えられよう。

ここで注目したいのは、駱賓王「上吏部侍郎帝京篇竝序[23]」である。これは五十八句目まで都の華やかさを、五十九句目からその儚さをうたった上で、八十九・九十句目は「已矣哉、歸去來」と、盧思道「蟬篇」と同じ「歸去來」を用いて突然に隱逸を示唆し、自らを賈誼に擬えて不遇を詠じた。だがその裏には、他の數多く殘される彼の「啓」と同様に、吏部侍郎・裴行儉に對して自身を賣り込む意圖が隱されていたのであった[24]。すると盧思道「蟬篇」もまた、單なる望鄉の念のなせる作品ではなく、むしろ隱逸に託けて、仕官への目論みを語った作品という側面を持つと言えよう。

五　顏之推と新王朝

本節では、顏之推の「蟬篇」を檢討し、そこに籠められた顏之推の意識を明るみに出したい。

顏之推「蟬篇」における注目點の一つは、顏③「詎用虞公立國臣、誰愛韓王游說士」と、自らを宮之奇や蘇秦に擬えたことである。この二句について、王利器氏は「蟬篇」に對する注釋の中で、顏之推が宮之奇や蘇秦の行動を踏まえ、それに對應する自身の行動を意識した結果だと指摘する[25]。顏之推「蟬篇」の邦譯に際してすでに示した宮之奇や蘇秦の行動を改めて確認しながら、王利器氏の指摘の是非について考えてみることにしたい。

まず宮之奇は、虢を伐たんとする晉に虞公が道を貸そうとした際、虞と虢が一體であることを理由に二度も諫めたが聽き入れられず、結局は一族を率いて虞を去った（『左傳』僖公二年・三年）。これを踏まえて顏之推は、かつて家族と北周から北齊へ亡命した自身の行爲を辯解したと、王利器氏は言うのである[26]。だが一族を率いて虞を去った宮之奇の事跡を踏まえて、宮之奇を「虞公立國臣」と表現するのはそぐわない。また北周は今から囚われることになる地であるのに、そこから亡命した過去に、ここで殊更に觸れるのは、危険を招きかねないのではないか。

一方の蘇秦は、「寧ろ鶏口と爲るも牛後と爲る無かれ」の語で、强國・秦に附かぬよう韓昭侯を說得した（『史記』巻六十九・蘇秦列傳）。王利器氏は、この故事を踏まえ、顔之推が奔陳の策を以て北齊・後主を說得するも、阻害されて實現できなかった[27]ことを表現すると言う。しかし不採用となった自らの獻策を、蘇秦の採用された獻策に對應させるのは疑問が残る。

以上の點から筆者は、王利器氏の指摘は成立しないと考える。むしろ二句で顔之推が主張するのは、國家の大事に獻言する宮之奇や蘇秦の態度に、自らが共感する點ではないか。顔之推は南朝の梁に生まれるも、激動の生涯で計四王朝に仕官し、その處世は「變節」とも評される。だが第一部第一章の第四節ですでに指摘したように、顔之推は終生、梁を自らの屬する國家と認識していたのであった[28]。

こうした顔之推の認識を踏まえた上で、自身が實際には北齊から長安に連行されて來たにも關わらず、顔②で「容止由來桂林苑」と、やはり桂林苑、つまりは建康、そしてその地を都とした梁からやって來た人間だと自らを表現することに注目したい。先に兩「蟬篇」を比較する中で、顔之推の場合、蟬の聲に誘發された悲哀がそのまま長安抑留の悲哀となり、盧思道のような望鄉の念はなかったように述べた。だが蟬の聲に端を發した長安抑留への悲哀の背後には、顔之推の梁朝に對する强い思い入れと拘りが潜んでいたと言えるのである。

しかし現實は、顔之推が梁に生涯仕えることを許さなかった。第一章の第四節では、『顔氏家訓』文章篇の一節を引き、顔之推における國家への仕官の在り方に對する考えを追った。いまその內容を、改めて要約しておけば次のようになる。彼は、生涯一つの國家に奉仕することを理想とした。だがその國家の轉覆により、生涯を通じた奉仕がかなわない現實には、狀況をじっくりと斟酌し、いま自らが屬する國家への最大限の奉仕を、自らと顏氏の後裔に課したのである。[29]
またこれも第一章で明らかにした事實であるが、顏之推は、自らが學問に立脚した士大夫として、國家に有益な臣下であらねばならぬとする、當時には珍しい信念を持っていた。[30]そのため彼は、實際に幾度か進言を行なっており、すでに言及した顏之推傳に見えるものや、『隋書』巻十四・音樂志中に見えるもの[31]の他、税に關する奏上が『隋書』巻二十四・食貨志に見える。[32]
以上の如く、顏之推は生涯を通じて國家の大事に進言を惜しまず、對象が梁以外の王朝であっても、その事情は同じだったのである。こうした顏之推の思想を知れば、彼が「蟬篇」において、宮之奇や蘇秦といった獻策の士に自らを擬えた理由が、よりはっきりしよう。すなわち彼は、北周に仕えることになった状況を十分に斟酌し、現實を受け入れて、新王朝に奉仕することになったからには、獻策の士としてそこで活躍せんとする決意を表明したのだと考えられる。これは盧思道とは表現法をまったく異にはするが、新王朝への仕官の意思の表れとしては、共通すると言えるのである。
ところで以上の考察を經て些か氣にかかるのが、顏之推「蟬篇」の結び方（顏④）である。つまり獻策の士となる決意表明をした後に、一轉して「紅顏宿昔同春花、素鬢俄頃變秋華」と自らの衰えを認め、しかも「中腸自有極、那堪教作轉輪車」と、自身の限界を表明しているかのような結びは、顏之推「蟬篇」の中に如何に位置づけたらよいのか。
この點について、盧思道の作品の結び（盧⑤）との比較が有効ではないか。そもそもこの「蟬篇」は、冒頭に紹介した『隋書』盧思道傳の記事によれば、陽休之ら數人と唱和したものであった。また第三節で考察したが、盧①～③と顏①・②について、その內實を探ると多くの相違點を見出し得たが、蟬の聲から說き起こし、最後は長安抑留の事實とその悲哀で結ぶという構成自體は、兩「蟬篇」で共通していた。

加えて盧①~③と顏①・②に續く盧④と顏③も、繁榮する長安に自己を位置づける點で、やはり共通していた。盧思道や顏之推と唱和した、陽休之ら他の作家たちの「蟬篇」が殘存しないことを恨みとするが、彼らの「蟬篇」は、蟬の聲に端を發した悲哀が、長安抑留の悲哀へと展開し、絶頂を極める北周の都・長安での自己の位置づけを探るという、共通した構成を持っていたのではあるまいか。

すると一篇の作品の結びとして、顏④は盧⑤に對應しよう。盧思道は、第四節で分析したように、盧④で北周とは相容れない自己を表出し、それに引き續く形で、盧⑤では一見すると隱逸を志向していた。そして顏之推も、盧④と對應する顏③では、自身を宮之奇や蘇秦といった獻策の士に擬えながらも、それぞれに「詎用」や「誰愛」と言い、やはり長安には受容されない自己を描出していた。このとき顏之推は、盧⑤や恐らくは他の作家たちの「蟬篇」と同樣に、結びの顏④において、繁華な長安に居場所がないことを、自らの衰えや精神的な限界を語るような表現を以て歎じずにはいられなかったのではないか。こうした形式上の問題が、顏④のような結び方を生んだように思われる。

だがここで注意すべきは、顏之推が最後まで盧思道のような隱逸の志向を、口にもしていないことである。やはり顏之推は、あくまで國家のために盡くす士大夫として生きようとしたのであった。この點は、隱逸に託けて仕官の目論みを語った盧思道の表現法とは、大いなる差異があったと言わねばなるまい。

また宇都宮清吉氏が明快に指摘したように、顏之推が北周への仕官を拒む氣持ちを有し、それが一度目の北周俘囚の際、北齊への亡命という形で表出された。(33) するとこれはあくまで推測にすぎないが、顏④のような結びは、必ずしも形式上の問題のみには止まらないのではないか。すなわち二度目の北周での生活を前に「蟬篇」を詠じたとき、そこにはかつて亡命という大果斷を見せた若い顏之推（二十六歲）ではなく、やや老境（四十六歲）に達し諦觀した顏之推がおり、そうした精神狀態が、顏④での、決意表明の後に一轉して氣弱な感のある結びの表現に影響したのであろうか。

おわりに

盧思道と顏之推の「蟬篇」は、唱和の作ということもあり、ともに蟬の聲に端を發した悲哀を、北周の都・長安に俘囚の身となった悲哀へと繫げ、繁華な長安とは相容れない自己を描出するという、かなり相似した結構を有していた。

だがその中身を詳しく見ると、相違點も多く存した。盧思道の場合は、かつて自らが屬した北齊への未練があり、一見すると隱逸志向を表明したかの如くであった。だがその實は隱逸に託けて、新王朝での仕官を目指す氣持ちも動いていた。そして彼は他の作品においても、しばしば隱逸への志向を口にしながら、いつも仕官への欲求を捨てられずにいたのであった。こうした意識は、盧思道の生涯を通じて不變のものであったと考えられる。

一方の顏之推は、梁という一つの王朝に仕え續けることを理想とはしながらも、彼が生きたのは、とてもそれがかなう時代ではなかった。そこで『顏氏家訓』では、世の情勢を適切に判斷し、いま屬する國家に最大限の奉仕をすることを、自らと顏氏の後裔とに課した。その結果、「蟬篇」において顏之推は、新王朝たる北周に仕えざるを得ない現實に置かれたからには、獻策の士として北周に奉仕する決意を示したのであった。

盧思道と顏之推の「蟬篇」は、川合氏が指摘したような、先行する文學の中に詠じられた蟬の要素を多分に内包していた。そして盧思道の場合はそれまで暮らしてきた北齊に、顏之推の場合は出生した梁にと、對象こそ異なったが、これから囚われる北周への思いと對比される形で、望鄕の念が確かに見受けられた。だがともに、單純な望鄕の念に鬱々とした作品とは斷じ得まい。兩「蟬篇」は、その表出の仕方こそ異なるものの、避けがたい王朝の交替という現實に際し、新王朝の中で如何に生き拔かんとするかについて、盧思道と顏之推という二人の士大夫の强かな意志をそれぞれに表白した雄篇であったと言えるのである。

なお第五節でも觸れたが、顏之推はかつて北周への仕官を拒み、「蟬篇」で詠じた北周への奉仕の意思も、諸手を擧げてのものであったとは考え難い。やはり北齊と北周の間には、彼の目から見て本質的な差異があったようである。今後は北魏から分かれた東魏・北齊および西魏・北周の兩王朝を、「北朝」と一括りにするのではなく、それぞれに異なった特質を持った國家として見ることで、兩者の間に存する差異を明らかにしていきたい。

また次の三點についても考察する必要があろう。第一は、冒頭に紹介した、盧思道や顏之推とともに北周に連行された陽休之らが、果たして北周という新王朝にどのような意識を持って臨んだのかということである。第二は、逆に北周が、北齊の士大夫層をどのように取り込み、また實際に活用していったのかということである。盧思道や顏之推を含んだ冒頭の長安へと赴いた十八人のうち、實に十一人までが北齊・文林館の一員であった[34]。恐らく彼らは北周にも十分に名の通った文人集團であり、北周の側でも特に長安に招集し、その活用を企圖したものと考えられる。そして第三は、諸々の「蟬篇」の中でも盧思道の作品を稱歎したという、庾信の評價が持つ文學上の意味である。これらについては、より廣く材料を準備して檢討を加え、機會を改めて論じられればと思う。

（1） 武帝は、『周書』卷六・武帝紀下によれば建德六年正月甲午に北齊・鄴に入り、二月乙卯に鄴から長安へ向けて歸還を開始し、四月乙巳に長安へと歸り着いた。これは盧思道が、ともに長安へ赴いた李若へ送った「贈李若」の冒頭「初發清漳浦、春草正萋萋。今留素滻曲、夏木已成蹊」と呼應すること、倪其心「關於盧思道及其詩歌」（『文學遺産』一九八一年二期）、參照。倪氏論文には矢嶋徹輔氏の邦譯「盧思道とその詩歌に關して」（『鳴門教育大學研究紀要（人文・社會科學編）』三、一九八八）がある。
（2）盧思道の作品は『藝文類聚』卷九十七・蟬に見える（題は「聽鳴蟬」）。一方の顏之推の作品は『初學記』卷三十に見える。『初學記』（中華書局、二〇〇五）による詩題の校勘に從えば、古香齋本『初學記』の題は「聽鳴蟬詩」であるが、安國・桂坡館刊本『初學記』の題は「和陽納言聽鳴蟬篇」で陽休之に和した作としており、顏之推の作品は盧思道傳にいう「蟬篇」の一つとしてよかろう。なお句數から、顏之推の作品には脱誤があるかもしれない。
また『北齊書』陽休之傳には、十八人の名を列擧した後で、「盧思道有所撰錄、止云休之與孝貞・思道同被召者、是其誣罔焉」と言い、あるいはこの盧思道が撰錄したというのは、唱和した「蟬篇」であろうか。ちなみに清・李慈銘は、盧思道が同行者に陽休之、李孝貞の名しか擧げなかったことに「誣罔」と言うのは、『北齊書』を撰した李百藥が、十八人の中に父・李德林もいたことを明確にしたかったためであろうと指摘する（李慈銘『北史札記』卷二（『越縵堂讀史札記全編』下、北京圖書館出版社、二〇〇三）九一六頁）。
（3）川合康三『中國のアルバ―系譜の詩學』（汲古書院、二〇〇三）、所收。
（4）以上、注（3）所掲川合氏書、一二二頁及び一二九～一三〇頁。中國の蟬の性質全般にわたる考察としては、ゲインズ・カンチー・リュウ『中國のセミ考』（羽田節子譯、博品社、一九九六）がある。また戸川芳郎「貂蟬―蟬賦と侍臣」（『中國文史哲學論集：加賀博士退官記念』（講談社、一九七九）、所收）は、裝飾品としての蟬が有した意味について詳論する。蟬が鳴く季節については、高芝麻子「「夏の蟬」の復權」（『東京大學中國語中國文學研究室紀要』六、二〇〇三）、參照。
（5）注（3）所掲川合氏書、一三〇～一三五頁。
（6）注（3）所掲川合氏書、一三五頁。
（7）前掲倪氏論文、曹道衡・沈玉成編著『南北朝文學』（人民文學出版社、一九九一）四九四頁、葛曉音『八代詩史

（修訂本）』（中華書局、二〇〇七）二五二頁、注（3）所揭川合氏書など。
（8）『集解』附錄四・顔之推集輯佚「和陽納言聽鳴蟬篇」。
（9）園中有樹、其上有蟬。蟬高居悲鳴飮露、不知螳螂在其後也。螳螂委身曲附欲取蟬、而不知黃雀在其傍也。
（10）苦黃雀之作害、患螳螅之勁斧。有翩翩之狡童、運徽黏而我纏。
（11）同氏『漢詩のことば』（大修館書店、一九九八）、所收。
（12）（長安）城南爲南斗形、北爲北斗形、至今人呼漢京城爲斗城、是也（何淸谷『三輔黃圖校釋』（中華書局、二〇〇五）六四頁）。
（13）李雲逸『盧照鄰集校注』卷二（中華書局、二〇〇五）。
（14）左思「詠史詩」とそこでの揚雄の位置づけは興膳宏「左思と詠史詩」（同氏『亂世を生きる詩人たち 六朝詩人論』（研文出版、二〇〇一）、所收）を、自らを華やかな都の對極にいる靜謐な思索者として、揚雄を含む漢代の文人に擬える賦の系譜は川合康三「古文家と揚雄」（『日本中國學會報』五二、二〇〇〇）を、それぞれ參照。なお都の榮華を詠じる賦の傳統は、班固・張衡・左思ら『文選』卷一～六の京都賦に綿々と見られるが、これらが都の繁榮を動もすれば肯定的に詠じ、多分に觀念上の都を描出するのに對し、盧思道「蟬篇」は現實の都・長安を前に、批判的にその榮華を描出している點で異なろう。
（15）『魏書』卷四十七・盧玄傳附道將「道將弟亮、字仁業、不仕而終。子思道」、『北史』卷三十・盧玄傳附道將「道將弟道亮、字仲業、隱居不仕。子思道」。また『隋書』盧思道傳「父道亮、隱居不仕」。『魏書』の名「亮」は、他の兄弟が皆「道」字を冠するから「道亮」の誤りであろう。字は「仁業」、「仲業」のいずれか斷定し得ない。
（16）「大隱」の語は王康琚「反招隱詩」（『文選』卷二十二）の「小隱隱陵藪、大隱隱朝市」に基づき、「陸沈」の語は『莊子』則陽「方且與世違、而心不屑與之俱、是陸沈者也」に基づく。
（17）『北史』卷一百・序傳・李瑾附李行之「行之、字義通。……仕齊、歴位都水使者」。
（18）興膳宏「謝朓詩の抒情」（前揭興膳氏書、所收）、參照。また井波律子「謝朓詩論」（『中國文學報』三〇、一九七九）第五章、參照。沈約については第五章注（20）所揭書、參照。

(19)『周書』巻四十・宇文神擧傳にも同反亂のことを記す。
(20)祝尚書『《盧思道集》校注』(巴蜀書社、二〇〇一)「前言」、參照。なお『隋書』巻五十八・辛德源傳に、隋・高祖受禪の後のこととして、「德源素與武陽太守盧思道友善、時相往來。魏州刺史崔彥武奏、德源潛爲交結、恐其有姦計」とあり、これはかつて盧思道が反北周に加擔したことの影響によるかもしれない。
(21)『九州大學東洋史論集』三九、二〇一一。
(22)前掲倪氏論文三七頁、參照。なお倪氏が論據とする「勞生論」の末尾とは、今上帝たる隋・文帝を聖人と目した「曩之扇俗攪時、駭耳穢目、今悉不聞不見、莫余敢侮。易曰、聖人作而萬物覩。斯之謂乎」という表現である。
(23)陳熙晉『駱臨海集箋注』巻一(上海古籍出版社、一九八五)。
(24)駱賓王の生涯や文學と「帝京篇」の關係は、高木正一『六朝唐詩論考』(創文社、一九九九)第二部「初唐詩研究」三「駱賓王の傳記と文學」、高木重俊『初唐文學論』(研文出版、二〇〇五)第二章「初唐四傑論」第二節「駱賓王の生涯と文學」、參照。後者の第二章第一節「盧照鄰の生涯と文學」は、盧照鄰「長安古意」もまた、獵官活動の一環として物された作品であるとする。
(25)『集解』注(18)および注(19)。
(26)被囚送建業。景平、還江陵。時繹已自立、……後爲周軍所破。……値河水暴長、具船將妻子來奔、經砥柱之險、時人稱其勇決(顏之推傳)。
(27)及周兵陷晉陽、帝輕騎還鄴、窘急計無所從。之推因宦者侍中鄧長顒進奔陳之策、仍勸募吳士千餘人以爲左右、取靑・徐路、共投陳國。帝甚納之、以告丞相高阿那肱等。阿那肱不願入陳、乃云吳士難信、不須募之(顏之推傳)。
(28)本書三三頁。
(29)本書三三頁。
(30)第一部第一章、特に第二節「學問の實用」、參照。
(31)本書三三頁。
(32)「武平之後、權幸並進、賜與無限、加之旱蝗、國用轉屈。乃料境內六等富人、調令出錢。而給事黃門侍郎・顏之推

奏請立關市邸店之稅、開府・鄧長顒贊成之、後主大悅。於是以其所入、以供御府聲色之費、軍國之用不豫焉。未幾而亡」。ただ實際の上奏文は傳わらない。
(33) 宇都宮清吉『中國古代中世史研究』(創文社、一九七七)第十二章「顏之推研究」第四部「關中生活を送る顏之推」、第五部「顏之推のタクチクス」、參照。
(34) 具體的には陽休之・李孝貞・盧思道・顏之推・李德林・陸乂・薛道衡・高行恭・辛德源・王劭・陸開明。

第三部　南北朝時代の繼承と展開

――他時代と比較した南北朝時代――

第七章　北魏における杜預像—何がどう評價されたのか—

はじめに

杜預（二二二～二八四）、字は元凱、京兆杜陵の人。彼が最も人々に記憶されるのは、『春秋經傳集解』を著したことによる。西晉・武帝に「臣に左傳癖有り」と自稱したこと（『晉書』巻三十四・杜預傳）は、あまりに有名である。だが『魏書』を讀み進めると、杜預が北魏にあっては、『春秋左氏傳』（以下『左傳』）の注釋者としてよりも、それ以外の側面から實に多様に取り上げられていることに氣がつく。これは他の王朝の正史には見られない事實である。この第七章はその內容を整理するとともに、その事實が持つ意味について、北魏という時代が過去をどのように繼承したのかという觀點から、些か考察を試みるものである。

一　北朝における『左傳』と杜預

冒頭にも觸れた如く、杜預の最大の功績が、『左傳』に精緻な注釋を施した點にあることは異論なかろう。だが北朝でその注釋の地位は、必ずしも絶對的なものではなかったようである。『魏書』卷八十四・儒林傳の序は、河北で行なわれた各經書の注釋を列擧し、『左傳』については服虔のものを擧げている。また『北史』卷八十一・儒林傳の序では、北朝で行なわれた春秋（『左傳』）の注釋の狀況を概括して、次のように言う。

河北諸儒、能通春秋者、竝服子愼所注、亦出徐生之門。

河北の儒者たちで、春秋（『左傳』）に通曉していた者は、みな（用いたのが）服子愼（服虔）の注したものであり、やはり徐遵明の門下から出た。

徐遵明は多くの門人を抱えた北魏屈指の大儒者で、『北史』儒林傳の序によれば、ここで論じられる春秋の他にも、實に周易・尚書・三禮の學問が彼の門下から出たという(1)。そして徐遵明と服虔『左傳』注の關係性は、彼の『魏書』卷八十四・儒林傳が收める傳に次のように言及されている。

知陽平館陶趙世業家、有服氏春秋、是晉世永嘉舊本、遵明乃往讀之。

陽平館陶の趙世業の家に、服虔による春秋（『左傳』の注）があり、これが晉代の永嘉年間の古い本であることを知ると、徐遵明はそこで出向いて行ってこれを讀んだ。

この讀書で得られた知見は、數年後に『春秋義章』三十卷として結實した。こうして服虔『左傳』注は徐遵明門下に繼承され、ついには『北史』儒林傳の序が南北朝間の學問の差異を、江左（南朝）では「左傳は則ち杜元凱」、河洛（北朝）では「左傳は則ち服子愼」と述べるに至ったのである(2)。以上、大まかながら北朝で行なわれた『左傳』注の狀況を見るに、必ずしも杜預の注釋の絶對的な地位が約束されていたわけではなく、むしろ服虔の注釋が主流だったと言える。
しかし如上の状況の中で杜預は、『左傳』の注釋者としての名聲ではなく、また異なった名聲によって、北魏においてしばしば取り上げられた。次節からはその展開を追っていくことにしよう。

二　族望としての杜氏と杜預

『魏書』の中で杜預が登場する事例の第一に、世祖・太武帝の時代のものを紹介したい。世祖を産んだ密太后の父・杜豹が死を迎えた際、世祖と司徒・崔浩の間には次のようなやり取りがあった。

杜銓、字士衡、京兆人。晉征南將軍預五世孫也。……初、密太后父豹喪在濮陽、世祖欲命迎葬於鄴、謂司徒崔浩曰、天下諸杜、何處望高。浩對京兆爲美。世祖曰、朕今方改葬外祖、意欲取京兆中長老一人、以爲宗正、命營護凶事。浩曰、中書博士杜銓、其家今在趙郡、是杜預之後、於今爲諸杜之最、卽可取之。詔召見。銓器貌瓌雅、世祖感悅、謂浩曰、此眞吾所欲也。以爲宗正、令與杜超子道生迎豹喪柩、致葬鄴南。（『魏書』卷四十五・杜銓傳）

杜銓、字は士衡、京兆の人。晉征南將軍・杜預の五世の子孫である。……さて、密太后の父・杜豹の亡骸が濮陽にあり、世祖はそれを迎えて鄴で葬らせたく思い、司徒・崔浩に對して言った「天下にいる諸々の杜氏のうち、何處の杜氏の族望が高いか」。浩は京兆がよい旨を答えた。世祖は言った「朕はいま改めて外祖父（杜豹）を安葬するにあたり、京兆（杜氏）の中の長老を一人選び、宗正の職（王室の親族に關する事務を掌る）

に就けて、葬儀のことを執り行なわせたく思うのだ」。浩は言った「中書博士の杜銓は、彼の家は現在では趙郡にありますが、杜預の後裔でありまして、いま諸々の杜氏の中では最高で、ぜひとも彼を取り上げられるべきです」。詔を下して（銓を）召し出した。銓の風釆や容貌は美しく文雅で、世祖は感激して悦び、浩に言うには「これは實に私が望んでいた人物だよ」。彼を宗正の職に就け、杜超（杜豹の子で密太后の兄）の子・杜道生とともに豹の亡骸が入った柩を迎えさせて、鄴の南の地に葬らせた。

北魏はその創業當時から漢人士族の取り込みを圖り、特にこの世祖の時代には、一段と貴族制度の確立が目指された(3)。また密太后は、その傳によれば良家の出を理由に後宮に入ったのであり(4)、當時の杜氏の家柄が有した存在感をうかがわせる。以上の背景を踏まえれば、世祖が最も族望の高い杜氏を固執したのもうなずける。そして崔浩が、杜銓を推薦するに當たって「杜預の後裔である」ことを理由とした事實は、杜預が杜氏という家柄を代表し、かつ權威づける人物として認識されていたということを示すであろう。

三　施策者としての杜預像

前節では、杜氏という家柄の存在感と、その家柄を保證する人物としての杜預の評價を瞥見した。だが北魏における杜預の評價はより多面的であり、本節では、行政面での杜預の評價を見ていきたい。

太宗・明元帝の時代に豫州刺史となった于栗磾は、かつて歴代の王朝において都であった洛陽が、久しく邊境の地となって興廢していたのを復興させた。そして太宗が盟津（洛陽のすぐ北東、黄河の南岸）に行幸した際、次のような出來事があった。

太宗南幸盟津、謂栗磾曰、河可橋乎。栗磾曰、杜預造橋、遺事可想。乃編次大船、構橋於冶坂。六軍既濟、太宗深歎美之。（『魏書』巻三十一・于栗磾傳）

太宗は、南は盟津に行幸し、于栗磾に言った「黄河に橋を渡せるかね」。栗磾は言った「杜預が橋を造ったという、過去の事例が想起されます」。そこで大船を順に竝べて、冶坂（洛陽のすぐ北、黄河の北岸）にまで橋を設けた。太宗の軍勢がそれを渡ると、太宗は大いにこのことを歎美した。

この話が踏まえる杜預が橋を造った「遺事」とは、『晉書』杜預傳に見えている。

預又以孟津渡險、有覆沒之患、請建河橋于富平津。議者以爲殷周所都、歷聖賢而不作者、必不可立故也。預曰、造舟爲梁、則河橋之謂也。及橋成、帝從百僚臨會、擧觴屬預曰、非君、此橋不立也。對曰、非陛下之明、臣亦不得施其微巧。

杜預はさらに孟津が渡るのに危險で、轉覆死の心配があったので、黄河に渡す橋を富平津に建造することを願い出た。このことを議論した者たちは、ここが殷・周の都とした地で、歷代の聖人賢者たちも橋を建造しなかったのは、きっと建造すべきでなかったからだと考えた。預は言った「『船を竝べ橋を造る』（『詩』大雅・大明）とあるのは、まさに黄河に渡した橋のことである」。橋が完成すると、帝は百官たちを從えて宴會を催し、杯を擧げて預に勸めて言った「君でなければ、この橋はできなかったことだろう」。（預は）答えて言った「陛下のご明察がなければ、私もこの微々たる功績をあげることはできませんでした」。

杜預が橋の建造を熱望したのは、きっと祖父・杜畿が、まさにこの孟津の地で轉覆死した過去によろうが、とにかくこのことは前人未到の業績として後世でも稱えられ、例えば『蒙牛』が「杜預建橋」として採っている。だがこの業績を以て杜預を稱贊し、自身も橋を渡した于栗磾のような事例は、意外にも他の時代の史書からは拾い出せない。無論それだけを理由に、杜預の橋の造營が北魏以外の時代に留意されていなかったと主張する氣は毛頭ないのだが、興味深いのは、『魏書』卷六十六・崔亮傳の崔亮もまた、杜預に影響を受けて橋を架けているのである。(5)

除安西將軍・雍州刺史。城北渭水、淺不通船、行人艱阻。亮謂寮佐曰、昔杜預乃造河梁、況此有異長河。且魏晉之日、亦自有橋、吾今決欲營之。咸曰、水淺、不可爲浮橋、汎長無恆、又不可施柱。恐難成立。亮曰、昔秦居咸陽、横橋渡渭、以像閣道、此卽以柱爲橋。今唯慮長柱不可得耳。會天大雨、山水暴至、浮出長木數百根。藉此爲用、橋遂成立。百姓利之、至今猶名崔公橋。

（崔亮は）安西將軍・雍州刺史に除せられた。雍州の街の北側の渭水は、淺くて船が通れず、そこを行く人々は難儀した。崔亮は屬官たちに言った「むかし杜預は何と黃河に橋を營んだが、まして黃河ほどの幅もないこの渭水なら、なおさら橋を架けられよう。しかも魏晉の時代にも橋はあったのであり、私はいま意を決して橋を建造しようと思う」。皆が言った「水が淺く、浮橋を作ることはできませんし、水位の上昇も一定しないので、橋柱を立てることもできません。恐らく橋はできないかと存じます」。亮は言った「むかし秦が咸陽に都を置いていた折、橋を架けて渭水に渡し、それを樓閣に通した道に見立てたが、これこそ橋柱を立てて造った橋であろう。いま憂慮すべきは、ただ長い橋柱が手に入らないことだけだ」。たまたま大雨が降り、山の水が俄かに流れて來て、長材が數百本も浮かび出ることとなった。これを好機とばかりにその材木を用い、かくて橋が出來上がった。民衆たちはその恩恵を被り、今なお崔公橋という名稱である。
他の時代の正史に見出せないにも關わらず、『魏書』にのみ複數例を見出し得るということは、やはり杜預が黄河に橋を架けた事實が、北魏において何がしかの意味を有していたと考えることが可能なのではないか。しかも北魏で杜預による橋の造營が取り上げられるのは、史書のみに止まることではないのである。北魏永平二年(五〇九)、世宗・宣武帝の時代に立てられた「石門銘」には、左校令・賈三德をトップとする石門の開削事業を稱贊して、次のような言葉が見られる。

雖元凱之梁河、德衡之損躡、未足偶其奇。

杜元凱が黄河に橋を設け、馬德衡が機織り機の踏み數を減らしたことだって、奇行の點では(この事業に)適わない。(6)

この文章の主眼は、あくまで石門の開削事業を稱贊することである。だがそのために、杜預の橋の造營が引き合いに出されるのは、それが當時にあって立派な事業と認められていたからに相違ない。そうであってこそ、それを上回る石門の開削事業の偉大さが際立つ。かくも杜預の橋の造營は、北魏において稱贊の對象であった。
ところで先に杜預に倣って黄河に橋を渡した崔亮であるが、實は彼の『魏書』の傳を讀み進めると、いま一つ杜預への敬慕の念を示す記事にぶつかる。

亮在雍州、讀杜預傳、見爲八磨、嘉其有濟時用、遂教民爲碾。及爲僕射、奏於張方橋東堰穀水、造水碾磨數十區、其利十倍、國用便之。

崔亮は雍州にいたとき、杜預の傳を讀み、八磨を作ったというのを目にして、それが實に世の役に立つことを稱嘆して、かくて民衆を指導して碾き臼を作らせた。尙書僕射に至ると上奏して、張方橋の東で穀水を堰き止め、水動力の碾き臼を數十基造營し、それによる利益は十倍となり、國家財政の便に供された。

殘念ながら、いま諸家『晉書』を含めて杜預傳を閱してみても、杜預が「八磨」を作ったとする記事は見えない(7)。だが杜預という人物は、先の橋の建設もそうだが、樣々に世のために政策を施しているのである。そうした諸政策を、『晉書』杜預傳の中から拾い出し、それが北魏において取り上げられた樣子と合わせて見て行くことにしたい。

例えば『晉書』杜預傳には、杜預が咸寧年間の害蟲被害に多く上奏したといい、その具體的な內容は『晉書』卷二十六・食貨志に見える(8)。そして彼のあらゆる面に及んだ政策は「萬機を損益し」、「杜武庫」と稱されたという(9)。いま「萬機を損益し」と意圖的に書き下し文を示したのは、實は北魏の碑文に、この文句を使用して政策通の杜預に言及する事例が見えるからである。つまり北魏最末期、孝武帝の太昌元年（五三二）十一月十九日の日付がある「城陽王徽」の墓誌銘に、墓主の政治的手腕の比較對象として陳群・杜預・毛玠・山濤の四人が擧げられており、杜預以外の三人は人材登用に優れた點において言及されるのであるが、杜預は「損益萬計」と言及されているのである(10)。これもやはり墓主の優れた政治手腕を描出すべく、過去の優れた政策を展開した人物の一人として、杜預が取り上げられたと見做してよいであろう。

さらに杜預は、吳攻略の前後に荊州に屯田し、前漢に南陽太守としてその一帶の水利事業を行なった邵信臣

（『漢書』巻八十九・循吏傳）の遺跡を修築し、周邊の湍水・淯水などを利用して田地萬餘頃を潤して、民衆に「杜父」と慕われた。(11)これを評價する聲も『魏書』には見えるのであって、高祖・孝文帝の時代に徐州刺史となった薛虎子が、その地の兵卒による食糧や絹の私的横領の蔓延に對し、兵卒を驅り出して肥沃な田地を耕すべきことを上奏した文中に次のようにある。

昔杜預田宛葉以平吳、充國耕西零以强漢。臣雖識謝古人、任當邊守、庶竭塵露、有增山海。（『魏書』卷四十四・薛虎子傳）

むかし杜預は宛と葉の地に屯田して呉を平定し、趙充國は先零の土地を開墾して漢軍をしっかりさせました。私は知識の上では古人に劣りますが、邊境の守備を任務としましては、弱小の身を盡くして國家に貢獻致したく存じます。

宛と葉はともに荊州南陽國に屬す地であり、趙充國のことは『漢書』巻六十九・趙充國傳に見える。薛子虎は、邊境の守備を任された自身を、やはり國境線で先頭に立って奮闘した杜預や趙充國に擬え、彼らと同様に屯田によって自らの任を果たそうと表明したのである。
以上のように、北魏において杜預は、橋の建造や碾き臼の制作、害蟲對策や屯田の實施による呉の平定など、様々な政策を行なった人物として、多面的に評價・稱贊されていたことがわかるのである。

四　杜預の墓とその思慕—高祖と李沖—

『魏書』での杜預への言及は、さらに彼の墓をめぐってなされる。それは實に三例を數えるのであるが、それらを見る前に、そもそも杜預の墓が如何なるものであったかを、『晉書』杜預傳により確認しておこう。
杜預は武帝の太康五年閏月、六十三歳で生涯を閉じたが、彼はその死に先立ち遺令を著している。その中で彼は、公務で密縣の邢山を訪れた折、そこに春秋時代の鄭・祭仲のものとも子產のものともいわれる墓を見つけて祀ったとし、その薄葬ぶりと理由を解説している。つまり自身も薄葬にするようにとの趣旨である。そうして遺令は、續けて次のように具體的な墓所を定めている。

因郭氏喪亡、緣陪陵舊義、自表營洛陽城東、首陽之南、爲將來兆域。而所得地、中有小山、上無舊冢。其高顯雖未足比邢山、然東奉二陵、西瞻宮闕、南觀伊洛、北望夷叔。曠然遠覽、情之所安也。

妻・郭氏が亡くなったため、合葬という古くからの仕來りによって、自分から上表して、洛陽城の東、首陽山の南の地を、來るべき日のための墓域とした。そうして手に入った土地は、中ほどに小さな山があり、その上に古くからの墓はない。その高さこそ邢山には及ぶべくもないが、しかし東は二つの帝陵[12]を奉り、西は宮殿を見遣り、南は伊水・洛水を眺め見て、北は伯夷・叔齊（の死んだ首陽山）を望み見る。廣々と遠くまでを見渡すことができて、感情の安息できる場所である。
杜預は地理的に右のような洛陽城近郊の場所に、自主的に自らの墓所を選定したのであった[13]。ところで『魏書』

を讀み進めていったとき、最初にこの杜預の墓に言及があるのは巻五十三・李沖傳である。李沖が四十九歳で死を迎えると、高祖は聲を上げて泣き、李沖を追慕する詔を發して彼に文穆の謚號を贈った後に、次のような記述が續く。

葬於覆舟山、近杜預冢、高祖之意也。後車駕自鄴還洛、路經沖墓、左右以聞、高祖臥疾望墳、掩泣久之。詔曰、司空文穆公、德爲時宗、勳簡朕心。不幸徂逝、託墳邙嶺。旋鑾覆舟、躬睇塋域。悲仁惻舊、有慟朕衷。可遣太牢之祭、以申吾懷。及與留京百官相見、皆敍沖亡沒之故、言及流涕。

覆舟山に葬られ、杜預の墓の近くなのは、高祖の意思である。後に高祖が鄴から洛陽に戻る際、道すがら李沖の墓を過り、左右の者がそれを申し上げると、高祖は病に臥せて墳墓を望見し、顔を覆って久しく泣いた。詔に言う「司空文穆公（李沖）は、當代きっての德性を備え、功勳は朕の心のままに從う。不幸にも長逝し、墳墓は北邙の山嶺に託された。朕の車は覆舟山をめぐり、自らその墓域を目にした。彼の思いやりに悲しみ舊交を悼み、朕は衷心から慟哭する。太牢の祭祀を執り行なうことで、朕のこの思いを傳えたい」。都の留守を預かっていた官僚たちと面會し、皆が李沖の死に至った事情を語ると、言葉の度に涙を流した。

北邙は洛陽城北東の郊外に位置する北邙山のことで、言わずと知れた古來墳墓が數多く營まれた地である。ここでは北邙山を中心とした山嶺全體を指すのであろう。そして覆舟山はその一帶に存した山で、李沖の墓はその山に營まれたのだった。高祖の南征に伴う都の留守を任されていた李沖は、病氣の進行に連れて精神錯亂に陷り、悲痛な最期であったと傳わる。こうして高祖は李沖の死に目には會えなかったわけだが、興味深いのは、高祖が李沖のためにわざわざ覆舟山をその墓所に選定し、しかも理由はその地が杜預の墓に近いことだったというのである。
ところで『資治通鑑』巻一百四十二・齊紀八は、南齊・永元元年（四九九）春正月戊戌のこととして、高祖が李沖の墓を過ったことを「北魏の君主（高祖）が洛陽に到着し、李沖の墓を訪ねた（魏主至洛陽、過李沖冢）」と傳えるのだが、胡三省はこれに對して次のような注を與えている。

魏主令葬沖於洛陽覆舟山、近杜預冢。今自鄴還過其冢。按魏主詔代人遷洛者葬洛、餘州從便。沖、隴西人也。以其貴寵、亦令葬洛。

北魏の君主（高祖）は李沖を洛陽の覆舟山に葬らせ、杜預の墓に近かった。いま鄴から歸還する中で李沖の墓を訪れたのである。調べ考えるに、北魏の君主は詔を發し、代人で洛陽に移ってきた者は洛陽に葬り、他の州の者はそれぞれの便宜に任せさせた。李沖は隴西の人である。彼が貴顯として寵愛を受けたため、やはり洛陽に葬らせたのであろう。

胡三省が指摘する詔とは、北魏の年號では高祖の太和十九年（四九五）の六月に出されたものである(14)。そして彼は、李沖が高祖の寵愛を受けたために、高祖の意思によって洛陽に葬られたのだとし、確かにそれは一理あろう。また高祖の洛陽遷都から、邙山一帶には、皇帝陵はもちろんのこと、秩序だった墓陵群が望族を中心に整備されていったのであり、胡三省は、李沖が隴西の李氏という望族の出であったことも考慮に入れている。つまり李沖は隴西の李氏という望族として、高祖による墓陵群に組み入れられたのである(15)。
だがそれだけでは、李沖を洛陽覆舟山の、しかも杜預の墓の近くに葬ったことの理由は盡くし得まい。これについて高祖は具體的に語ってはくれないが、しかし高祖政權下で李沖が果たした役割を考えたとき、いくつかの可能性が浮かび上がるのではないだろうか。
その第一は、具體的な政策の立案者としての李沖と杜預の共通性である。『魏書』李沖傳によれば、彼は所謂「三長制」の提案者であり、それは「均田制」の實施とも關連する。[16] 北魏の戶籍と土地の制度をめぐる根幹の政策が、李沖と高祖の間で誕生へ向けて準備されたのである。すると前節で見たように、杜預が政策通として北魏で評價されていたことを知るとき、李沖もまた、そうした諸政策を通じて、杜預と重ね合わせる形で高祖に評價されたとは考えられないか。
また杜預による吳の平定に關連して、高祖の洛陽遷都の際、李沖が實に大きな役割を果したことは注意すべきである。

高祖初謀南遷、恐衆心戀舊、乃示爲大擧、因以協定羣情、外名南伐、其實遷也。舊人懷土、多所不願、內憚南征、無敢言者、於是定都洛陽。(『魏書』李沖傳)
高祖が最初に南への遷都を計畫した折、皆が心理的に住み慣れた土地を戀しく思うことを危惧し、そこで大規模な進軍を提示し、それにより皆の感情を强引に鎭め、外面的には南方征伐の名を冠したが、實際のところは遷都であった。住み慣れた人物たちは古くからの土地に愛着を覚え、多くが遷都を願わなかったが、內心は南方への征伐に恐怖し、誰も果敢に意見する者はいなっかたので、かくて都は洛陽に定まった。

このように高祖は、洛陽遷都を「南征」の號令でカムフラージュし、反對派を半ば强引に說き伏せることで實行に移したわけだが、實は李沖が、鎭南將軍としてこの「南征」軍の編成に主導的な役割を果したのであった。[17]
このことは、杜預がやはり鎭南大將軍として吳の平定に大きく寄與したことと、重なる面があろう。

もちろん高祖が、以上のような李沖の貢獻を杜預と重ね合わせたと明言はしていない以上、これは推察である。だが胡三省が、「其の貴寵を以て」の故に李沖は洛陽に葬られたとするのは、やや單純に過ぎるように思われる。やはりそれがあえて杜預の墓の近くであったことには、如上の背景も含めた意味があったと考えたい。

五　杜預の墓とその思慕―世宗と王肅、傅永―

前節での杜預の墓を媒介にした高祖と李沖の關係は、『魏書』巻六十三・王肅傳に、世宗・宣武帝と王肅の關係として繼承される。景明二年（五〇一）、世宗が王肅の三十八歳での死に對して發した第二の詔に言う。

死生動靜、卑高有域、勝達所居、存亡崇顯。故杜預之歿、窆於首陽、司空李沖、覆舟是託。顧瞻斯所、誠亦二代之九原也。故揚州刺史肅、誠義結於二世、英惠符於李杜。平生本意、願終京陵、既有宿心、宜遂先志。其令葬於沖預兩墳之間、使之神遊相得也。

生死という動靜には兆域の高下があり、優れた達士が眠る墓所は、尊い貴顯が亡んでしまわぬよう定められる[18]。だから杜預が沒すると首陽山に葬られ、司空の李沖は覆舟山に預けられたのだ。いまこの場所を見渡してみると、實にここも（高祖と私の）二代（に仕えた王肅）の墓地に相應しい。故の揚州刺史・王肅は、誠心と忠義は（高祖と私の）二世代に結實し、聰明さは李沖と杜預に符合する。常日頃の本懷として、都・洛陽の帝陵に陪葬されることを希望しており、昔からの願いであったからには、その生前の意志を遂げさせてやるように。李沖と杜預の兩墳墓の間に葬って、彼の靈魂を兩人と通い合うようにさせるのである。

この世宗の詔は、前節で指摘した杜預の墓と李沖の墓の關係の中に、さらに王肅をも組み入れる。そして王肅が平生の志として皇帝陵への陪葬を願っていたことは、先に言及したような高祖の頃から始まった皇帝陵の整備と軌を一にする。だがそれでも最後に、王肅の靈魂を杜預と李沖の兩人のそれと通い合わせる狙いを述べるのは、やはり李杜兩人の墳墓の持つ意味の大きさを思わせるであろう。例えば淸・趙翼『陔餘叢考』巻三十九「六李杜二袁劉二鮑謝四蘇李三李郭兩元白」は、李杜と竝稱された例を、有名な李白と杜甫を含めて、後漢から宋代まで六例擧げ、その中にこの世宗の詔も含める。だが趙翼の擧げる他の五例の李杜の竝稱が、すべて同時代に生きた李杜二人であるのに對し、この杜預と李沖の例だけは、西晉と北魏という時代を隔てた李杜二人である點に注意したい。つまり普通であれば結びつかないはずの二人が、先には高祖によって、ここでは世宗によって、意圖的に結びつけられたと言えるのである。

では世宗は、王肅のどこに李沖や杜預との共通性を見出したのか。詔で王肅と李杜兩人を結びつけた「誠義結於二世、英惠符於李杜」だが、『北史』巻四十二・王肅傳は「誠義」を「忠義」に作る。すると前半句は魏朝への忠誠心の稱嘆と取れる。對になる「英惠」は「聰明さ」と邦譯したが、あまり具體的ではない。そこで『魏書』王肅傳を讀むと、彼が北魏による南征に大きく關係したことに氣がつくのである。つまり彼は元來南朝の人間であったが、父と兄弟が南齊・武帝に殺害されたため、太和十七年に北朝へと亡命した。そして北魏・高祖に面會すると、南齊滅亡の兆しを論じて征伐を勸め、高祖の南征の氣持ちがどんどん强まったという。二人は時に夜更けまで話し合い、王肅は「忠を盡くし誠を輸し、隱避する所無」く、自ら高祖との君臣關係を劉備と諸葛孔明に擬えた。こうして王肅は、自ら南齊を攻めて功績を擧げ、鎭南將軍の號を拜受したのであった[19]。以上の經歷が、やはり鎭南將軍として活躍した杜預や李沖と結びつき、「英惠」の語には、王肅が北魏に示した忠義と對の形で、南征に策を獻じた計略の巧みさへの稱贊の意が含まれるのではないか。

さて杜預、李沖、そして王肅と繼承されてきた墓所をめぐる關連は、肅宗・孝明帝の熙平元年（五一六）に八十三歲で死を迎えた傅永にまで至る。『魏書』卷七十・傅永傳は彼の死を記した後、次のように續く。


永嘗登北邙、於平坦處、奮矟躍馬、盤旋瞻望、有終焉之志。遠慕杜預、近好李沖・王肅、欲葬附其墓、遂買左右地數頃、遺敕子叔偉曰、此吾之永宅也。

傅永はかつて北邙山に登り、平坦な場所で矛を振って馬を繰り回し、邊りを巡って眺め遣り、安息した最期を迎えたい氣持ちになった。（時代的に）遠くは杜預を思慕し、近くは李沖や王肅を敬愛し、彼らの墓所のそばに葬られることを望んで、そのまま附近の土地數頃を買い求め、息子の叔偉に命じて言った「ここが私の永遠に身を置く場所であるぞ」。


實は息子・叔偉は妾腹で、傅永を葬る先をめぐって彼の本妻・賈氏と揉め事が起こり、傅永による右記の希望は果たされなかった[20]。だがいずれにしても、傅永が遠くは杜預、近くは李沖・王肅らへの思慕と敬愛から、彼らのそばの墓所に眠りたいと願ったのであり、ここに先の李杜に加えて王肅までが、一連の墓所をめぐる關連の中に取り込まれるに至ったのである。ただ傅永の場合、李沖や王肅と異なるのは、時の皇帝にその墓所を選定してもらったわけではなく、自主的に彼らの墓地のそばに眠ることを希望したのであった。すると傅永にまず存したのは、皇帝の選定した皇帝陵墓群に陪葬を許された李沖や王肅への憧憬であったと考えるのが自然であろう。そしてその先に、彼らの墓所選定の最大の理由となった杜預への思慕があったのである。

では杜預が、もっぱら李沖や王肅に附隨するだけの存在であったかと言えば、決してそうではあるまい。と言うのも、傅永が死んだ肅宗の時代、『魏書』巻六十九・袁翻傳によれば、次のような出來事があったからである。

肅宗・靈太后、曾醼於華林園、擧觴謂羣臣曰、袁尚書朕之杜預。欲以此杯敬屬元凱、今爲盡之。侍座者莫不羨仰。

肅宗と靈太后が、かつて華林園にて宴會を催し、杯を掲げて群臣に對し言った「袁尚書（袁翻）殿は朕にとっての杜預である。この杯を謹んで杜元凱に捧げ、いま彼のためにこれを飲み干そうと思う」。その場に居合わせた者は、誰もが彼を羨望した。

ここで思い出されたいのは、すでに第三節で見た杜預による橋の完成に際しての宴席である。そこでは橋の完成を勞って、帝によって杜預に酒が勸められていた。するとここで肅宗は、袁翻を自身にとっての杜預と許し、その旨を示す具體的な儀式として、杜預に捧げた杯を、杜預および自身の杜預たる袁翻のために飲み干したのである。
ではここでなぜ杜預なのか。言い換えれば肅宗は、袁翻の何を自らの杜預と位置づけたのか。『魏書』袁翻傳に沿って彼の大凡の經歷を追うならば、まず彼は學問で有名になった人物で、史書の編纂や大規模な律令の議論に參與し、また明堂と辟雍の修繕についても議論を提起している。そして邊境の守備についての議論も提起し、神龜年間の末、北方蠕蠕と境界を接する涼州刺史の任にあった折には、北方蠕蠕の君主・阿那瓌と後主・婆羅門が内亂に伴い投降してくると、その處遇を朝廷から相談され、それに答えた彼の議論は是認された。その人柄は阿るのに巧みで、靈太后に取り入って氣に入られ、表面的には地位名聲に無關心を装ったが、内心はそれに汲々とし、識者にその點が批判されたという。

以上から袁翻は、靈太后とその息子・肅宗に巧みに取り入った結果、宴席でかくも稱贊されたと言えよう。だがそれは彼が稱贊されたことの説明にはなっても、その稱贊が「杜預」を引き合いに爲されたことの説明にはならない。そこで着目すべきは、彼が邊境の守備について一家言を持ち、涼州刺史の時代には、北方蠕蠕への對策も立てているという事實である。つまり袁翻の場合は必ずしも南征ではないけれども、やはり國境線において存在感を持った點では、王肅や李沖、さらに杜預と共通する部分があったと言えるのである。

そして肅宗が袁翻のことを「杜預」に擬えた事實は、やはり他でもない「杜預」が、肅宗とその時代にとってかなり特別な意味を持つ存在であったことを示すに十分であろう。すると肅宗の時代に死んだ先の傅永が、ただ杜預を王肅や李沖に附隨する存在としてのみ把捉していたとは見做し難い。やはり杜預は、肅宗のこの時代に至るまで、北魏において綿々と一角の人物として認識され思慕されていたと言わねばならないのであった。

おわりに

ここまで、北魏における杜預の實に多面的な取り上げられ様を追ってきた。杜預と言えば、歴代の正史などでは、禮制上の議論における自説の根據として、彼の『左傳』の注釋が引用されるばかりであった。これは彼の『左傳』に施した注釋が後世に與えた影響の大きさを物語るに十分であろうが、人間としての杜預は、あまり論じられてこなかったと言える。

その中で宋代に至って、杜預が羊祜と比較される形で取り上げられていることは、注目に値する。例えば田錫が「羊祜杜預優劣論」（『咸平集』巻十一）を著している。杜預による呉の平定は、羊祜の功績を繼承して成し遂げられたとも言えるが、田錫は兩者の呉平定の業績を稱えつつ、羊祜に人を見る目があったのに對し、杜預は國家に益する人材を抜擢することがなく、その觀點から羊祜の方が優れていると評價する。
また歐陽脩は「峴山亭記」(『居士集』巻四十)を著し、杜預が後世にも自らの名聲を遺そうと、自身の功績を記した石碑を二つ作り、一つを峴山に建て一つを淵に沈めた行爲を批判している。[21]だがその批判に先立って、羊祜と杜預の遺風が荊州を中心とする江漢一帶になお殘存する所以を、次のように言っていることに着目したい。「思うに杜元凱はその功業によるが、羊叔子はその仁義により、二人の行なったことは同じではないけれども、しかしともに永遠に遺すに値するものである(蓋元凱以其功、而叔子以其仁、二子所爲雖不同、然皆足以垂於不朽)」。つまり杜預は武功による評價が高く、その遺風が宋代にあってもなお殘存していたのであって、まして杜預が生きた時代からさして時を經ていない北魏の段階では尚更である。つまり杜預が南方の呉を平定した武勳は、洛陽に都を遷し、南朝へ迫らんと息巻く北魏の風潮とも相俟って、かなり强烈で身近な印象を伴い、北魏の人々の記憶に留まっていたのではあるまいか。[22]
さらに北魏の人々が有した杜預の記憶は、南征や國境戰略に關するものだけではなかったようである。本章が具體例を示してきたように、杜預は施策者として様々な功績を擧げた。そしてそれらの功績もまた、北魏の人々にはなお鮮明な史實として傳わっており、彼らの行動の際の具體的な手本となり指針となって、盛んに『魏書』や碑文に引かれて登場する結果を生んだのではないだろうか。
杜預という人物を、我々は直ちに『左傳』と引き合わせて論じ、時に『左傳』解釋の手段の如く扱うことがなかったか。もちろん杜預の『左傳』に對する注釋は、現在『左傳』を讀む者がまず依據すべき成果であることは言を俟たない。だが本章で追ってきた、『魏書』やその他の北魏の史料中に描出される「人間としての杜預像」

に、我々はもう少し肉迫していく必要があるように思われてならない。

（1）自魏末、大儒徐遵明門下、講鄭玄所注周易。遵明以傳盧景裕及淸河崔瑾。……齊時、儒士罕傳尙書之業、徐遵明兼通之。遵明受業於屯留王聰、傳授浮陽李周仁及勃海張文敬・李鉉・河間權會、竝鄭康成所注、非古文也。……三禮竝出遵明之門。
（2）もちろんこの區分とて必ずしも嚴然たるものではなく、例えば齊地（山東地方）では、杜預の玄孫・杜坦とその弟・杜驥が、劉義隆の時代に相次いで青州刺史となったため、家學として杜預『左傳』注が盛行した（『魏書』卷八十四・儒林傳序）。また時代とともに、北朝でも杜預『左傳』注が行なわれていった面がある（『北史』卷八十一・儒林傳序および焦桂美『南北朝經學史』（上海古籍出版社、二〇〇九）、參照）。
（3）宮川尙志「北朝における貴族制度」（同氏『六朝史研究　政治・社會篇』（日本學術振興會、一九五六）、所收）、谷川道雄『世界帝國の形成』（講談社、一九七七）の特に第三・四章など、參照。
（4）初以良家子選入太子宮、有寵、生世祖（『魏書』卷十三・皇后傳）。
（5）帝征吳、以畿爲尙書僕射、統留事。其後帝幸許昌、畿復居守。受詔作御樓船、於陶河試船、遇風沒。帝爲之流涕。詔曰、……故尙書僕射杜畿、於孟津試船、遂至覆沒、忠之至也。朕甚愍焉（『三國志』卷十六・魏書・杜畿傳）。
（6）「石門銘」の內容や、杜預の橋の造營と對になる馬德衡が爲した仕事については、「北朝石刻資料選注（一）」（『東方學報（京都）』八六、二〇一一）四六五～四七七頁に收められる、この銘の訓讀と注釋、參照。
（7）「八磨」の具體的な構造とその中國科學史上の位置づけは、橋本敬造「漢代の機械」（『東方學報（京都）』四六、一九七四）、參照。
（8）『晉書』杜預傳では咸寧四年秋のこととするが、食貨志では三年のこととする。
（9）咸寧四年秋、大霖雨、蝗蟲起。預上疏多陳農要、事在食貨志。預在內七年、損益萬機、不可勝數、朝野稱美、號曰杜武庫、言其無所不有也。

（10）「魏故使持節侍中太保大司馬錄尚書事司州牧城陽王墓誌銘」（趙超『漢魏南北朝墓誌彙編』（天津古籍出版社、一九九六）二九九頁）。
（11）又修邵信臣遺跡、激用滍・淯諸水、以浸原田萬餘頃、分疆刊石、使有定分、公私同利。衆庶賴之、號曰杜父。
（12）いま福原啓郎『魏晉政治社會史研究』（京都大學學術出版會、二〇一二）の四一四頁注（37）に従って、宣帝・司馬懿の峻平陵と文帝・司馬昭の崇陽陵の二帝陵とする。
（13）杜預の墓の近況については、松原朗「杜甫・杜預墓探訪記」（『中國詩文論叢』一三、一九九四）、參照。
（14）「魏有司奏、廣川王妃葬於代都、未審以新尊從舊卑、以舊卑就新尊。魏主曰、代人遷洛者、宜悉葬邙山。其先有夫死於代者、聽妻還葬。夫死於洛者、不得還代就妻。其餘州之人、自聽從便。丙辰、詔、遷洛之民、死葬河南、不得還北。於是代人還遷洛者、悉爲河南洛陽人」（『資治通鑑』卷一百四十・齊紀六・明帝建武二年）。またそれぞれ『魏書』卷二十・文成五王列傳・廣川王略および卷七下・高祖孝文帝紀下・太和十九年夏六月丙辰條、參照。
（15）宿白「北魏洛陽城和北邙陵墓―鮮卑遺迹輯錄之三」（『文物』七期、一九七八）、向井佑介「北魏の考古資料と鮮卑の漢化」（『東洋史研究』第六八卷三號、二〇〇九）、參照。また陳弱水「從〈唐晅〉看唐代士族生活與心態的幾個方面」（『新史學』一〇卷二期、一九九九）はその注（27）で、李沖以後の隴西李氏が、多く死後に覆舟山に葬られた事實（「李（蕤）簡子墓誌銘」（既揭『漢魏南北朝墓誌彙編』四八頁）、「魏彭城武宣王妃李氏墓誌銘」（同一四八～一五〇頁）、「李彰墓誌」（同二九三頁）、「魏故懷令李君墓誌銘」（同一六〇頁））から、覆舟山が隴西李氏一族の墓所となったであろうと指摘する。
（16）三長制および均田制をめぐっては、豐富な研究史があり、本章は主に侯旭東「北朝「三長制」」（同氏『北朝村民的生活世界―朝廷、州縣與村里』（商務印書館、二〇一〇）、所收）を參照した。
（17）松下憲一『北魏胡族體制論』（北海道學術出版會、二〇〇七）第四章「北魏の洛陽遷都」、參照。
（18）「存亡崇顯」の句は讀み難いが、いま『漢語大詞典』の「存亡」項が、『左傳』昭公十三年「諸侯脩盟、存小國也。貢獻無極、亡可待也。存亡之制、將在今矣」や『論衡』恢國「世有死而復生之人、人必謂之神、漢統絕而復屬、光武存亡、可謂優矣」を根據に、「使瀕臨滅亡或已亡者得以繼續存在或延續」との意を與えるのを參考に邦譯した。

(19)「父奐及兄弟、竝爲蕭賾所殺。肅自建業來奔。是歳、太和十七年也。高祖幸鄴、聞肅至、虚襟待之、引見問故。肅辭義敏切、辯而有禮、高祖甚哀惻之。遂語及爲國之道、肅陳説治亂、音韻雅暢、深會帝旨。高祖嗟納之、促席移景、不覺坐之疲淹也。因言蕭氏危滅之兆、可乘之機、勸高祖大擧。於是圖南之規轉鋭、器重禮遇、日有加焉、親貴舊臣、莫能間也。或屛左右相對談説、至夜分不罷。肅亦盡忠輸誠、無所隱避、自謂君臣之際、猶玄德之遇孔明也。……以破蕭鸞將裴叔業功、進號鎭南將軍」(『魏書』王肅傳)。
(20)引用に續いて「永妻賈氏、留於本鄕、永至代都、娶妾馮氏、生叔偉及數女。賈後歸平城、無男、唯一女。馮恃子事賈無禮、叔偉亦奉賈不順、賈常忿之。馮先永亡、及永之卒、叔偉稱父命欲葬北邙。賈疑叔偉將以馮合葬、賈遂求歸葬永於所封貝丘縣。事經司徒、司徒胡國珍、本與永同經征役、感其所慕、許叔偉葬焉。賈乃邀訴靈太后、靈太后遂從賈意。事經朝堂、國珍理不能得、乃葬於東淸河」とあり、かなり事情は複雜だったようである。
(21)預好爲後世名、常言高岸爲谷、深谷爲陵、刻石爲二碑、紀其勳績、一沈萬山之下、一立峴山之上、曰、焉知此後不爲陵谷乎(『晉書』杜預傳)。
(22)羊祜の評價とその變遷については、川合康三「峴山の涙　羊祜「墮涙碑」の繼承」(同氏『中國のアルバ—系譜の詩學』(汲古書院、二〇〇三)所收)、參照。

第八章　「桓山之悲」について――典故と用法――

はじめに

まず本章の主題である「桓山之悲」が、如何なる內容の話に出るものなのか、確認しておきたい。『孔子家語』顏回篇は、顏回が鳥の鳴き聲を聞き分け、そこに人間と共通する悲しみの感情を見出したとする、次のような逸話を載せる。

孔子在衞、昧旦晨興、顏回侍側。聞哭者之聲甚哀、子曰、回、汝知此何所哭乎。對曰、回以此哭聲、非但爲死者而已、又有生離別者也。子曰、何以知之。對曰、回聞桓山之鳥、生四子焉、羽翼旣成、將分于四海、其母悲鳴而送之。哀聲有似於此、謂其往而不返也。回竊以音類知之。孔子使人問哭者、果曰、父死家貧、賣子以葬、與之長決。子曰、回也、善於識音矣(1)。

孔子は衞に居た折、まだ暗い明け方から早起きし、顏回が側に侍っていた。ある人の實に哀切な泣き聲を聞き、孔子は言った「回よ、君はこれが何故に泣いているか、わかるかね」。答えて言うには「わたくし回が思いますに、この泣く聲は、ただ死者のためだけではなく、また生きている人との離別のためでもあります」。孔子が言った「どうしてそれがわかるのか」。答えて言う「わたくし回が聞きますところでは、桓山の鳥が四羽の雛を產みまして、羽翼が成長し、さて四方へと分散して飛び立たんとしたとき、その母鳥は悲しみ鳴いて、子供たちを送り出しました。いまの哀しい泣き聲はこれによく似ており、行ってしまってもう戻りはしないことを歎じているようです。わたくし回は內心、音が似通っていることを以てわかったのです」。孔子が人を遣わして泣いている者に問うと、果たして言った「父親（夫）が死にましたが家は貧しく、子供を賣ることで葬儀を出し、その子供と永遠の別れをしたのです」。孔子は言った「回よ、音を識別することに長けているなあ」。

以下、この『孔子家語』顏回篇の故事を「桓山の悲しみ」（桓山之悲）と呼稱する。さてこの逸話で展開されるのは親子の別れであり、四羽の雛鳥が成長して飛び立つ際の母鳥の悲しみ鳴く聲と、子供と別れた母親の哭聲との共通性に顏回は着目したのであって、悲しみの主體は母鳥にある。だが後世「桓山の悲しみ」は、悲しみの主體を母鳥よりも子鳥たちに移して、取り上げられていく。つまり四方へ巣立つ四羽の兄弟の鳥たちに焦點を當て、それらの間での離別の悲しみを描出する典故として、用いられるのである。この第八章ではそうした「桓山の悲しみ」という典故の用いられ方の變遷を、時代を追ってたどっていきたいと思う。

一　鳥と兄弟—曹植と陸機と左思—

鳥を兄弟と結び附けた作家に、「桓山の悲しみ」を用いてはいないものの、曹植がいる。「釋思の賦」(『藝文類聚』巻二十一・友悌)はその一例で、序において、この作品を著すに至った經緯を次の如く述べている。

釋思賦曰、家弟出養族父郎中。伊余以兄弟之愛、心有戀然、作此賦以贈之。
釋思の賦に言う「家弟(曹植の異母弟・曹整)が族父の郎中(曹紹)の後繼者となった。さて私は兄弟としての愛情の故に、心の中に想い焦がれる氣持ちがあり、この賦を著して彼に贈る次第である」。

このように、序に兄弟間の愛情を詠ずる作品と明記される「釋思の賦」であるが、その內容は次のようなものである。

彼朋友之離別、猶求思乎白駒。况同生之義絕、重背親而爲疎。樂鴛鴦之同池、羨比翼之共林。亮根異其何戚、痛別幹之傷心。
あの友人同士の離別ですら、なお「白駒」(『詩』小雅の篇名)[2]の如く、離れ行く相手を慕う氣持ちになるもの。ましてや兄弟として產まれた道義が斷絕され、さらに產みの親に背いて疎遠な關係になるのであれば、尙更である。オシドリが池に一緒に居るのを快く思い、並ばねば飛ばぬ比翼の鳥[3]が同じ林に暮らすのを羨む。根を異にするとは實に何と傷ましいことか、幹(父)を別々にすることに胸を痛め、心が引き裂かれんばかりである。

この「釋思の賦」で注目したいのは、「樂鴛鴦之同池、羨比翼之共林」の二句である。一般に「鴛鴦」や「比翼」は、夫婦間の愛情を形容する存在として用いられるが、この賦では、兄弟間での睦まじい愛情を物語る存在として用いられている。しかも自らがそうした愛情を弟・曹整と共有できない状況にあるだけに、より一層それを欲していることが際立つ。
曹植はまた、『藝文類聚』巻四十一・論樂が収める「豫章行」二首の第二首でも、鳥を兄弟と結び附けた形で、次のように詠じている。

鴛鴦自朋親(4)　オシドリたちは自ずと仲良く親しみ合うが
不若比翼連　並ばねば飛ばぬ比翼の鳥が連なり飛ぶのには敵わない
他人雖同盟　他人同士が同盟關係を結んだとて
骨肉天性然　骨肉の情とは生まれるがままにそのようなものなのだ
周公穆康叔　周公旦は弟・康叔と仲睦まじくあったが
管蔡則流言　管叔・蔡叔は兄弟の周公旦に疑念を抱いて流言した
子臧讓千乘　曹の公子・子臧は千乘の國を兄・成公に譲り
季札慕其賢　吳の季札は彼の賢明さを慕ったものだ

周公旦は兄・武王の亡き後、まだ幼い武王の子・成王を補佐して政治を擔ったが、周公旦の兄弟である管叔と蔡叔は、それが政權奪取を狙ってのことだと疑う。そこで彼らは、周公旦の存在が成王の害になるとの噂を廣めたため、周公旦は彼らをあるいは殺し、あるいは放逐した。一方で周公旦は弟・康叔を衞に封じ、後に周の司寇に採用して成王の治世を補佐させた。以上のことは、『尙書』金縢、『史記』周本紀および管蔡世家などに見える。またかつて曹の公子・子臧が、不道者の兄・成公の代わりに國君に立てられようとしたのを辭し、國外逃亡を企圖した（『左傳』成公十三年）のだが、吳の季札はその賢明さを慕い、兄・諸樊が自身を國君に立てようとしたのを拒む際、子臧の例を擧げた（『左傳』襄公十四年）。

兄弟に關する、しかも國君としての卽位をめぐる故事をかくも多用する「豫章行」が、曹植自身の兄・曹丕との後繼者をめぐる關係を背景に物されたものであることは、疑いない。そしてこの冒頭でも、やはり「鴛鴦」と「比翼」の對を用いており、「鴛鴦」と「比翼」はともに兄弟愛を象徵すると考えたい。つまり一般にはこれ以上ないと認識される「鴛鴦」の愛情も、竝んで初めて飛ぶ「比翼」の愛情にはかなわないと言うことで、兄弟とは本來そうした愛情に滿ちた存在であるはずだと主張しているのである。

ところで時代はやや降り、西晉・陸機にも、やはり「豫章行」（『文選』巻二十八）がある。そしてその中で「桓山の悲しみ」を、巣立つ子供たちに嘆く母鳥ではなく、巣立つ四羽の兄弟鳥たちに焦點を當てた形で用いているのである。その前半部分を讀んでみよう。

汎舟清川渚　　舟を清流の渚に浮かべ
遙望高山陰　　遙かに高い山の北側を望み遣る
川陸殊途軌　　川と陸とは道程を異にし
懿親將遠尋　　最も近しい親類（弟）が遠くへ行こうとしている
三荊歡同株　　三本の荊は同じ株に生えることを歡びとし
四鳥悲異林　　四羽の鳥は棲む林が異なるのを悲しむ
樂會良自苦　　會うことを樂しみとするのはまったく昔から

悼別豈獨今　離別を悼むのはどうして今だけのことか
李善は「四鳥悲異林」の句に、冒頭に引いた『孔子家語』顔回篇を注し、對を成す「三荊歡同株」の句には、次の「古上留田行」を注する。
古上留田行曰、出是上留西門。三荊同一根生。一荊斷絶不長。兄弟有兩三人。小弟塊摧獨貧。[5]
「古上留田行」に言う「出たところは上留田の西門。三本の荊は同じ根から生えたもの。一本の荊のみが斷ち切られて生長せず。兄弟たちは三人いる。一番下の弟だけが落ちぶれて獨り貧しい」。
この「三荊」にまつわるエピソードについては、いくつかのバリエーションが存在し、すでに柳瀬喜代志氏に考證がある。それによれば、同じ根から生えたはずの三本の荊が、一本ずつではうまく生長せず、それを見た三人兄弟が心を痛めるという構圖は、いずれのバリエーションにも共通し、主流は兄弟愛を稱贊する故事である。[6]
そもそも「豫章行」の古辭は、豫章の地に生えていた白楊が、ある日切られて根だけを豫章の地に残し、株は洛陽宮に運ばれて、再び根と株が一緒になるのはいつの日かと歎じる内容である。こうして後世の「豫章行」は、別れに端を發した悲しみを賦するものとなった。[7]陸機「豫章行」も、弟・陸雲との離別を背景とし、「三荊歡同株、四鳥悲異林」の對句は、ともに兄弟間の離別をテーマにした故事に基づく。つまり特に「四鳥悲異林」の句について言えば、『孔子家語』顔回篇の「桓山の悲しみ」を、「兄弟の別れ」に焦點を當てた形で用いて作られたのである。
さて陸機による「四鳥悲異林」の句の創出について、陸機という作家が、林に棲む鳥に託し、人間關係をめぐる自らの感情を詠じたり、自らの境遇を悲嘆したりすることが富に多かった事實に注意したい。同じ呉出身の馮文羆に宛てた「馮文羆の斥丘令に遷るに贈る（贈馮文羆遷斥丘令）」（『文選』巻二十四）では、自らを鳥に擬え、ともに西晉に出仕した折の情誼を詠じている。

嗟我人斯　ああ私はといえば
戢翼江潭　翼を江潭の地に収めていた
有命集止　朝廷の命で都に集うことになり
飜飛自南　飜り飛んで南方（呉）より參ったのである
出自幽谷　寂しい谷地からやって來て
及爾同林　君と同じ林（太子洗馬）に過ごすことになった
雙情交映　二人の感情は互いに映え
遺物識心　外的價値など忘れた心同士の交流を持った

ここでは麗しい交友關係を詠じているが、やはり馮文羆に宛てた「贈馮文羆」（『文選』巻二十四）では、友人の華やかな轉身に比した自身の不甲斐なさを、自らを鳥に擬える形式も先の詩と同様に、次の如く歎じている。

昔與二三子　むかし君たち幾人かと
遊息承華南　（太子洗馬として太子の居る）承華門の南に憩うた
拊翼同枝條　翼を奮わせて同じ枝木に止まっていたが

翩飛各異尋　翩り飛んではそれぞれ進む方向を異にした
苟無淩風翮　私は假初めにも風に打ち勝つ翼など持たぬので
徘徊守故林　邊りをうろついてはもと居た林にしがみつくばかり
またこれも『文選』巻二十四に收める贈答詩の一つで、従兄（詩題への李善注が引く文集によれば陸士光）に宛てた「贈従兄車騎」では、故郷を離れた自らの境遇を、群れを離れた鳥に譬えて歎じている。
孤獸思故藪　孤獨な獸はかつて居た森を思い返し
離鳥悲舊林　群れを離れた鳥はむかし宿った林を想い悲しむ
翩翩遊宦子　故郷を離れて旅の身にある官吏の私
辛苦誰爲心　この辛さ苦しさは誰が耐えられようか
以上のように陸機は、鳥に託して自らの感情や境遇を述べることが多かった(8)。このとき陸機「豫章行」における「四鳥悲異林」句に、曹植の影響が二つ考えられないか。影響の第一は、何と言っても曹植が他ならぬ「豫章行」の中で、鳥を以て兄弟關係を詠じたことである。第二に「釋思の賦」において、鳥の兄弟が同じ林にいることを兄弟の和睦として取り上げた曹植の視點の影響を考えたい。つまりその曹植の視點と、林に棲む鳥に自らの感情や境遇を託す陸機の趣向が交差し、陸機は「桓山の悲しみ」について、母鳥の子別れに際した悲しみではなく、兄弟間での別れの悲しみに着目するに至った。これが、兄弟同士の離別を悲嘆する「四鳥悲異林」句を創出する一因となったと思われるのである。

さて實は陸機とほぼ同時期、陸機「豫章行」のように、やはり「桓山の悲しみ」を「兄弟の別れ」に主眼を置いて用いた作家がいた。それは左思である。彼が宮中に入って離れ離れになった妹の左芬に贈った「離るるを悼みて妹に贈る（悼離贈妹）」二首・其二（『文館詞林』巻一百五十二）は、一首がさらに其一から其八までに區分されるのだが、其三には次のようにある。(9)

桓山之鳥　桓山の鳥は
四子同巢　四羽の子鳥が同じ巣にいた
將飛將分　まさに飛び立ち分散せんとするとき
悲鳴切切　悲しい鳴き聲は切々たるもの
惟彼禽鳥　ほらあの禽鳥の類でさえも
猶有號咷　なお鳴き叫ぶ聲を上げるのだ
況我同生　ましてや我々は同じ腹の出
載憂載勞　憂いてはお前を思いやる

これは冒頭の句からして、明らかに「桓山の悲しみ」を用いている。しかも陸機「豫章行」と同様に、母鳥の存在は無視されて、第二句から焦點は四羽の子供の鳥に絞られている。この詩は離れていった妹に宛てられたのであって、第四句で「悲鳴切切」なる様であるのは母鳥ではなく、巢より四方に飛び立つ四羽の子供の鳥たちなのである。つまりこの左思の詩は、専ら四羽の兄弟鳥が巢立つ際に互いに悲嘆することに焦點を絞ったものであり、それを自分と妹・左芬の離別に當てはめていると言える。

以上のように、陸機と左思という西晉の二人のビッグネームが、「桓山の悲しみ」を、自らの兄弟の離別に引き附け、親子の別れではなく兄弟の別れに重點を置く形で用いたのであった。ここで氣になるのは、陸機と左思のどちらがより早くこの用法を見出したのか、ということである。

まず左思「悼離贈妹」の制作年代を考察しよう。この作品制作の契機となった左芬の後宮入りは、『晉書』巻三十一・后妃傳上に「左貴嬪、名芬。……泰始八年、拜修儀」とあるように、泰始八年（二七二）である。そして「悼離贈妹」二首・其一の其四に次のようにあることは、この作品の制作年代を確定するのに有益な情報であろう。

何悟離拆　どうして思い至ろうか、離別することになり
隔以天庭　遠く天子様の宮廷に行くことになろうとは
自我不見　私がお前に會えなくなってから
于今二齡　いま二年になった

つまりこの「悼離贈妹」は、左芬が泰始八年に後宮入りしてから二年の後、すなわち泰始十年（二七四）に作られたものと考えられる。

一方の陸機「豫章行」は、制作年代を確定し難い。例えば劉運好『陸士衡文集校注』(10)は、この作品の制作を元康六年（二九六）、陸機が三十六歳、弟の陸雲が三十五歳の年に假に繫年し、次のように考證する。

此詩所作時間無考、然詩以豫章爲題、或當是在自己離任呉王郎中令、陸雲赴任呉王郎中令之時。因呉王所鎮

淮南與豫章地理相帶、而《古豫章行》又述根株分離之苦、故以《豫章行》以抒兄弟別離之情也。若然、則作于是年。

この詩の制作年代は確定し得ないが、しかし詩は「豫章」を題名としており、あるいはこれは、（陸機）自身が呉王の郎中令の任を離れ、陸雲が呉王の郎中令に赴任した時とすべきかもしれない。呉王が治めた地・淮南は、豫章と地理的に近い關係にあり、しかも《古豫章行》もやはり根と株の分離に伴う苦しみを述べており、ために《豫章行》によって兄弟の別離の感情を表出したのである。もしそうであれば、この年（元康六年（二九六））に作ったことになろう。

だがこの邊りの陸機・陸雲兄弟の傳記は、史書に明文がない。劉氏のこの考證も、この年に傍線部で陸雲が呉王郎中令になったとすることに確證がなく、決定的なものとは言い難い。試みにいま一つの陸機の年譜として姜亮夫『陸平原年譜』[11]を紐解けば、臧榮緒『晉書』の「元康六年、入爲尙書中兵郎、轉殿中郎」という記事を擧げ、この年に陸雲も尙書郎として兄とともに都にいたであろうとの推定がなされているのである。だがいずれにしても、左思の作品が作られた泰始十年の段階では、陸機はまだ弟の陸雲と呉にいる十四歳の青年であり、作品の先後ということで言えば、左思が陸機に先行すると考えてよいであろう。

二　梁の皇族たちによる展開

西晉の左思と陸機が、「桓山の悲しみ」を母親と子供の間の別れではなく、巣立つ兄弟同士の別れに重點を置いて用いた。この着想を繼承したのが南朝・梁の皇族たちであり、本節ではその繼承の様子を見たい。

まず盛んに「桓山の悲しみ」を用いたのが、梁の世祖・蕭繹である。すでに第一部第一章でも見たように、侯景の亂は梁に壞滅的な打擊を及ぼした。それに對してようやく反擊を開始した梁の年號で言うと太清五年（五五一）、蕭繹はすぐ下の弟である蕭紀に對し、以下のような書簡を與えている。

武陵王紀、字世詢、高祖第八子也。……（太清五年）世祖又與紀書曰、……友于兄弟、分形共氣。兄肥弟瘦、無復相代之期。讓棗推梨、長罷歡愉之日。上林靜拱、聞四鳥之哀鳴。宣室披圖、嗟萬始之長逝。心乎愛矣、書不盡言。（『梁書』巻五十五・武陵王紀傳）

武陵王紀（蕭紀）、字は世詢、高祖の第八子である。……（太清五年）世祖（蕭繹）は再び紀に書簡を與えて言った「……兄弟は仲睦まじく、肉體を分けて元氣を共有する存在。兄が肥えて弟が痩せていても、（趙孝の如く）身代わりになってあげられそうにはない。（王泰や孔融の如く）棗や梨の實を讓り合う、長いことあの悦びに溢れる日々から遠ざかっている。上林（宮廷の庭園）で靜かに手を拱いていると、かの四羽の鳥の哀しい鳴き聲が耳に入る。宣室（宮廷の正室）で書籍を閲覽していると、（陸機・陸雲兄弟の）萬始亭における永久の別れが嘆かれる。心からお前を愛し慕い、書面では言い盡くし難い」。

趙孝は人間同士が相食む騷亂の中、弟・趙禮が餓えた賊に捕えられたとき、自らを縛りあげて賊の下に出向いて身代わりを申し出た（『後漢書』列傳二十九・趙孝傳）。孔融は七人兄弟の六番目であったが、四歲の時分、兄たちとともに梨を食べる際に、自分が年少の故に小さい梨の實を取った（『後漢書』列傳六十・孔融傳の李賢注が引く『孔融家傳』）。王泰は、蕭繹とほぼ同時期の梁代の人で、幼い頃に祖母が机上に撒いた棗や栗の實を子供たちが爭って取ることに參加せず、殘ったものを與えられるのを待った（『梁書』巻二十二・王泰傳）。

以上を踏まえれば、書簡は「分形共氣」という存在であるはずの兄弟につき、その仲睦まじい様を象徴する趙孝・孔融・王泰などの一連の故事を引き合いに、自身が兄弟仲睦まじい状況にないことを悲嘆していると言えよう。

そして續く「上林靜拱、聞四鳥之哀鳴。宣室披圖、嗟萬始之長逝」の四句だが、まず後半の二句は、陸機・陸雲兄弟の別れに基づく。つまり呉から西晉の都・洛陽に行く途中、弟との別離を悲しんで作られた「承明に於いて作り士龍に與ふ（於承明作與士龍）」（『文選』巻二十四）に、「行く道程を長林亭の側らにて別々にし、袂を萬始亭に振って別れた（分途長林側、揮袂萬始亭）」と詠じるものである。恐らく蕭繹は書籍を閲覽する中で、陸機のこの詩を目にし、兄弟が侯景の亂という戰亂の中で別々に暮らす現況に、胸を痛めたと言いたいのであろう。すると對になる前半の二句も、兄弟の別離に胸を痛めているはずで、上林にて一人耳にする四羽の鳥の鳴き聲は、兄弟が別々に暮らすことを哀しむ聲に相違ない。しかもここでは具體的に「四羽」の鳥であり、これが「桓山の悲しみ」を、別れる兄弟の鳥たちの悲しみに特化して用いたものであることは、疑いあるまい。

こうして蕭繹が弟・蕭紀に與えた書簡は、過去の兄弟の別離や仲睦まじさをめぐる故事を疊み掛けることで、兄弟が協力し合うことの重要性を切々と訴えて、侯景の亂への共闘を誘っているのである。

實は、蕭繹は翌太清六年にも侯景討伐への檄文の中で、侯景の僞政權による暴政を指摘して、やはり「桓山の悲しみ」を用いている。

（太清六年）二月、王僧辯衆軍發自尋陽。世祖馳檄告四方曰、……惵惵黔首、路有銜索之哀。蠢蠢黎民、家有

隕山之泣。（『梁書』巻五・元帝本紀）

（太清六年）二月、王僧辯の軍勢が尋陽から出發した。世祖（蕭繹）は檄文を飛ばし四方に訴えた「……怯えきった民衆は、至る所で親孝行できない哀しみを抱いている。這いずり回る人民は、家々に桓山の鳥の如き親子の別れの涙を落としている」。

中華書局標點本『梁書』の校勘記は、この檄文が描出するのは、侯景の暴政に伴う民衆たちの夥しい生死を問わない離別であることを、『孔子家語』顔回篇を引きながら説明する。

按孔子家語、……蕭繹討侯景檄文、正用此典。言侯景肆虐、江南人民家家有死別生離之苦。

『孔子家語』を調べ考えるに、……蕭繹の侯景討伐の檄文は、正にこの典故を用いている。言いたいのは、侯景の殘虐非道により、江南の民衆は家々に死別や生きての離別に苦しんだということだ。

そして「桓山の悲しみ」と對になる「銜索の哀しみ」が、親孝行をしたいときには親がいないことを子路が語ったという『說苑』建本篇の典故に基づくならば(12)、ここでの離別の中心は、親子間のものであったと言えよう。つまりこの檄文で「桓山の悲しみ」は、子鳥の巣立ちに母鳥が泣いたような親子間の別れの悲しみを、主として描出したのである。

さて興味深いことに、蕭繹にはなおも「桓山の悲しみ」を典故とした詩や書簡が存在するのである。一つ目は、『南史』巻五十三・梁武帝諸子傳・武陵王紀に、先ほどの蕭紀に宛てた書簡に續ける形で見える、蕭繹が蕭紀に贈った詩である（なお『梁書』巻五十五・武陵王紀傳には見えない）。

帝又爲詩曰、回首望荊門、驚浪且雷奔。四鳥嗟長別、三聲悲夜猿。

帝（蕭繹）はまた詩を作り詠じた「振り返って荊州の地を眺めやれば、巻き上がる波が雷の速さでめぐる（かの如き状況）。四羽の鳥は長きにわたる離別に嗟嘆し、夜に三つ吼える猿の聲が悲しい[13]」。
また晉安王（武帝の第三子・蕭綱、後の簡文帝）に答えて南康簡王（武帝の第四子・蕭績）が薨ったことを述べた、當時は湘東王であった蕭繹による書簡（『藝文類聚』巻二十一・友悌）には、次のようにある。

志冀雙鸞之集、遽切四鳥之悲。

氣持ちの上では二羽竝ぶ鸞のように一緒にいることを願いましたが、突如として四羽の鳥の悲しみが切實なものとなりました。

以上の二例は、兄弟が離れ離れに存在していることや、兄弟の一人の死を嘆く文脈で用いられており、「桓山の悲しみ」を兄弟の離別の典故とする蕭繹の認識が、明白に看取されよう。
ここまで「桓山の悲しみ」を典故とする蕭繹の表現を四例紹介した。そして檄文が、「桓山の悲しみ」を親子間の別れの悲しみを描出するものとして用いた唯一の例であったが、その悲しみを「家有隕山之泣」と表現した。これに對しその他の三例が、兄弟間の離別の悲しみを語るために用い、すべて「四鳥」の語により表現していた點は、注意が必要であろう。つまり蕭繹が「桓山の悲しみ」を、兄弟間の離別を物語る典故として扱う際、よりその意識が強く描出されるよう、巣立つ四羽の兄弟鳥に焦點を絞って、あえて「四鳥」の語を選擇したと考え得るのである。

如上の考察を經て、蕭繹が幾度も「桓山の悲しみ」を典故に、特に兄弟が一緒にいられないことや、離別を迎えたことを悼む心情を、しかも四方へ巣立つ四羽の兄弟鳥同士の悲痛さにより迫り得るようにと、あえて「四鳥」の語を用いて表現したことが確認された。

ここで考えるべきなのは、蕭繹がなぜかくも複數回にわたって「桓山の悲しみ」を用い、上述の心情を表現したのかということである。このとき注目したいのが、侯景の亂への共闘を誘ってしきりに書簡や詩を贈った相手の蕭紀である。實は蕭紀とは、侯景の亂に際して蜀地方に自立を目論んだ人物であった（『梁書』巻五十五・武陵王紀傳）。そして蕭繹が蕭紀に宛てた書簡や贈った詩は、いずれも蕭紀が自立せんとした時期に作られたものであった。

さらに蕭紀に限らずとも、『梁書』や『南史』を讀み進めれば、梁・武帝の諸子たちが、武帝の後繼者問題などとも複雜に絡み合う形で、諸王に封じられてバラバラになり、しかも侯景の亂に對して諸王が團結せねばならないはずなのに、蕭氏一族の者たちがそれぞれの打算によって、むしろ反目し合ってさえいた事實に氣附かされる(14)。そしてその反目は、蕭繹が元帝として江陵に卽位した後も續いたのであって、西魏の荊州刺史・長孫儉が、卽位して三年を經た元帝政權について「骨肉同士で争い合って、民衆たちはその酷さに辟易しています（骨肉相殘、民厭其毒）」（『周書』巻二十六・長孫儉傳）と評したのは、一氣に南朝への侵攻を望む西魏側の言であることを考慮しても、かなりの眞實を傳えていると考えてよいのではあるまいか。

以上のような背景を知るとき、侯景の亂による梁朝の危機を收集せんとした蕭繹には、もちろん自立せんとする自身の志向も相俟って、諸王に分立する兄弟たちとの關係が、かなり切實なものとして感じられたことであろう。その結果として、「桓山の悲しみ」を、親子の離別よりむしろ、四羽の兄弟鳥の離別に着眼して用いたのではないだろうか。それが眞に兄弟の和睦を願った結果のものではない面を持ったとしても。

またここまで專ら蕭繹が「桓山の悲しみ」を用いた事例ばかりを紹介してきたが、事は蕭繹のみに止まらず、他の梁の皇族にも例がある。『藝文類聚』巻二十一・友悌が載録する、當時は晉安王で後の梁・簡文帝の蕭綱が、先にも登場した南康簡王が薨ったことを述べて東宮（昭明太子・蕭統、武帝の長子）に獻上した「啓」も、やはり「桓山の悲しみ」を用いている。


異林有悲、飛命斯切。伏惟殿下、愛睦思深。

棲む林を異にして悲しく、別れ飛ぶ際の鳴き聲は實に切々たるもの。伏して殿下のことを想えば、愛しく睦まじい氣持ちが深くなります。


同じ林に棲むことのできない鳥が、切々とした悲鳴を上げていると言って、弟・南康簡王との離別を歎じるとともに、いま健在の兄・昭明太子との和睦を念じる内容となっている。「四鳥」とは表現していないものの、これもやはり、「桓山の悲しみ」を兄弟間での故事として用いていることが明白であろう。

さらに蕭繹が「桓山の悲しみ」の故事を用いて、兄弟の融和を望む氣持ちを表現し、それが相手の弟たちに理解し得たということも合わせ考えれば、蕭氏兄弟の間では、「桓山の悲しみ」を兄弟間の別離を物語る故事として取り上げることに、特に違和感がなかったと言える。

三　梁の皇族たちの周邊での共有

前節では、梁の皇族たちの間で、「桓山の悲しみ」を兄弟間の離別を物語る故事として用いることが定着していた様子を見た。そしてその定着は梁の皇族たちに止まらず、同時代での共有があったようなのである。梁・劉孝勝が兄・劉潛（字孝儀）との別れに宛てた詩「冬日家園に陽羨・始興に別る（冬日家園別陽羨・始興）[15]」（『藝文類聚』巻二十一・友悌）は、その一例である。

四鳥怨離羣　　四羽の鳥は群れを離れるのを怨めしく思い
三荊悦同處　　三本の荊は同じところに生えるのを悦びとします
如今腰艾綬　　いま官吏の印の紐を腰に帯び
東南各殊擧　　東と南とにそれぞれ任を異に致します

ここでは「四鳥」の語を用い、しかも先に見た陸機「豫章行」の「三荊」との對句を踏襲する形で、兄との別れを詠じている。
また梁元帝・蕭繹と同時代を生きた顏之推による『顏氏家訓』から、二例を擧げたい。まず『顏氏家訓』兄弟篇である。

娣姒者、多爭之地也。使骨肉居之、亦不若各歸四海、感霜露而相思、佇日月之相望也。

兄弟の妻同士が同じ場に居合わせると、とかくそこで揉め事が多く起こる。肉親たる兄弟同士をこのような場に居させるくらいならば、それぞれ四方に散らばって別々に居り、霜露の降りる寒さに感じて相手を案じ、日や月の下に佇んで相手を想う方がいいものだ。

この一段における、兄弟が「各おの四海に歸す」という表現は、一つには『論語』顔淵篇「四海の內、皆な兄弟なり」を意識していよう。顔之推はまた別に『顏氏家訓』風操篇でも、正しい義理の兄弟關係の結び方を語り、輕率に義理の兄弟關係を結ぶ北方の風俗を批判する一段における議論の前提として、「世の中の人々が、義理の兄弟關係を結ぶというのも、何と容易ならざることか（四海之人、結爲兄弟、亦何容易）」と述べており、これもやはり『論語』顔淵篇の言葉を踏まえている(16)。

だが兄弟が「各おの四海に歸す」という表現には、『論語』顔淵篇のみならず、「桓山の悲しみ」を兄弟の別れを物語る典故として捉える意識も、垣間見えるのではないだろうか。「桓山の悲しみ」を兄弟の別れとして捉えるならば、四羽の兄弟鳥が飛び立つ際の離別を怨んで泣くのであって、本來は兄弟が四方に離散すべきではないことが前提となる。しかし兄弟篇の一段で顔之推は、兄弟同士が一緒に居た結果、その妻同士も一緒に居ることになり、却って激烈な争いを招くくらいならば、兄弟は四方に分散した方がいいと言う。つまり「桓山の悲しみ」における兄弟の別れの悲痛さを逆手にとって、それにも增して大きな、兄弟の妻同士が一緒に居ることの負の側面を强調している、と考えたいのである。

如上の考えが成立するためには、顔之推が「桓山の悲しみ」を、兄弟の別れを歎じる故事と認識していなければなるまい。これについて、『顏氏家訓』文章篇に興味深い一段が存する。顔之推は、歴代の作家たちの典故の用い方の誤りをいくつも指摘していく中で、最後に次のような典故の用い方の誤りを指摘しているのである。

堂上養老、送兄賦桓山之悲、皆大失也。

家で年老いた父親に對する奉養に努めておりながら、兄への送別に「桓山の悲しみ」を作品に用いるなど、(ここよりも前に指摘した典故の例も含めて)どれも大いなる失策と言うべきである。

この典故の用法への批判は、果たして如何なる理由によるのか。王利器氏は『集解』において、次のような按語を附している。

器案、桓山之悲、取喩父死而賣子。今父尚健在、而送兄引桓山之事、是爲大失也。

私が考えるに、桓山の悲しみは、内容としては父が死んで子供を賣ったことを取り上げている。いま父親はまだ健在なのに、兄の送別に桓山の故事を引いてきて用いる、これが大いなる失策なのである。

いま一度、本章冒頭の『孔子家語』顔回篇の逸話を思い出されたい。そこでは貧しい一家の父親が死に、その葬儀費用の捻出のために子供を賣った母親が、その子供との別れに悲泣したのであった。つまり假にも「桓山の悲しみ」の典故を用いるのであれば、父親は死んでいなければならないのに、父親がなお健在で、家で奉養を盡くしていながら、「桓山の悲しみ」の典故を用いた作品によって兄を送別する同時代人を、顔之推は批判したとするのである。

ところで清代の數多い『顔氏家訓』の校訂や注釋の一つである嚴式誨『顔氏家訓補校注』[17]は、この顔之推の批判記事に對してこう注している。

案家語所載桓山事、於送兄不協、兄字疑兒字之譌。

『孔子家語』が載せる桓山の故事を調べ考えるに、兄への送別というのは不適當であり、「兄」字は「兒」字の誤りではないだろうか。

嚴式誨は、『孔子家語』顔回篇に立ち戻るに當たり、父子關係ではなく母子關係の方に着目した。すなわち『孔子家語』顔回篇の主題を、母鳥が自分の子供たちを見送りつつ鳴き、それがやはり子供を賣って別れる母親の悲しみ泣く聲と同じであったことと把捉したのである。そしてそうであるならば、「桓山の悲しみ」を詩に用いて送別すべき對象は、「兄」ではなく子、つまり「兒」であるべきだと主張するのである。この主張は、『孔子家語』顔回篇での「桓山の悲しみ」の主題を「母子間の離別」と理解した場合、納得のいくものである。事實この說は周法高『彙注』に引かれ、それを參照した日本の宇都宮清吉氏の譯注はそれに從っているし、宇野精一氏の訓注もその說に言及している[18]。

しかしながら、廣く種々の『顔氏家訓』を閱してみても、「兄」字を「兒」字に作る版本は一つとしてない。そして何よりも、ここまで見てきたように、顔之推の同時代には「桓山の悲しみ」の故事について、親子間の別れよりも、巣立つ四羽の兄弟鳥たちの別れに着目することが盛行していたのであった。すると顔之推の批判の趣旨を、王利器氏の按語の如く理解するのであれば、送別の對象が兄であったところで、父親が健在であるのに「桓山の悲しみ」を兄の送別の典故に用いたことへの批判として、論理的には破綻せず、「兄」字を改める必要はないと考えられるのである。

以上の考證を踏まえると、顏之推も「桓山の悲しみ」を「兄弟間の別れ」を歎じる典故とすること自體には疑問を持っておらず、先の兄弟篇における兄弟が「各おの四海に歸す」という表現には、『論語』顏淵篇「四海の内、皆な兄弟なり」のみならず、「桓山の悲しみ」も意識されていると言ってよいであろう。

さてここで、以上に取り上げてきた梁・劉孝勝や顏之推が、梁の皇族たちと近しい關係にあったことは、注意すべき事實である。『梁書』卷四十一・劉潛傳に、その第五弟として附される劉孝勝の傳記には、「第五弟の孝勝は、邵陵王法曹・湘東王安西主簿記室を歷官し、尙書左丞たり。……魏に聘して還り、安西武陵王紀長史・蜀郡太守と爲る。太淸中、侯景の京師を陷るるや、紀は蜀に僭號し、孝勝を以て尙書僕射と爲す（第五弟孝勝、歷官邵陵王法曹・湘東王安西主簿記室、尙書左丞。……聘魏還、爲安西武陵王紀長史・蜀郡太守。太淸中、侯景陷京師、紀僭號於蜀、以孝勝爲尙書僕射）」とある。「紀」とはこれまで何度も登場し、蜀に自立した蕭繹の弟・蕭紀。この經歷を一瞥すれば、劉孝勝と梁の皇族との深い關係は知れよう。

また顏之推も、蕭繹から特に若い頃に受けた影響は大きく、すでに第一部第一章の第二節で紹介したように、十二歲で蕭繹の老・莊の講義に列席していた。顏之推傳には、それをスタートとして蕭繹との數々の交流が見えるし、『顏氏家訓』にも、幾度も蕭繹への言及がある。つまり劉孝勝や顏之推が、「桓山の悲しみ」の兄弟間の別れに着目したことには、それを盛んに詩文に取り込んだ蕭繹ら梁の皇族たちとの影響關係が少なからずあったと思われるのである。

また顏之推が『顏氏家訓』文章篇で展開した典故の用法への批判から、批判せねばならないほどまでに、父親が健在のうちに「兄」への送別に「桓山の悲しみ」を典故とすることが流行していたと見ることもできよう。顏之推が『顏氏家訓』文章篇で批判しているのが、いつの時代の文壇なのかは明確にし難い。だが顏之推の同時代、南朝では皇族たちを中心としたかなり廣い範圍で、「桓山の悲しみ」の故事を以て「兄弟間の離別」を歎じることが行なわれていたと考えても、當を失してはいまい。

四　北朝における展開

前節ではもっぱら南朝の動向を探ったが、北朝では、「桓山の悲しみ」を如何なる人間關係を物語る故事として用い、どう表現していたのか。
北朝の正史では、わずかに一例ではあるが、「桓山の悲しみ」の典故を用いたものを見出し得る。『隋書』巻四十七・韋世康傳が載せる、韋世康が尉遲迥の亂に際して絳州刺史となった折の記事である。(19)

世康性恬素好古、不以得喪干懷。在州、嘗慨然有止足之志、與子弟書曰……今耄雖未及、壯年已謝、霜早梧楸、風先蒲柳。眼闇更劇、不見細書、足疾彌增、非可趨走。祿豈須多、防滿則退、年不待暮、有疾便辭。況孃春秋已高、溫凊宜奉、晨昏有闕、罪在我躬。今世穆・世文、竝從戎役、吾與世沖、復嬰遠任。陟岵瞻望、此情彌切、桓山之悲、倍深常戀。

韋世康はあっさりと素朴な性質で、古の事柄が好きであり、物事の得失によって心が搖れることはなかった。絳州にあったとき、いつも慨嘆して止足の氣持ちを抱き、子弟たちに書簡を與えて言った「……いま老年にこそ至ってはおらぬが、壯年はとうに過ぎ去ってしまい、霜が梧や楸の木より早く降り、風は蒲や柳の木に先んじて吹きつける（ほど早々に私は衰れてしまった）。視界が暗くなることはどんどんひどく、細かい文字は見えなくなったし、足の痛みはますます悪化し、早く歩くどころではない。秩祿はどうして多い必要があろうか、溢れてしまうことを防ぐべく身を引くものであり、年齢的に晩年になるのを待たずして、疾病があるならばすぐ辭するべきだ。ましてや母上はもうご高齢で、暑さ寒さに孝養を盡くさねばならず、朝夕のお世話に至らぬ點があっては、その罪は私にこそあろう。いま世穆（『隋書』によれば弟、『北史』によれば兄）と世文（弟）は、どちらも軍役にあり、私と世沖（弟）も、やはり遠くの任地にある。岩山に登って見遣る、（という『詩』魏風・陟岵の）この感情がいよいよ切實なものとなり、桓山の悲しみは、普通の戀慕の情に比べて倍は深いものだ」。

韋世康は子弟に宛てた書簡の中で引退の氣持ちを示唆し、その理由に自身の肉體的な衰えに加えて、「ましてや母上はもうご高齢で」云々と、高齢の母親に對する孝養の氣持ちを擧げる。そして兄弟たちの現狀を整理した上で述べる四句「陟岵瞻望、此情彌切、桓山之悲、倍深常戀」を、ここでは問題にしたい。この四句の内、「桓山の悲しみ」を用いた後半二句と對になる前半二句は、『詩』魏風・陟岵に基づく。その詩序を示そう。

陟岵。孝子行役、思念父母也。國迫而數侵削。役乎大國、父母兄弟離散、而作是詩也。

陟岵。孝行息子が軍役に出、父母を想い慕うのである。國家が壓迫されて幾度も侵略を受けた。大國に徵兵されて軍役に就き、父母兄弟と離散することになり、そこでこの詩を作ったのである。

全三章十八句から成るこの陟岵の詩は、從軍する孝子が、順番に各章で遠く父、母、兄の方を岩山に登って見遣りつつ、彼らが自分に向けているであろう心配を推し量るという内容となっている。(20)

以上の『詩』魏風・陟岵を踏まえた前半二句「陟岵瞻望、此情彌切」の内容と、それに先行する兄弟の現状を述べた箇所を考え合わせるとき、「桓山の悲しみ」に基づく後半二句「桓山之悲、倍深常戀」は、三通りの解釋が可能なのではないか。

解釋の第一は、高齢の母親のそばに、自身を含む兄弟が誰一人おらず、母親に孝養を盡くせないことを嘆く「親子の問題」として讀むものである。この解釋では、四句すべてで親子の問題を扱っていることになり、その場合は南朝の皇族や詩人を離れた北朝では、「桓山の悲しみ」をやはり親子の問題を物語る典故としていたと考えられよう。

しかし第二の解釋として、前半二句が母親との關係を語り、一方の「桓山の悲しみ」に基づく後半二句は、むしろ母親との關係に引き續いて述べられる、軍役や任地の關係で兄弟がバラバラな狀態にあることの方を嘆いているとも讀めよう。すると北朝においても、「桓山の悲しみ」を兄弟間の別れの典故とする發想の展開があったと言えそうである。

また『詩』魏風・陟岵が、父母に加えて兄との離散への悲嘆であるならば、前半二句は母親だけではなく、兄弟と離れて暮らすことをも念頭に置いた句と考えることが可能であろう。すると後半二句も、親子か兄弟かと決めるのではなく、むしろ「桓山の悲しみ」によって、母鳥と子供の鳥の別れ、子供の兄弟鳥同士の別れ、その雙方を詠じたものとも取れる。これが解釋の第三である。

いま『隋書』巻四十七・韋世康傳の記事は、「桓山の悲しみ」の故事を、親子の別れの觀點と兄弟の別れの觀點のいずれに重きを置いたものか、三つの解釋がいずれも說得力を持つように思われ、卽座には斷定し難い。しかしながら興味深いことに、これに先んずる時代に著された北朝の墓誌銘の中に、「桓山の悲しみ」を用いた表現が二例ほど見受けられるのである。
第一の事例は、北魏孝昌二年（五一六）閏十一月七日の日付を持つ「魏故銀青光祿大夫于君墓誌銘」である。[21] 于君は于纂、字榮業であるが、その銘文には彼の死を述べて、次のような六句が見えている。

溘同朝露、奄先秋□。三荊懽珠、[22] 四鳥悲林。刹茲一別、長閟天潯。

忽然と朝露が消えるように若くして亡くなってしまい、奄として秋□に先んず（?）。三本の荊は同じ株に生えることを歡び、四羽の鳥は（異なる）林で悲しみ合う。ましてやこの度の別離では、（于君は）永遠に天の果てへと塞がれてしまった。

この墓誌銘の撰者は不明であり、墓主・于纂と如何なる關係にあるのかは判然としないが、ここでは「三荊」と「四鳥」という陸機「豫章行」の對句を用いて、墓主の死に伴う永遠の別離を悼んでいるのである。
第二例は、北齊・天保六年（五五五）十一月七日の日付を持つ「齊故征西將軍上洛縣開國□□□□元子邃墓誌銘」である。[23] 墓主は元子邃、字德修。やはり銘文の中で、墓主の死を悼んでの數句である。

丕承家業、[24] 夙膺朝命。遂欺積善、徒稱餘慶。遺孤望父、季弟懷兄。緬尋疇昔、永念平生。親朋掩涙、隣里傷情。哀深四鳥、怛切三荊。[25]

大いに家業を繼承し、早くから朝廷の命令を賜った。そのまま善德を積むことを成し遂げられず、むなしく子孫に餘慶を垂れるばかりとなってしまった。[26] 遺された子供たちは父を想い慕い、末の弟は兄を懷しんだ。遠く昔のことを思い返し、永久にかつての日常を想う。親戚や朋友は顔を涙で被い、近隣の者たちが心を痛める。哀しみは（巣立ちに悲鳴する）四羽の鳥の如くに深く、憂い悲しむことは（根から別々に切り離された）三本の荊のようだ。


ここでもやはり、「四鳥」と「三荊」という陸機「豫章行」の對句が用いられていることに注意したい。不幸にして志半ばで死を迎えた墓主を、子供たちや兄弟、親類、さらには友人や近隣の者たちに至るまで、實に多岐にわたる人物が想い慕って哀しんでいる様が、近親者から周圍の人々へと段階的に表現されていき、それを對句が最後にまとめているのである。

以上の墓誌銘の二例から、次の二點を指摘したいと思う。一點目は、陸機の對句が、北朝のだいぶ早い時期から用いられているということである。「魏故銀青光祿大夫于君墓誌銘」の例などは、五二六年のことであるから、『文選』編纂の主役たる梁の昭明太子・蕭統の五〇一年〜五三一年という生涯の最中であって、陸機の對句は『文選』によってではなく、また別のルートによって北朝に知られ、受容されていたと考えられる。我々は動もすれば、『文選』が成立してからさして時間を經ずに北朝に傳播し、そのまま隋から唐初にかけて廣まっていったかのように認識するが、この陸機の對句の利用狀況は、南朝で愛好された文學の、北朝における受容の實態について、貴重な一情報となるのではないだろうか。(27)

いま一つ指摘したいのは、北朝では「桓山の悲しみ」を用いる際、親子間か兄弟間かというように、離別の種類を特定化しないということである。南朝では主として兄弟間の離別を嘆くべく「桓山の悲しみ」が用いられ、「四鳥」の語が選擇された場合は殊にそうであった。だが北朝においては、「桓山の悲しみ」を用いることで、より廣く人間一般の離別に際した悲しみを表現することが目指されていたと言えそうである。そうであるならば、先の韋世康の例も、親子間か兄弟間かというように、どちらか一方に悲しみの對象を特定化する必要はなく、第三の解釋が妥當と言えるのかもしれない。

五　陸機の對句の定着

すでに見た劉孝勝の詩に「四鳥怨離羣、三荊悦同處」とあり、また北朝の墓誌銘に「三荊懽珠、四鳥悲林」や「哀深四鳥、怛切三荊」とあったように、陸機「豫章行」の「三荊歡同株、四鳥悲異林」という對句は、後世に多く踏襲されていく。先に考察したように、「桓山の悲しみ」を典故に兄弟間の離別を詠嘆する作品を著した作家には、ほぼ同時期に左思と陸機の二人がおり、作品の先後としては左思の方が幾らか先行したと思われるのだが、その影響力の點では陸機が壓倒したようである。しばらくその陸機の對句の影響力を、實例を示しながら見ていこう。

隋・煬帝は、すぐ下の弟の秦孝王・楊俊のための誄「隋秦孝王誄」（『文苑英華』巻八百四十二）を著し、弟の死を陸機の對句によって悲嘆している。

豈止三荊之變色、非唯四鳥之分巢。遽一朝而云逝、曷何去而何止。形未捨目、言猶在耳。

（弟が死んだ哀しみは）どうして三本の荊が（枯れて）變色する場合だけであろう、四羽の鳥が巣を別々にする場合だけではない。突如としてある日逝ってしまい、どこに立ち去ってしまったとて止めようもない。その姿は目から離れず、その聲がなお耳に殘る。

また隋・常德志（あるいは常得志）は、序において陸機・陸雲兄弟の存在に觸發されて物したという論文「兄弟論」幷序（『文苑英華』巻七百四十八）の中で、陸機の對句を用いることによって、兄弟は一緒にいるのが最良であるとの主張を展開している。

嘗讀陸士衡之兄弟文、懃懃懇懇、未嘗不廢卷歎息、向其爲人。而世人云、陸機兄弟同居、以之爲異、傷哉。斯固異其所稀見也。將恐悠悠千載、不無此感（疑作惑）、敢託陸之旨、以作論云、……是以四鳥禽也、不能各（疑）離別之聲。三荊木也、不能忍分張之痛。矧在人流、有靦面目、拆枝分骨、如何勿傷。(28)

いつも陸士衡の兄弟をめぐる文章を讀むと、眞摯で心がこもっており、必ずや讀書の手を止めて歎息し、彼の人となりと對峙したものだ。しかし世の人々は言う「陸機兄弟が一緒にいた、この點を以て特異とするのは、間違っていることよ。彼らの本當に特異なのは、滅多に會えなかった點にあるのだ」。遙か遠く千年の後、こうした感覺が持たれ得ることを危惧し、陸機の趣旨に託けて、論を作ってみて言う「……こうして四羽の鳥は禽類でありながら、離別の鳴き聲のためになかなか離れ離れになれなかった。三本の荊は樹木でありながら、別々に根を張る苦痛に我慢がならなかった。まして人類の一員に與って、恥じる氣持ちを有しておりながら、（兄弟がまるで）枝が別々で骨がバラバラ（なような狀態）では、どうして心に負い目を感じずにいられようか」。

つまり禽類や植物でさえ、兄弟別離の悲しみに耐えられなかったのであるから、人間ではなおさらであるという論理展開である。

また唐代に入ると『初學記』巻十八・離別が、事對として「四鳥三荊」を擧げ、「四鳥」についてはやはり

『孔子家語』顔回篇を引いている。(29) これはこの時代における陸機の對句の定着をよく示すであろう。

以上の數例を以てして明らかなように、陸機「豫章行」の對句は強い影響力を有して、隋代以降、兄弟の悲痛な別れを物語るべく使用されていく。その理由は以下の如く幾つか擧げ得よう。

第一に、陸機の對句の對句としての秀逸さである。同じく「桓山の悲しみ」を、別れ飛ぶ兄弟の鳥の悲嘆に着目した左思の詩は、その故事をそのまま引き延ばし、自身の兄弟關係に移しただけとの印象を拭えない。一方で陸機の詩は、三と四という數、兄弟の和睦の歡びと離別の悲嘆という感情、この兩要素が巧みに對句を成している。そしてこの見やすく且つ巧みな對句は、後世の作家としても、そのまま自身の作品に適用させやすかったであろうことは、想像に難くない。

第二に六朝から隋代、さらには唐代にかけての陸機という作家の人氣である。そしてこのことと關係して、第三に『文選』の廣範な流布が擧げられる。何と言っても陸機は、『文選』最多の作品を採錄された人氣作家だったのである。興膳宏氏が『潘岳　陸機』の中で整理するように、陸機は南北朝時代に潘岳と一對の存在として高く評價され、それが唐代に入ると『文選』の流布も相俟って、潘岳を凌ぐ評價を受けたのであった。(30)

第四に、陸機が弟・陸雲とともに「二陸」と稱されて、中國における兄弟の代表格であったことも、陸機の對句の廣まりに一役を買ったのではないか。西晉が吳を平定し、陸機と陸雲の二人が吳を離れて西晉に至ったのを、張華が「吳を平定した戰役では、利益は二人の俊才を獲得したことだ（伐吳之役、利獲二俊）」と評價して以來、戰役で兄弟を傘下に入れた際にその兄弟を「二陸」に擬える例は、歷代の史書に事缺かない。それほどまでに優れた兄弟の代表である「二陸」の兄・陸機が、弟・陸雲との切實な別れを背景に詠じたであろうかの對句は、やはり相當の影響力と魅力を、後世の作家たちに與えたに違いない。

では「桓山の悲しみ」が、陸機「豫章行」の對句による表現一邊倒になってしまったのかと言えば、必ずしもそうではない。ここで觸れておきたいのが白居易である。彼は『白氏六帖事類集』巻六・兄弟の中で、別離の定式として「四鳥之悲」と「三荊之變」を擧げており、「四鳥之悲」に附された注は、もちろん『孔子家語』顏回篇である[31]。

だが陸機の對句を別離の定式として示しながらも、實作においては、却って「桓山の悲しみ」を典故に親子の別離を詠じているのである。それが「燕詩　劉叟に示す（燕詩示劉叟）」（謝思煒『白居易詩集校注』巻一[32]）であって、その題注には、この詩が作られた經緯が次のように述べられている。

叟有愛子、背叟逃去、叟甚悲念之。叟少年時、亦嘗如此。故作燕詩、以諭之矣。

ある叟に可愛がっていた子があったが、それが叟に背いて手元を離れてしまい、叟は大そう悲しんで子のことを想った。叟は若かりし頃にも、やはり同じような經驗を持っていた。そこで燕詩を作ることによって、叟を諭したのだ。

このように親子の別離に悲嘆する叟を諭すべく作られた詩は、途中にいくらかの中略を挾むけれども、おおよそ次のようなものである。

梁上有雙燕　　梁の上に二羽のツバメがおり
翩翩雄與雌　　翻り飛んでいる雄と雌
銜泥兩椽間　　兩側の椽（たるき）の間で泥を口に含み

一巣生四兒　　一つの巣には四羽の雛が誕生した
………
一旦羽翼成　　ある朝に雛たちの羽翼が立派になると
引上庭樹枝　　庭の木の枝へと引っ張り擧げる
擧翅不囘顧　　雛たちは翼を振り上げてこちらを一顧だにせず
隨風四散飛　　風に乘って四方へバラバラに飛んで行く

この詩は明らかに「桓山の悲しみ」をベースに作られたものであり、そこに四方に飛散する四羽の兄弟鳥も登場はする。だが視點は常に親鳥の方に置かれており、親子の別れを主題としている。

また白居易は、『白氏長慶集』巻四十九・判一において、判題を設定して自ら答えた中にも、「桓山の悲しみ」を用いている。


得。乙聞牛鳴曰、是生三犧、皆用之矣。問之皆信。或謂之妖、不伏。

上稟天性、旁通物情、是謂生知、孰云行怪。況形雖異類、心則同歸。四鳥分飛、聽音既稱有信、三犧皆用、豈可爲妖。

（判題を）得た。乙が牛の鳴き聲を聞いて言うには、「この牛は犧牲となる牛を三頭產み、それらはすべて犧牲として用いられた」。その眞僞を問うと、すべてその通りであった。ある人がこれは妖言だと言ったが、（乙は）屈しなかった。

天上より天性を賜り、廣く物事の事情に精通する、これを「生知」（生まれながらに知る）といい、誰が怪異のことを行なうなどと判斷しようか。ましてや（人間と動物は）形態こそ種類を異にするが、心の面での歸する所は同じである。四羽の鳥が分かれて飛び立ち、鳴き聲を聞いて（顏回の）言ったことが眞實であったからには、（實際に）三頭の牛がすべて犧牲に用いられたからとて、どうして妖言であるなどとし得ようか。

この判題に對する答えでは、「桓山の悲しみ」における鳥の「悲しみ」の內實はさして重要ではなく、その悲しみの聲を聽き分けた顏回の能力に焦點が當てられているのである。

以上のように、陸機の對句という形式の定式化と同時に、『孔子家語』顏回篇の故事を「親子の別れ」として認識したり、顏回の能力に光を當てたりといった志向も、存在はしたのであった。しかしながら、白居易も一定式として陸機の對句を提示していたように、陸機の對句の定式化は根強く、陸機の詩人としての評價が必ずしも芳しくなくなってからも繼承され續け、そしてパターン化されていった。その例は數多いが、もはやパターン化された作品であり、いま注に掲げるに止めたい[33]。

おわりに

ここまで、『孔子家語』顏回篇に見られる「桓山の悲しみ」が、典故としてどう用いられたのかを、時代的な變遷に沿って確認してきた。そもそも鳥の親子の別れを、子供たちを見送り悲鳴する母鳥に焦點を當てて描出した「桓山の悲しみ」であったが、陸機や左思、南朝の文人らが兄弟間の別れの描出に用いて以來、その傾向が強まっていった。そしてそのベクトルは、陸機の對句の定着という形で加速化し、後世では、陸機の對句を用いずとも、「桓山の悲しみ」はもっぱら兄弟間の別離を悲嘆する典故として機能し、親子間の別離を悲嘆する典故として用いられた例を探す方が難しいほどまでに至るのである。

以上が本章のまとめであるが、本書の課題に引き附けるならば、次の二點を明らかにし得たことを強調しておきたい。第一は、「桓山の悲しみ」という典故の用法から、顔之推と南北朝時代の關係の一端をうかがい知ることができたということである。第三節で取り上げた『顔氏家訓』文章篇では、「兄」字を「皃」字に改めるべきとの説が存したが、同時代における「桓山の悲しみ」の典故の用い方に照らせば、むしろ「兄」字でなくてはならなかった。この一事を以て、まさに顔之推『顔氏家訓』が、南北朝時代という時代を反映した書物であると認められるのである。

第二は南朝と北朝の間での文化交流の在り方についてである。例えば吉川忠夫「島夷と索虜のあいだ―典籍の流傳を中心とした南北朝文化交流史―」[34]は、典籍を媒介に南北兩朝の間にあった文化交流の樣相を描出した。本章では、典籍のような具體的な「モノ」ではなく、「桓山の悲しみ」という典故の用い方や、それに基づく陸機の對句の流布などの觀點から、文學の南北朝間での傳播の一例を紹介し得たように思う。これらは個々の事例を一つ一つ積み重ねていくしかない。

最後に少しく附言しておきたいのは、「桓山の悲しみ」と陸機「豫章行」の對句が、日本に與えた影響である。[35]例えば『將門記』には、すでに平將門の亂が平定された後、平定に武功のあった平貞盛らの論功行賞から亂を總括した一段の中で、平將門に追從した者たちの末路を語って、次のような數句が見えている。


或乍生迷親子、而求山問川、或乍惜離夫婦、而內訪外尋。非鳥暗成四鳥之別、非山徒懐三荊之悲。[36]

ある者は生きながら親子同士の行方が分からなくなり、山や川に探し求めたし、ある者は遺憾ながら夫婦が離別し、近くと遠くと尋ね歩いた。鳥ではないが人知れず「四羽の鳥の別れ」をしたし、山ではないが虚しく「三本の荊の悲しみ」の氣持ちを懐いた。

ここでは、親子や夫婦の間での離別を示してから、「桓山の悲しみ」を以てその離別による悲しみをまとめている。だがそれは、親子や夫婦など關係性を特定化するのではなく、「桓山の悲しみ」の故事によって、人間の離別に際しての悲しみ一般を表現していると言えよう。そして『文選』の流布の影響によろうが、ここにも陸機「豫章行」の例の對句が使われている。

ここで興味深いのは、陸機の對句は明確に兄弟の離別を歎じていたのにも關わらず、ここでの對句は必ずしもそれを繼承していないことである。陸機の對句を用いながら、それによって兄弟の離別を敍述しないのは、中國にあっては少ないことであった。

次に『保元物語』である。保元の亂に敗れた源義朝は、逃亡の途中で六人の子供たちと別れざるを得なくなり、互いに繰り返し呼び合う父子雙方の悲痛な氣持ちが描かれた後に、次のように述べられている。


鳥ニアラネ共、四鳥ノ別レヲ致シ、魚ニアラザレ共、劍魚ノ恨ヲ懷ク。欄干トシテ魂飛揚スト見ヘタリ。哀レ也シ父子ノ別也。[37]

ここで「四鳥の別れ」と對を成す「劍魚の恨み」だが、「劍」字をある本は「鉤」（コウ）に作り、ある本は「釣」（チョウ）に作り、さらには「洪」（コウ）に作る本もある。[38] 栃木孝惟氏の校注は、「劍魚」は「懸魚」の宛字で、「釣針にかかった魚が同族からひき離されて懐く悲しい無念の思いのような思いを味わう意」とする。「懸魚」をそうした意味に用いる中國の典故が、管見の限り見出し難いことを恨みとするが、[39]いずれにしても、ここでの「四鳥の別れ」は『孔子家語』顔囘篇の「桓山の悲しみ」に基づき、しかもそれが明確に親子の別れを敍述する典故として用いられている。梁・蕭繹が「四鳥」の語を選擇した際は、必ず兄弟の別れを歎じたことを先に指摘したが、ここでは「四鳥」の語を用いながらも、親子間の別離を歎じているのである。[40]
以上の二例は、日本における中國古典、殊に典故の受容と用法について、興味深い事例なのではないだろうか。筆者は日本古典には暗いため、中國における「桓山の悲しみ」の用法の變遷を示し、日本での用例とその特徴を二例であるが指摘するに止めて、專家のさらなる考察を俟ちたい。

(1)『說苑』辯物篇にも類話があり、そこでは「桓山」を「完山」に作るなどの小異はあるが、說話の內容はほぼ同じである。
(2)內容としては、去り行く賢者を引き留められないことを悲嘆するもの。
(3)『爾雅』釋地に「南方有比翼鳥焉、不比不飛。其名謂之鶼鶼」とあり、郭璞は「似鳧、青赤色、一目一翼、相得乃飛」と注する。
(4)「朋」元作「用」。『古詩紀』卷二十三及丁晏『曹集銓評』作「朋」。近人・趙幼文『曹植集校注』(人民文學出版社、一九八八)云、「案宋刊本『曹子建文集』亦作朋。用爲朋字之形誤、作朋字是」。今改。
(5)「留」元作「獨」。胡克家考異云、「獨當作留」。今從。
(6)柳瀨喜代志「「三荊」故事源流考」(『早稻田大學教育學部學術研究　國語・國文學編』三一、一九八二)、參照。
(7)「豫章行」の古辭は『樂府詩集』卷三十四・相和歌辭淸調曲に見え、題注には「樂府解題曰、陸機泛舟淸川渚、謝

靈運出宿告密親、皆傷離別、言壽短景馳、容華不久」と言う。
（8）同様の志向を看守し得る陸機の作品には、他に「昔我逮茲、時惟下僚。及子棲遲、同林異條」（「答賈長淵」（『文選』巻二十四））や「白日既沒明鐙輝、寒禽赴林匹鳥棲。雙鳩關關宿河湄、憂來感物涕不晞。非君之念思爲誰、別日何早會何遲」（「燕歌行」（『樂府詩集』巻九））などがある。
（9）『文館詞林』は『日藏弘仁本文館詞林校證』（羅國威整理、中華書局、二〇〇一）を用いた。なお同詩は『藝文類聚』巻二十九・別上にも「題贈妹九嬪悼離詩」として見えるのだが、肝心の其三に該當する句が見えない。
（10）鳳凰出版社、二〇〇七。
（11）古典文學出版社、一九五七。
（12）子路曰、……親沒之後、南遊於楚、從車百乘、積粟萬鍾、累茵而坐、列鼎而食、願食藜藿爲親負米之時、不可復得也。枯魚銜索、幾何不蠹、二親之壽、忽如過隙。
（13）「三聲悲夜猿」は、郭璞「江賦」（『文選』巻十二）の李善注が引く盛弘之『荊州記』の「古歌曰、巴東三峽巫峽長、猨鳴三聲淚沾裳」、參照。
（14）このことは、吉川忠夫『侯景の亂始末記』（中公新書、一九七四）の中で、實に簡潔かつ的確に描かれている。
（15）劉潛字孝儀。……起家鎭右始興王法曹行參軍、隨府益州、兼記室。……晉安王綱出鎭襄陽、引爲安北功曹史、以母憂去職。王立爲皇太子、孝儀服闋、仍補洗馬、遷中舍人。出爲戎昭將軍・陽羨令、甚有稱績、擢爲建康令（『梁書』巻四十一・劉潛傳）。
（16）『論語』顏淵篇「四海の內、皆な兄弟なり」の一節が六朝期に有した意義は、吉川忠夫「此れも亦た人の子なり：六朝時代における「四海の内皆な兄弟」の思想」（『東洋史苑』八〇、二〇一三）、參照。
（17）嚴式誨輯「孝義家塾叢書」内の『顏氏家訓』七卷に附される。
（18）宇都宮清吉『顏氏家訓1』（平凡社、一九八九）は、「自分の兒の旅立ちを送別するに當たって」と邦譯し、注に「顏氏原文では「兒を送る」となっているが、兒だと「桓山の悲しみ」の話ではぴったりしないので、注家は「兄」は「兒」の誤字だとする。注家に從う」と言う。また宇野精一『顏氏家訓』（明德出版社、一九八二）は、本文の書き下し文は「兄」字のままであるが、注で「桓山の悲とは、桓山の鳥が巣立つ四羽のひなと生別の悲しみに啼く聲の意である。そのような故事とすれば、ここに兄を送るというのは誤りで、兒を送るとあるべきだ（嚴式誨氏）」と言う。
(19)『北史』巻六十四・韋世康傳にも見えるが、文字に大きな異同はない。
(20)三章を區切って示すならば、「陟彼岵兮。瞻望父兮。父曰嗟予子行役、夙夜無已。上愼旃哉、猶來無止」、「陟彼屺兮、瞻望母兮。母曰嗟予季行役、夙夜無寐。上愼旃哉、猶來無棄」、「陟彼岡兮。瞻望兄兮。兄曰嗟予弟行役、夙夜必偕。上愼旃哉、猶來無死」。
(21)趙超『漢魏南北朝墓誌彙編』（天津古籍出版社、一九九二）二〇〇頁。
(22)「珠」字は恐らくは「株」字ではないか。いま「株」字の意で邦譯する。
(23)注（21）所掲書四〇一頁。
(24)「丕」字を注（21）所掲書は「李」字に釋讀するが、「夙」字と對をなさない。「京都大學人文科學研究所所藏石刻拓本資料」の寫眞版を確認するに、「不」字と「子」字を上下に合わせた字形であり、ここは「丕」字に釋讀したい。『碑別字新編』（秦公輯、文物出版社、一九八五）は、まさにこの「元子邃墓誌」のこの字を「丕」字として採る（九頁）し、他の石刻史料にも、「不」字と「于」字を上下に合わせたような字形として、「丕」字がしばしば見えている。
(25)注（21）所掲書は「恆」字に釋讀するが、「京都大學人文科學研究所所藏石刻拓本資料」の寫眞版などを檢證した結果、「怛」字に改めたい。「怛切」の用例は未詳ながら、「切怛」の用例であれば、李陵「答蘇武書」（『文選』巻四十一）に「異方之樂、秖令人悲、增切怛耳」とあり、李善注は「爾雅曰、切、憂也。方言曰、怛、痛也」。また潘岳「寡婦賦」（『文選』巻十六）に「少伶俜而偏孤兮、痛忉怛以摧心」とあり、李善注は「伶俜、單孑貌。偏孤、謂喪父也。……毛詩曰、勞心忉忉。又曰、勞心怛怛。毛萇曰、忉忉、憂勞也。又怛怛、猶忉忉也」。
(26)『周易』坤卦「積善之家、必有餘慶」に基づく。
(27)『文選』の編纂時期とその流傳をめぐっては、興膳宏「文選の成立と流傳」（同氏『中國文學理論の展開』（淸文堂、二〇〇八）、所收）、參照。

（28）括弧内は『文苑英華』に附された原注であるが、今それは示すに止め、邦譯は原文の文字のままで行なった。
（29）「三荊」には梁・吳均『續齊諧記』を引き、「京兆人田眞、兄弟三人、共分財各居。堂前有一株紫荊、華甚茂。共議破爲三、待明截之、忽一夕樹卽枯死。眞見之、驚謂諸弟曰、本同株、當分析便憔悴。况人兄弟孔懷、而可離異、是人不如樹木也。兄弟相感更合」と注す。
（30）興膳宏『潘岳　陸機』（筑摩書房、一九七三）三〜九頁、參照。
（31）「三荊之變」には「田眞兄弟欲分、其夜庭前三荊便枯、兄弟嘆之、却合、樹還榮茂」と注している。
（32）中華書局、二〇〇六。
（33）①元・戴良「送欒宣使還省詩序」（『九靈山房集』卷六）「維揚欒君仲擧……爲其省宣使……於是其弟架閣君、與之爲別者且三載。一旦會之是郡、意甚歡洽。已而仲擧復命相府、詰朝將行、架閣君悲四鳥之異林、感三荊之分植、遂賦近體詩一章章八句以送之」。②元・楊維楨「桓山鳥」（『鐵崖樂府』卷一）「古樂府有上留田行、上留之地、有父死而兄不字其弟者、鄰人爲其弟作悲歌、以風其兄。南俗兄違父命、而虐其庶弟於父死之後者、往往有焉。故賦桓山鳥、以繼上留樂府云、桓山鳥、鳴聲一何悲。嚴父戒二子、分財無嫡支。父死未葬命一遺、兩枝荆荆華摧一枝。嗚呼桓山鳥、鳴聲實堪悲。死隔別、生流離。百鳥聞之爲嗟嗞」。③明・徐枋「張公賦」（『居易堂集』卷十六）「默全先生、姓張氏、名舜臣、吳郡人也。……予重先生之孝友、足以敦薄俗而還醇風、爰表其世系、疏其爵里、作張公賦以贈之。其辭曰……棣蕚同輝、荊株竝茂（自注、此言其兄弟同爨也。田氏兄弟三人……陸機詩曰、三荊歡同株）。……氷無臥而魚游（用王祥事）、林無悲而鳥聚（桓山有鳥……陸機詩曰、四鳥悲異林。此亦言其友愛、兄弟不分爨也）」。④清・周永銓「義卒行」（沈德潛『國朝詩別裁集』卷三十、所收）「有客爲予述杭州某姓卒、代兄戍滇事。予高其義、作義卒行以紀之。時康熙五十八年春二月。慘慘堂前紫荊、飛飛原上脊令。桓山之鳥、欲去而哀命。苦哉遠征人、陟山望親、還望見兄。嗟嗟、行役萬古情」。
（34）『東方學報（京都）』七二、二〇〇〇。
（35）日本古典における「桓山之悲」を取り上げた作品例の存在は、次のインターネットサイトにヒントを得た。「大角征矢氏による能・謠ひとくちメモ」（http://jiuxia.web.fc2.com/Tokei/Nohmemo/Nomemo23Shicho/Memo23Shicho.

html)。二〇一七年七月十八日最終閲覽。
(36) 原文は小學館・新編日本古典文學全集『將門記』(柳瀬喜代志・矢代和夫・松林靖明校注、二〇〇二)九〇頁に據る。
(37) 原文は岩波書店・新日本古典文學大系『保元物語』(栃木孝惟校注、一九九二)九六頁に據る。小學館・新編日本古典文學全集『保元物語』(信太周・犬井善壽校注、二〇〇二)では、「鳥にあらざれども四鳥の別れを悲しみ、魚にあらざれども洪魚の思ひに沈む。涙欄干として、魂飛揚す、前途程遠し、後會その期を知らず」に作る。
因みに云う。小學館・新編日本古典文學全集『保元物語』は、「四鳥の別れ」に「『囘リ聞ク、桓山之鳥、四子ヲ生ム』(孔子家語・顔囘篇)による」と注し、恐らく「囘」字を「めぐる」とでも訓じたのであろうが、もちろん「囘」とは顔囘のことであって、「囘聞ク」と讀むのが正しい。
(38) 以上の諸本における文字の異同は、前注所揭の二種の校注、參照。
(39) 諸本の文字の異同から推測するに、あるいは「皐魚」(コウギョ)の意か。つまり路傍に泣いている皐魚なる男に、孔子がその譯を尋ねると、彼は親に孝養を盡くせなかった自らの失態を三點から述べ、親孝行をしたいときにはすでに親がいないことを歎じて、自ら命を絶った。この出來事を孔子は門人の戒めとし、結果として門人十三人が親孝行のために鄕里に戻ったという。『韓詩外傳』卷九に見え、子として親に奉養できないことを悔いる典故として、以後は用いられていく。意味の上では親子間での後悔を題材としており通じるが、問題は、「皐魚」があくまで人名であり、實際の魚ではないことである。對になる「四鳥」が明確に生物としての鳥である以上、やはり「魚」も生物としての魚でなくてはならないだろう。
(40) 推定に過ぎないが、二例の事實には、日本における『孔子家語』の一定程度の受容が影響しているのではないか。『孔子家語』は、中國では僞作説の常に付き纏う書物であるが、日本ではその傳來以來、比較的よく讀まれたようである(山城喜憲「知見孔子家語諸本提要(一)」(『斯道文庫論集』二一、一九八四)、南澤良彦「日本に於ける『孔子家語』の受容—德川時代を中心として—」(『日本中國學會報』六五、二〇一三)、參照)。つまり陸機の對句などよりも、『孔子家語』に基づく典故としての强さの方が、勝っていたということである。

また些か餘談めくが、家藏の『顏氏家訓』二卷（文化七年、京都葛西市郎兵衞刊本、京都法光寺舊藏）には、日本の僧侶が師に從った結果と思しき書き込みが多數見受けられる。そして先に「桓山の悲しみ」の影響を考えた兄弟篇「各歸四海」の欄外には、「各歸四海、家語所言、桓山四鳥之事、是也」との書き込みがある。この書き込みは、日本において「桓山の悲しみ」が、『孔子家語』顏回篇に基づく故事として廣まっていたことを示唆するに十分なのではないだろうか。

第九章　隱逸と節義――「溥天之下、莫非王土」を素材に――

はじめに

本章の表題にも掲げた「溥天之下、莫非王土」は、『詩』小雅・北山（以下「北山」と呼稱する）の二句である。いま全六章のうち、當面の檢討對象となる第一・二章を示せば、次の通りである。

陟彼北山、言采其杞。偕偕士子、朝夕從事。王事靡盬、憂我父母。（第一章）
彼の北山に登り、私はそこのクコの實を摘む。(1)王命を受けた强壯なる者たちは、朝に夕にと休むことなく王命の行役に從事する。王の事業は緩むことなく、私のことで父母に心配をかけてしまっている。

溥天之下、莫非王土。率土之濵、莫非王臣。大夫不均、我從事獨賢。（第二章）
大いなる天の下、どこもが王の土地だ。行けども續く土地の果て、誰もが王の臣下だ。大夫の使役が不均等であるが故に、私は王の事業に從い獨り苦勞している。(2)

さて右の二章のうち、特に「溥天之下、莫非王土。率土之濵、莫非王臣」の四句、または前半の二句は、しばしば諸書に引用される。ここで、四句の引用により如何なる主張を展開するかが、各引用先で相違する點に注意したい。つまり多くの書物が四句または二句を引用し、それを根據に各書物で多様な主張を繰り廣げているのである。

そこでこの第九章は、「北山」の四句、または前半の二句を例に、それが様々な書物に引用される際、書物によってどう異なった主張の展開に利用されるのか、そのバリエーションを整理する。そして特に隱逸と結びついた場合を詳しく見た上で、そこから導き出されたことを、歴代の隱逸觀の變遷上に位置づけたい。

一　父母を養えぬ行役者像

最初に「北山」詩序により、「北山」全體が持つ意味を確認しておきたいと思う。

北山。大夫刺幽王也。役使不均、己勞於從事、而不得養其父母焉。

北山。大夫が幽王を誹ったものである。使役が不均等で、自分ばかりが王の事業に従って苦勞し、そうして自身の父母を養うことができないのである。

詩序が語る「北山」の主題は、自分ばかりが幽王の事業たる行役に從事し、久しく父母の下を離れねばならず、結果として父母に孝養を盡くせぬ状況に陷ったことを嘆く點にある。

この詩序と同じような「北山」理解が、『孟子』萬章上にも見えている。そこでは孟子とその弟子・咸丘蒙が問答を繰り廣げる。具體的には、「徳の盛んな人物は、君主も臣下にはできず、父親も子供にはできない（盛徳之士、君不得而臣、父不得而子）」と言い、舜が帝位に卽いた後に父親の瞽瞍を臣下としたとする俗傳に對し、咸丘蒙が疑問を持ち、孟子にその眞僞を問う。孟子はそれを「齊東野人の語」として退けるのだが、咸丘蒙はなおも次の質問を續ける。

詩云、普天之下、莫非王土。率土之濱、莫非王臣。而舜既爲天子矣。敢問瞽瞍之非臣、如何。

『詩』に言います[3]「普天の下、王土に非ざるは莫し。率土の濱、王臣に非ざるは莫し」。しかし舜はすでに天子となりました。ずばり質問致しますが、瞽瞍が臣下でないとは、如何なる譯ですか。

孟子は、舜が帝位に卽いた後に父親の瞽瞍を臣下としたとする俗傳を否定した。これに對し咸丘蒙は、「北山」に「率土之濱、莫非王臣」と言うのを根據に、舜が天子であるからには、父親であっても瞽瞍を臣下にしたはずと考え、それをなぜ孟子が否定するのかを問うたのである。この問いに對し、孟子は次のように答えている。

是詩也、非是之謂也。勞於王事、而不得養父母也。曰此莫非王事、我獨賢勞也。

この詩は、君の言うような意味ではない。王の事業に苦勞し、その結果として父母を養うことができない。世の中すべてが公事なのに、私一人だけが苦勞している、ということを言っているのである。

一讀して明らかなように、孟子の「北山」理解は、まさに詩序と一般である。彼は續けて、『詩』の理解の在り方にも言及する。

故說詩者、不以文害辭、不以辭害志。以意逆志、是爲得之。

だから『詩』について說く者は、詩人の文采に拘泥して詩人が詠じる辭句を誤ってはならず、詩人が詠じる辭句に拘泥して詩人が志向する所を誤ってはならない。自らの心意によって詩人が志向する所を推し量ること、これができれば詩の本當のところを理解したと言ってよい。(4)

孟子は「詩言志」の觀點から、句の一部の文采や辭句に拘泥せず、自らの心意によって詩全體の詩人の志向を推し量ろうとする。そしてこの認識の故にこそ、咸丘蒙の「北山」四句のみによる斷章取義的な議論を否定するのである。(5)

二　土地も人臣も王の支配下

孟子は、「北山」の四句「溥天之下、莫非王土。率土之濵、莫非王臣」のみによる咸丘蒙の議論を戒めたわけだが、後世多くこの四句だけが諸書に引用されたようである。そしてその際、四句は「この世界は、土地も人臣も、すべて王の支配下にある」ことを言うものと見做されたようである。以下その點を確認するとともに、その理解を基にしてなされた多樣な議論について、その論點・內容を整理して追っていくことにしたい。

まず「詩序」の「役使不均、己勞於從事」や『孟子』の「此莫非王事、我獨賢勞也」という認識は、直接は「北山」の四句に續く「大夫不均、我從事獨賢」の句に出よう。だがそれは直前に「率土之濵、莫非王臣」と言うからこそ、大勢なはずの王臣の中で、自分だけが王事に從事する不均等への不滿に繫がったものと思われる。

また『孟子』で咸丘蒙は、四句を引き、誰もが王臣であるはずなのに、なぜ瞽瞍だけが臣下でないのかと問う。以上、四句から世の人臣をすべて王の支配下にあるとする理解が導出されていると見做してよい。四句から、堯と舜および瞽瞍の關係を結果的にどう捉えるかは『孟子』と相違するものの、次の『韓非子』忠孝での舜の批判における四句の理解も同様である。

瞽瞍爲舜父、而舜放之、象爲舜弟、而舜殺之。放父殺弟、不可謂仁。妻帝二女、而取天下、不可謂義。仁義無有、不可謂明。詩云、普天之下、莫非王土。率土之濵、莫非王臣。信若詩之言也、是舜出則臣其君、入則臣其父、妾其母、妻其主女也。

瞽瞍は舜の父親だが、しかし舜は彼を追放し、象は舜の弟だが、しかし舜は彼を殺した。父親を追放し弟を殺すのは、仁とは言えぬ。堯帝の二人の娘を妻としながら、それなのに（堯から）天下を奪ったのは、義とは言えぬ。仁義が有りもせずに、明とは言えぬ。『詩』に言う「普天の下、王土に非ざるは莫し。率土の濱、王臣に非ざるは莫し」。本當に『詩』に言うが如くなのであれば、これでは舜は外ではその君主を臣下とし、内ではその父親を臣下とし、その母親を下婢とし、その君主の娘を妻としたことになろう。

韓非子もやはり、「北山」の四句の中に、世の人臣はすべて王の支配下にあるとする說を見出して、自身の議論を展開しているのである。
さらに土地をもセットにする形で、すべての土地と人臣が王の支配下にあるとする四句の理解も、容易に見出し得る。例えば『左傳』昭公七年である。

無宇辭曰、天子經略、諸侯正封、古之制也。封略之內、何非君土。食土之毛、誰非君臣。故詩曰、普天之下、莫非王土。率土之濵、莫非王臣。
無宇が申し出て言った「天子が四海の領内を治め、諸侯が封域を正しく分かつのは、古の制度であります。封域と領内の中で、どこが君主の土地でないでしょう。その土地で取れた草物を口にして、誰が君主の臣下でないでしょう。そのため『詩』に「普天の下、王土に非ざるは莫し。率土の濱、王臣に非ざるは莫し」と言うのです」。

續いて『韓非子』說林上を見よう。

溫人之周。周不納客、問之曰、客耶。對曰、主人。問其巷人、而不知也。吏因囚之。君使人問之曰、子非周人也、而自謂非客、何也。對曰、臣少也誦詩曰、普天之下、莫非王土。率土之濵、莫非王臣。今君天子、則我天子之臣也。豈有爲人之臣、而又爲之客哉。故曰主人也。君使出之。
溫の人が周に行った。周では客人（他國の者）を受け入れず、（役人が）彼に問うて言った「お前は客人か」。（彼は）答えて言った「この土地（周）の者です」。地元の人々に尋ねてみたが、彼のことを知りはしなかった。役人はそこで彼を捕えた。（周の）君主は人を遣わして彼に質問して言った「お前は周の人間でもないのに、それでも自分で客人ではないと言うのは、どうしてか」。（彼は）答えて言った「私は若い時分より『詩』を誦しておりまして、そこには「普天の下、王土に非ざるは莫し。率土の濱、王臣に非ざるは莫し」とありました。いま君主さまが天子でいらっしゃるならば、私も天子さまの臣下であります。どうしてその方の臣下でありながら、一方でその方にとっての客人であることなど、あり得ましょうか。だから「この土地の者です」と申したのです」。君主は彼を（牢屋から）出してやった。


この說話に登場する溫の人は、すべての人が周君の臣下であるとする點に主眼を置いて「北山」を引用していると思われる。その結果、必然的にどこの土地の人でも周王の支配下にあり、だからどこの人でも周人に他ならないとする認識が、確かに窺えよう。つまり「北山」の四句を引くことで、すべての土地と人臣が王の支配下にあるとする認識を描出していると言えるのである。

以上のように、「北山」の四句は、あらゆる土地と人臣が王の支配下にあることを根據づけるものとして、諸書に引用された。今そうした認識に基づく「北山」の引用から、實際にどのような議論が展開されたかを、もう少し見てみたい。

第一は、絶對的な君臨者たる天子のこの上ない尊嚴を、まさに全土地と全人臣の支配者たる王を描く「北山」の句によって象徴的に示そうとする議論である。『荀子』君子に見える。


天子無妻、告人無匹也。四海之内、無客禮、告無適也。足能行、待相者、然後進。口能言、待官人、然後詔。不視而見、不聽而聰、不言而信、不慮而知、不動而功、告至備也。天子也者、勢至重、形至佚、心至愈、志無所詘、形無所勞、尊無上矣。詩曰、普天之下、莫非王土。率土之濱、莫非王臣。此之謂也。

天子に妻がいないとは、釣り合いになる人がいないことを言うのだ。四海の内で、天子に客禮の規定がないのは、匹敵する人がいないことを言うのだ。自分の足で進めるが、導きの者を待って初めて進む。自分の口で言えるが、擔當官の者を待って初めて詔を下す。自分で見ずとも明察し、聞かずともはっきりし、言わずとも信頼があり、思慮せずとも知性があり、動かずとも功績があるとは、すべてが備わっていることを言うのだ。天子なる者は、權勢は非常に重く、姿形は實に寬ぎ、心中は非常に愉快で、志の盡きる所なく、姿形の窶れる所もないという、この上なく尊い存在なのだ。『詩』に「普天の下、王土に非ざるは莫し。率土の濱、王臣に非ざるは莫し」と言う。これはこのことを詠じているのである。

第二は、中華による夷狄の支配をめぐる議論で、夷狄とて中華の王の支配下にあるとする主張を繰り廣げるために、「北山」の句が利用される。例えば前漢・賈誼『新書』匈奴の問答である。

或曰、天子不恤、人民宦之。曰、苟或非天子民、尚豈天子也。詩曰、普天之下、莫非王土。率土之濵、莫非王臣。王者、天子也。苟舟車之所至、人迹之所及、雖蠻貊戎狄、孰非天子之所作也。而惛渠頗率天子之民、以不聽天子、則惛渠大罪也。今天子自爲懷其民、天子之理也。豈有恤他人之民哉。

ある人が言った「天子が勞わらず、人民がこれを憂えている」。（答えて）言う「假にも天子の民でない者がいるのに、どうしてなお天子などでいられよう。『詩』に「普天の下、王土に非ざるは莫し。率土の濱、王臣に非ざるは莫し」と言う。王とは、天子のことだ。假にも舟や車の至る場所、人跡の及ぶ場所であれば、どんな夷狄であったとて、誰が天子の使役する存在でないことがあろうか。それなのに匈奴の輩がいたく天子の民衆を領率し、そうして天子の命令をきかないのは、匈奴の輩の大罪である。いま天子は自らその民衆に思いを致しており、それが天子の道理というものだ。どうして他人の民衆を勞わるなどという狀況があろうか（皆が天子の民衆なのである）」。

また別に、やはり前漢の司馬相如「蜀の父老を難ず（難蜀父老）」（『文選』卷四十四）を見てみよう。司馬相如は、武帝の時代に西南夷への侵攻を建議したが、蜀の長老がこれに反對した。そこで彼らを批難し、天子を諫めずに諭し、加えて自身の蜀への使者の役目を果たすべく、民衆に天子の意圖をわからせようとした。つまり「難蜀老父」とは、周圍による夷狄侵攻の容認を目論んで著されたものなのであった。西南夷への侵攻の大前提は、次のように述べられる。

且夫賢君之踐位也、豈特委瑣喔嚙、拘文牽俗、脩誦習傳、當世取說云爾哉。必將崇論吰議、創業垂統、爲萬世規。故馳騖乎兼容幷包、而勤思乎參天貳地。且詩不云乎。普天之下、莫非王土。率土之濱、莫非王臣。是以六合之內、八方之外、浸淫衍溢、懷生之物、有不浸潤於澤者、賢君恥之。
しかもそもそも賢明な君主（武帝を暗示）が位に卽かれれば、どうしてただ些細なことに齷齪し、法律やら習俗やらに拘泥しかかずらい、古くから書物で習い傳わってきたことを修め繰り返して、當世で悅ばれるだけ、などということがありましょう。必ずや高尙で宏大な議論を展開し、基業を切り拓いてそれを後世に遺し、萬世の規範となられるはずです。だからこそ、天下を包攝することに邁進され、しかも德を天地に比せんとして思いをすり減らされるのです。しかも『詩』に言うではありませんか。「普天の下、王土に非ざるは莫し。率土の濱、王臣に非ざるは莫し」と。こうして六合・八方の内外、すべてに德化が至り溢れ、生きとし生けるもので恩澤を蒙っていないものがあれば、賢明な君主はこれを恥とされるのです。

司馬相如は、中華の話に續けて「北山」の句を引き、それを中華に限らぬ全世界にまで押し廣げることで、西南夷の地に及んでいない德化をぜひ及ばせるべきと主張するのである。
いま司馬相如と、先に見た賈誼の議論を比較してみよう。司馬相如は中華から夷狄への侵攻の際の根據として、一方の賈誼は、本來的には中華の外に位置するはずの匈奴も中華に內包されるとする際の根據として、それぞれ「北山」の句を引用し、その視點は相違する。だが兩者とも、そもそも中華と夷狄には區分などなく、世界の土地と人臣はすべて漢王朝のものであるとする意識の根據として「北山」の句を引く點は、共通していると言えるのである。
このように、「北山」の四句を利用した諸書の主義主張は多樣だが、絶對的な君主の下での、すべての土地と人臣の支配を根據づけるべく「北山」の四句を引用するのが主流であったと言ってよい。

三　隱者を對象に用いる例

君主によるすべての土地と人臣の支配を根據づける「北山」の四句の影響は、その支配の枠からはみ出ようとする存在にも及ぶ。その存在が、賈誼や司馬相如の場合には夷狄であったわけだが、その他に對象となったのが隱者である。本節では、「北山」の句を根據とした隱者をめぐる議論の特徵と、その後の展開を追っていくことにしたい。まずは『韓詩外傳』卷一を見よう。

鮑焦衣敝膚見、挈畚持蔬。遇子貢於道、子貢曰、吾子何以至於此也。鮑焦曰、天下之遺德教者衆矣、吾何以不至於此也。吾聞之。世不己知、而行之不已者、爽行也。上不己用、而干之不已者、是毀廉也。行爽毀廉、然且弗舍、惑於利者也。子貢曰、吾聞之。非其世者、不生其利、汙其君者、不履其土。非其世而持其蔬。詩曰、溥天之下、莫非王土。此誰有之哉。鮑焦曰、於戲、吾聞賢者重進而輕退、廉者易愧而輕死。於是棄其蔬、而立槁於洛水之上。

鮑焦は衣服が破れ皮膚が露わになり、畚を引っ提げて野菜を運んでいた。道端で子貢に會い、子貢が言った「あなたは何故このような状態に至ったのですか」。鮑焦は言った「天下で徳による教えを忘却している者が大勢になってしまい、私はどうしてこのような状態に至らずにおれましょう。私はこう聞いております。世の中が自分のことを知らないで、それでも自身を賣り込もうとし續ける人は、行動を過っている。お上が自分を採用しないのに、それでも採用を求めて止まない人は、廉潔を傷つける、と。行動が過っており廉潔を傷つけ、それでもなお世に知られ採用されることを諦めきれないのは、利益に惑う者であります」。子貢が言った「私はこう聞いております。世の中を批難する者は、その世に利益を生み出さず、君主を汚らわしいと考える者は、その土地を踏みすらしない、と。(今あなたは)この世の中を批難しながらも、その(土地で取れた)野菜を運んでおられる。『詩』に「溥天の下、王土に非ざるは莫し」と言っております。この野菜は誰が所有するものでしょうか」。鮑焦が言った「ああ、私は賢明な人間は進み出ることを重んじて退き下がることを輕んじ、廉潔な人間は愧じることを容易と考え死を輕んじると聞いております」。そこで(鮑焦は)手にしていた野菜を捨て去って、立ちどころに洛水の上で枯死したのだった。

子貢は「北山」の前半二句を引用して、次のように鮑焦を批判する。すなわち鮑焦は、德教を失った現在の世の中を避ける隱者として廉潔を保っているようだが、「北山」の句にあるように、天下はすべて鮑焦が是としない君主の土地であり、その土地に生える野菜とて、王の所有物なのだから、これを食らって生きるならば、とても廉潔とは言えぬと、子貢は鮑焦を批判しているのである。

この「北山」の句を用いた「隠者が食するものとて、所詮は王朝の食物だ」と言う隠者批判の論理（以下「北山隠者論」と呼称する）も、天下の土地をすべて王の支配下と見做す「北山」の四句の解釋の上に成立しよう[6]。そして「北山」の句に基づき、その土地で取れた野菜もすべて王の所有物とする理解が、實はすでに前節で見た『左傳』昭公七年にあった點を指摘しておきたい。「封略之內、何非君土。食土之毛、誰非君臣」がそれで、杜預はここに「毛、草也」と注し、これに從うならば、食するのはやはり野菜の類となろう。『左傳』はまさにこの直後に「北山」の四句を引き、世の中の土地はすべて王の支配下にあり、そこで取れた野菜を食する人間はすべて王臣であるとの主張を、「北山」の句で補強していた。『左傳』は必ずしも隠者を批難する文脈ではないが、子貢の主張と軌を一にするものと言えよう。

さらに興味深いことに、この「北山隠者論」は、『韓詩外傳』の後にも、隠者を鮑焦から伯夷・叔齊に變えて繼承されていくのである。まず魏・麋元「弔夷齊」[7]を紹介したい。


子不弃殷而餓死、何獨背周而深藏。是識春香之爲馥、而不知秋蘭之亦芳也。所行誰路、而子涉之。首陽誰山、而子匿之。彼薇誰菜、而子食之。行周之道、藏周之林。讀周之書、彈周之琴。飮周之水、食周之荼。而謗周之主、謂周之淫。是誦周之文、聽聖之音、居聖之世、而異聖之心。嗟乎二子、何痛之深。

あなたは殷を棄て去れずに餓死され、どうして周にだけは背いて深く身を藏されたのか。これでは春の香りの馥郁たるをわかっていながら、それなのに秋の蘭もまた芳しいことを知らぬということ。歩んでいるのはどなたの路と心得て、あなたはそこを歩まれたのです？　首陽山はどなたの山と心得て、あなたはそこに身を藏されたのです？　あの薇はどなたの植物と心得て、あなたはそれを食されたのです？　周の道を歩まれ、周の林に身を藏された。周の書物を讀まれ、周の琴を彈かれた。周の水を飲まれ、周のつる草を食された。それなのに周の君主さまを誹謗され、周を淫亂とおっしゃった。これでは周の文章を口にされ、聖人の德音を耳にされ、聖人の世に身を置かれながら、それなのに聖人の御心に反されたことになってしまいます。ああ伯夷・叔齊のお二人、何と痛恨の極みではないですか。

ここに「北山」の句そのものは引かれない。だが食べる薇も周のものとする伯夷・叔齊批判は、まさに「北山隱者論」に他ならない。同じ論調の主張を、『左傳』昭公七年の記事がすぐ直後に「北山」四句を引いて補強していたことは、この伯夷・叔齊批判が「北山」四句を意識することの傍證となろう。加えてここでは、もはや土地とそこに生じる植物に限らない、存在する一切のものを王の所有物とし、「北山隱者論」の擴大解釋としても興味深い(8)。

また『南齊書』卷五十四・高逸傳の明僧紹の傳では、建元元年（四七九）に頻りに出された隱者・明僧紹を徵する太祖の詔に、次のようにある。

不食周粟、而食周薇、古猶發議。

周の粟は食べなかったが、それでも周の薇を食べたということについては、昔からなお議論が爲されている。

この詔では、「北山隱者論」によって隱者・明僧紹を召し出そうとしているわけだが、着目すべきは、「北山隱者論」が「古猶發議」と認識されている點であろう。この「古」について、明僧紹よりわずかに後の時代の人である劉孝標が著した「辯命論」（『文選』卷五十四）に、「夷叔　淑媛の言に斃る（夷叔斃淑媛之言）」の句があり、これに李善が『古史考』を引いて注を与えているのを見たい。

古史考曰、伯夷・叔齊者、殷之末世、孤竹君之二子也。隱於首陽山、采薇而食之。野有婦人、謂之曰、子義不食周粟、此亦周之草木也。於是餓死。

『古史考』に言う「伯夷・叔齊というのは、殷の末の世、孤竹國の君主の二人の子である。首陽山に身を藏し、薇を採ってこれを食べていた。原野に婦人がおり、彼らに言った「あなた方は義理として周の粟を食べないそうですが、この薇もまた周の草木ではないですかね」。そこで彼らは餓死した」。

『古史考』は、『隋書』經籍志・史・正史が「古史考二十五卷、晉義陽亭侯譙周撰」と著錄し、『三國志』卷四十二・蜀書・譙周傳も、彼が『古史考』を撰した旨を記す(9)。また『晉書』卷八十二・司馬彪傳は、司馬彪が『古史考』の訂正を施したことに言及するが、その前に、幸いにも譙周が『古史考』を著した動機を教えてくれている。

初、譙周以司馬遷史記、書周秦以上、或採俗語百家之言、不專據正經。周於是作古史考二十五篇。皆憑舊典、以糾遷之謬誤。

かつて譙周は、司馬遷『史記』が、周・秦より上のことを記述するにあたり、民間に傳わる文句や多種多様な言說を採用することがあり、すべてが正統的な記事に依據したわけではないと考えた。譙周はそこで『古史考』二十五篇を著した。すべて古い典籍に依據し、それによって司馬遷の誤謬を正したのだった(10)。

これによれば譙周は、司馬遷『史記』が上古時代の記述に俗說染みた記事をも採用したとの不滿を覚え、自身が正統的とする記事（正經）を用いて『古史考』を著したのであった。原野の婦人による批難が伯夷・叔齊の餓死の直接の原因になったという、現在の感覺ではやや小說的脚色の匂いのする記事を、譙周が却って正統的と見做した感覺は、それで一考すべき問題のように思われるが、とにかく譙周が生きていた當時、伯夷・叔齊を「北山隱者論」で批難する、『古史考』が傳えるような記事が傳存し、それを譙周は採用したのだろう。そして同じ三國の麋元も、やはり「北山隱者論」を展開していた點から、この理論が當時かなり一般に流布していたことが推定される。さらにこの理論は、明僧紹に對する詔や劉孝標「辯命論」へと、南齊・梁の時代にまで着實に繼承されたのである。(11)

こう考えると、「古猶發議」とは單純にある一時の特定の議論ではなく、むしろ「北山隱者論」を以て隱者を批判する、如上に見えたような歷來の議論を總じて指すと考えられないか。これが、先に詔の「古」を、「かつて」ではなく「昔から」と敢えて邦譯した所以である。

四　隱逸と節義

伯夷・叔齊批判は、南北朝時代以降も王安石を筆頭に存在はした。だがその數は總じて少ない。(12)また興味深いことに、三國から南朝まで綿々と繼承された「北山隱者論」が、南朝を最後に見られないのである。本節ではその理由を、「北山隱者論」の內實をより詳細に分析しつつ、隱逸と節義の觀點から考察していきたい。

まず前提として改めて確認しておきたいのは、「北山」の四句が、君主の全土地の支配（前半二句）と全人臣の支配（後半二句）を明言するということである。すると、隱者を批判するにしろ召し出すにしろ、後半二句を引き、「世の人はすべて君主の臣下である以上、汝も臣下であり、隱逸の選擇肢はない」と言い放ってしまえばいいのではないか。だが一連の「北山隱者論」は、すべて土地とそこに生える食物を以て隱者に迫るのであった。こうした前半二句を引いた土地と食物による壓迫は、隱者を「死」しかない狀態に追い込む效果があろう。つまり薇の如き些細な食物でさえ、現實に王朝の支配下の土地で生えたために決して口にはできぬと責めることで、隱者にはもう生きる術がなくなってしまうのである。これは、後半二句によって、隱者に「お前は現君主の臣下なのだから、隱逸は徹底し得ない」と迫った場合、隱者が現君主に與しない、つまり現君主の臣下になった覺えはないとする立場などから容易に反駁する餘地があることに比して、よほど壓迫感があると言える。

また三國から南北朝時代にしばしば「北山隱者論」が出現した背景に、この時代が繼續的に動亂を繰り返したことがないか。伯夷・叔齊のように節義を一つの王朝に盡くしていては、當時はそれこそ命が幾つあっても足りない。その中で人臣は、如何に遷り變わる權力の動向を見定め、それに上手に附き從うかに心を砕いたのだ。後漢末や北朝の士大夫が、多く山林に身を藏して一時的に動亂を避け、南朝の士大夫が、遷り變わる王朝に仕え續けて所謂「朝隱」の態度をとったのは[13]、形態は相反するであろうが、王朝交替に際し、節義を一つの王朝に盡くし得ぬ現實の中での心情や行動としては、共通すると言えるだろう[14]。

だが唐代以降、科擧制度の浸透は、徐々に皇帝を頂點とする官僚機構を整え、宋代に至り、それが官僚層の自發的な所屬國家への「節義」の意識にまで極まった感がある[15]。その意識を象徵するものとして、ここでは「二君には仕えず」と「餓死の事は極小、失節の事は極大（餓死事極小、失節事極大）」の二例を取り上げたい。

宋代に馮道を、歐陽脩『新五代史』卷五十四・雜傳の本傳や司馬光『資治通鑑』卷二百九十一の論が、王朝を轉々とした破廉恥な宰相として批判して以來、「二君には仕えず」の論調が高まった[16]。例えば朱子は、『資治通鑑綱目』巻二十四・宋元嘉四年「晉處士陶潛卒」條の注に、陶淵明が、曾祖父・陶侃が大臣として仕えた東晉を滅ぼした劉裕への仕官を恥じたとする點（『晉書』巻九十四・隱逸傳・陶潛）を特筆し、その節義を高く評價した[17]。また陶淵明が「讀史述九章」で伯夷・叔齊への感慨を詠じたことに、蘇軾は「蓋し感ずるところ有りて云ふ」とコメントし[18]、さらに葛立方『韻語陽秋』巻五も二姓への仕官を恥じる思いがこの作品を著させたと言う。こうして從來「隱逸詩人」と目されていた陶淵明が、「二君には仕えぬ節義の詩人」と評價される傾向が強まり、それは後世にも持續される[19]。
以上の「二君には仕えず」の論調が宋代以後、中華が侵略された際を中心に「節義」として聲高に叫ばれたこと、多くの具體例を見出し得る。かかる狀況に清・趙翼『陔餘叢考』巻十七・六朝忠臣無殉節者は、宋代以前の士大夫が無節操に二君以上に仕えた事例を執拗なまでに列擧した上で、宋代以後を次の如く總括する。

直至有宋、士大夫始以節義爲重、實由儒學昌明、人皆相維於禮義而不忍背、則詩書之有功於世教、匪淺鮮矣。
一氣に宋代になり、士大夫たちが初めて節義を重要視したのは、實に儒學が明らかになったことに由來し、人々は誰もが禮義に心寄せて背離することができなくなったのであれば、世の教化における詩書の功績は、決して少なくないのだ。

こうした「節義」の重要視に關連して、「餓死事極小、失節事極大」の語に着目したい。これは程伊川の語（『二程遺書』巻二十二下）であり、もともとは寡婦の再嫁を、身を寄せる所なく死ぬより節義を失うことの方が問題であると戒めたものであった。だがすでに宋代において、出處進退をめぐってこの語は用いられた。例えば姚勉（一二一六〜一二六二）は「與蔡佑神公亮書」（『姚勉集』巻三十[20]）で、今世風俗の廢頽を嘆いて次のように出仕を拒む。

某極貧、爲貧固亦可仕、然決不敢枉道以信身。餓死事小、失節事大也。

私奴は極貧、貧しさたるや當然仕官すべきですが、しかし絶對に道理を歪めて自身を世に賣ろうとは思いません。餓死は小さな事、節義を失うのは大きな事なのです。

姚勉は伊川の語を用い、出仕すべからざる世の中に出仕することで節義を失うことの重大さを、餓死寸前の極貧の描寫と對比させて強調した。そしてこうした用例は、妻の夫への從事を君臣關係に比したものも含め、宋以後にも多々見出し得るのである[21]。いま一つだけ、明の遺民・呂留良が淸の生員となった過去を悔いた詩「耦耕」(『倀倀集』)を示そう。

苟全始信談何易　徒に生き長らえることが言うほど簡單ではないと初めて信じ[22]
餓死今知事最微　餓死することが最も些細なことであるといま知った

以上のように、宋代以後、「節義」を失うことは「(餓)死」よりも避けるべきであり、その觀念は君臣關係にも適用された。また君臣關係をめぐり、「二君には仕えず」という「節義」が稱揚される風潮があった[23]。この二點を「北山隱者論」に關連してまとめるならば、「二君には仕えず」という「節義」のために、「餓死」の恐怖ももはや效力を持たず、結果として南朝以後、薇すら食えぬと迫る「北山隱者論」は登場しにくくなっていったのではないか。

おわりに

ここまでの考察で、「北山」の四句を解釋の根據とした議論の多様性と、それが隱逸に用いられた際の議論の展開について、明らかになった。そして特に隱逸については、南北朝時代までと宋代以降での、隱逸と節義の間における觀念の變異が窺えたことと思う。先に引いた趙翼の議論は、南北朝時代の士大夫と宋代の士大夫とを、節義なく二君以上に仕えた前者と、儒學の教化により節義を辯えた後者と、鮮明な對比の下に描出する。だが南北朝士大夫もまた、當時の混亂の中、國家に奉仕する一官僚としての側面を併せ持っていたことは、第一部・第二部を通して明らかにしてきたように、紛れもない事實である。今後も、そうした混亂の中で、南北朝時代の士大夫層が有した國家觀について、單に「無節操」と一蹴するのではなく詳細に檢討していくことを目指していきたい。

(1) 鄭箋「言、我也」に從う。
(2) 毛傳「賢、勞也」に從う。
(3) 「北山」の四句が諸書に引用される際、「溥」字は往々にして「普」字に作る。以下、「溥天」は毛傳「溥は大なり」に、「普天」は趙岐注「普は徧なり」に、それぞれ從って理解した。
(4) ここの文・辭・意の解釋は、趙岐注「文、詩之文章、所引以興事也。辭、詩人所歌詠之辭。志、詩人志、所欲之事。意、學者之心意也」に從う。朱熹の集注は「文、字也。辭、語也」。
(5) 鈴木虎雄『支那詩論史』(弘文堂、一九二五)は、「孟子の時代には詩を解するに其の原意を失へるもの多かりしが如し」と言い、『孟子』のかかる『詩』理解を紹介する（三一頁）。饒龍隼「「普天之下」章句『詩』説遺義」（『江西師範大學學報（哲學社會科學版）』第三五卷第二期、二〇〇二）は、「北山」四句の引用とその利用の多様性から、『詩』の理解の仕方を、『詩』の一部の句を自身の議論に合わせる「比附『詩』説」と、『詩』の一句一句の意味を詩全體から捕捉する「本體『詩』説」との二通りに分け、後者の『詩』理解を詳説する。
（6）『韓詩外傳』における「北山隱者論」の存在は、吉川忠夫氏のご教示による。
（7）この作品は、『藝文類聚』巻三十七・隱逸下（作者は靡元）と『太平御覽』巻五百九十六・弔文（作者は麋元）に見える。作者は、嚴可均『全上古三代秦漢三國六朝文』「全三國文」巻三十八（中華書局、一九九九）が麋元に作るのに從う。『舊唐書』經籍志と『新唐書』藝文志に「麋元集五卷」とあり、『通志』藝文略に「散騎常侍麋元集五卷」とある。彼は他に「譏許由」（『藝文類聚』巻三十六・隱逸上）も著した。作品の文字は、原則『藝文類聚』に從いつつ、一部『太平御覽』に據って文字を改めて、本文を定めた。文字を改めた場合、煩瑣になるので一々は注記しない。
（8）麋元「弔夷齊」が歴代の伯夷・叔齊論の中で有した特異性について、松浦友久「韓愈の「伯夷頌」をめぐる二三の問題」および「魯迅「采薇」について——「伯夷説話」繼承史における一展開——」（ともに『中國古典詩學への道』（松浦友久著作選Ⅳ、研文出版、二〇〇五）所收）、參照。ただ『韓詩外傳』の鮑焦批判との關係性やその後の展開については言及がない。
（9）凡所著述、撰定法訓・五經論・古史考之屬百餘篇。
（10）司馬彪が『古史考』に訂正を加えた事實については、續けて「彪復以周爲未盡善也、條古史考中凡百二十二事爲不當、多據汲冢紀年之義、亦行於世」と言う。
（11）撰者不詳『琱玉集』巻十二・感應篇にも、『列士傳』の記事として「北山隱者論」が見える。「（伯夷・叔齊）不食周粟、以薇菜爲粮。時有應糜子、往難之曰、雖不食我周粟、而食我周木、何也。伯夷兄弟、遂絶食七日」（柳瀬喜代志・矢作武『琱玉集注釋』（汲古書院、一九八五）に據る。この書の解説に從えば、『琱玉集』の成立は初唐から盛唐である）。『列士傳』の成書年代は不詳だが、『北堂書鈔』に引用されており、初唐以前の書物であろう。『隋書』經籍志・史・雜傳は、劉向撰の「列士傳二卷」を著録するが、僞託の可能性が強い（興膳宏・川合康三『隋書經籍志詳考』

（汲古書院、一九九五）、參照）。

また伯夷・叔齊の人物像が、歴代どのような受容と展開を見せたのかについては、吉川忠夫「歴史の中の伯夷・叔齊」（『東洋の思想と宗教』三二、二〇一五）、參照。ここには南朝に見える「北山隱者論」について、筆者が指摘したものの他に、梁・皇侃『論語集解義疏』の例が擧げられている。
（12）前掲松浦氏論考、參照。特に王安石については、藤井京美「王安石伯夷論考」（『日本中國學會報』四六、一九九四）、參照。
（13）第二部第五章とその注（5）所掲の論考、參照。
（14）魯迅は、東晉末に生きた陶淵明が、後漢末の孔融や魏末の嵆康ほど政治的に激烈な詩文を遺さなかった理由として、度重なる戰亂と王朝交替への慣れを擧げる（「魏晉風度及文章與藥及酒之關係」（『魯迅全集』三（人民出版社、一九七三）五〇五頁）。着想は筆者と共通する。
（15）湯淺幸孫「「讀書人」身分の「教養」と「倫理」—中國文化の統一性の基礎—」（同氏『中國倫理思想の研究』、同朋舍、一九八一、所收）、竺沙雅章『征服王朝の時代』（講談社、一九七七）など、參照。また釜谷武志『陶淵明』（岩波書店、二〇一二）は、六朝期まで單に隱者と評されていた陶淵明が、唐代から「縣令を經た」隱者と評され始めた點を指摘し、その原因に、科擧の實質的な機能に伴う役人と文人の不可離性を擧げる（三八頁）。
（16）宋代に馮道の評價が必ずしも批判一色ではなかったことについては、礪波護『馮道』（中公文庫、一九八八）二五八頁、參照。
（17）朱子はまた「向薌林文集後序」（『晦庵先生朱文公文集』卷七十六）でも、陶淵明の節義を稱贊する。
（18）『箋註陶淵明集』卷五・讀史述九章の箋註が引く蘇軾の語に、「東坡曰、讀史述九章、夷齊・箕子、蓋有感而云。去之五百餘載、吾猶識其意也」とある。
（19）具體例は大矢根文次郎『陶淵明研究』（早稻田大學出版部、一九六七）第三篇「歴代の、人物・文學評論概説」、參照。
（20）上海古籍出版社、二〇一二。

（21）明・薛宣『敬軒文集』巻十一・書貞節堂詩文後、清・沈佳『明儒言行錄』巻十・劉宗周、清・陸隴其『松陽講義』巻八・論語足食足兵章と巻十・論語君子謀道章、清・陳立『公羊義疏』巻二十四・莊公二十七年「冬杞伯姫來」疏などを見られたい。
（22）「談何易」の語は、東方朔「非有先生論」（『文選』巻五十一）の「談何容易（李善注、言談說之道、何容輕易乎）」に基づく。
（23）島田虔次『朱子學と陽明學』（岩波書店、二〇〇四）では、「二君には仕えず」を本來の朱子學理論と見做すことを否定する（九七頁）。また大槻信良「宋初隱逸の朱子學的風格」（『支那學研究』二一、一九五八）は、『宋史』隱逸傳の中に朱子學の萌芽を見出さんとする。

第十章　王通と『中說』の受容と評價――その時代的な變遷をたどって――

はじめに

この第十章では、隋・王通（五八四～六一七）とその著作『中說』[1]について論じる。『中說』に關しては、南宋よりその眞僞をめぐる多くの議論があり、また現行『中說』を對象に、その思想內容も分析されてきた[2]。だが『中說』の眞僞問題が中心話題となる南宋以前に、王通と『中說』が受けてきた評價の內實については、これまで十分な檢證がなかったのではないか。

その中で、李小成『文中子考論』[3]の第四章「文中子及《中說》的著錄與評論」は、歷代の『中說』に對する論評を博搜し、時代別に槪觀する。ただそれは、その內容を紹介し確認するに止まり、そうした論評が出現した理由や、各時代間における論評の內容の連關および相違などについて考察する意識は、希薄であるかのように思われる。そこで本章は、王通や『中說』のどの側面が、如何に取り上げられたのかを、次の二點に留意しながら、時代の推移に沿ってたどってみることにしたい。

留意點の第一は、王通の學問が『中說』を通じて、王通の後裔にどう繼承され、如何に現行の『中說』の中に反映されていったのかということである。この着眼は、『中說』の成立過程や、王家における家學の繼承の實態を考える上でも有益と思われる。留意點の第二は、各時代になされた王通や『中說』への論評が、互いにどう連關し、また相違するのかということである。各時代の思想界が、王通や『中說』を通して着目した内容を明るみに出すことで、王通と『中說』を思想史上に位置づけたい。

一　『中說』に語られる王通と王氏

いま現行の『中說』を通讀すると、王通の思想に二つの系譜が存していることに氣づく。第一は、周公から孔子へと傳えられた道を、王通自身が繼承するという思想の系譜である。
子曰、吾視千載已上、聖人在上者、未有若周公焉。其道則一、而經制大備、後之爲政、有所持循。吾視千載而上、(4)未有若仲尼焉。其道則一、而述作大明、後之修文者、有所折中矣。千載而下、有申周公之事者、吾不得而見也。千載而下、有紹宣尼之業者、吾不得而讓也。（天地篇）
先生が言った「私が自身の上千年を見るに、上に御座す聖人では、周公を凌ぐ方はいない。その道は一つに貫かれ、治國の制度は大いに備わり、周公以後の爲政者は、それを捧持し因循した。私が自身の上千年を見るに、孔子を凌ぐ方はいない。その道は一つに貫かれ、著述は大いに輝き、孔子以後に文章を著す者は、それを準則とした。周公の下千年、彼の事業をさらに展開した人物を、私は見たことがない。孔子の下千年、彼の學業を繼承する人物として、私は決して讓歩などしない」。

このように、周公から孔子を經て、そして王通へと傳わる思想の系譜が、『中說』の本文には盛んに描出されている。そして王通は孔子を繼承する人物としての自負を、聲高に主張するのである。

いま一つの思想の系譜は、家の學問の繼承である。禮樂篇で越公（楊素）は、王通とはどういう人物であるかを薛公（薛道衡）に問う。それに對する薛公の答えは次のようであった。

薛公曰、鄉人也。是其家傳七世矣、皆有經濟之道、而位不逢。越公曰、天下豈有七世不逢乎。薛公曰、君子道消、十世不逢有矣。越公曰、奚若其祖。公曰、王氏有祖父焉、有子孫焉。雖然、久於其道、鍾美於是也。是人必能敍彝倫矣。

薛公が言った「（王通は）同鄉の人です。彼の家は七世代に亘り（學問を）傳承し、皆が經世濟民の道を辯えていましたが、地位には惠まれませんでした」。越公が言った「この世に七世代も地位に惠まれぬことなどあり得ようか」。薛公が言った「君子の道が消失しては、（孔子の如く）十世代でも地位に惠まれぬことはありますう」。越公が言った「（王通はその）先祖と比較してどうか」。薛公が言った「王氏には先祖がおり、子孫もおりましょう。しかしながら、然るべき道に久しく執心し、先祖の美點が擧って王通に集まっています。この人物は、必ずや天下に常なる道を示すことでしょう」。

楊素と薛道衡の間に實際この對話があったかどうか、つまりこの對話が實錄か否かはいま問題にしない。ここでは『中說』に描出される、王氏が綿々と繼承してきた經世濟民の道への關心を、王通が王氏の歷代の人物の中でも突出して持つとする構圖を確認しておきたい。同樣の構圖は王道篇にも見える。

文中子曰、甚矣、王道難行也。吾家頃銅川六世矣、未嘗不篤於斯。然亦未嘗得宣其用、退而咸有述焉、則以志其道也。

文中子が言った「凄まじいものだ、王道の行ない難いことは。我が王家は、最近の銅川府君（王隆）まで六世代に亘って、この王道に心寄せぬ人物はいなかった。だがそれを實用へと移し得た人物もおらず、そこで隱退して皆が著述を行なって、その王道を書き記した次第である」。

こう王氏の六代に亘る「王道」への關心を明記し、彼らの具體的な著作名と、それぞれの著述意識を一人ずつ簡潔に述べた上で、王通は最後を次の如く結ぶ。

余小子獲覩成訓、勤九載矣。服先人之義、稽仲尼之心、天人之事、帝王之道、昭昭乎。

私奴は先祖たちの教訓を目睹し得、それに勤しむこと九年に及んだ。先人の教義を服膺し、孔子の心志に考えを巡らせば、天と人の間の事柄と、帝王の道とは、何と輝かしいことであろうか。

ここでは王氏の王道への關心と、道を說く孔子の學問とが、王通において交差している。王通は孔子の學問を繼承すると同時に、王氏の學問をも傳承する存在として、『中說』には描かれるのである。すると以上の二つの學問の系譜は別々のものではなく、ともに王通へと收束していくものであったと言えよう。

ところで『中說』本文には、いま見たように王氏の學問や王道への關心を、王通自身が繼承したことが述べられていた。だがその關心を、後裔たちも繼承するように訴える王通自身の發言は、『中說』本文には一切見えない。例えば第一部第一章で顏之推は、自身が備える顏家の學問を、顏家として繼承するよう後裔の者たちに望み、それを『顔氏家訓』の中で盛んに發言していた。すると王通が『中說』の中でそうした發言をしないというのは、如上の顔之推の態度とは一線を畫す。この意味で、王通『中說』には家學を系譜的に述べる部分が存していても、決して「家訓」という形式には納まらない著作であったと言えよう。
だが『中說』本文ではなく、附錄の「王氏家書雜錄」（貞觀二十三年正月、王通の息子・王福時の撰とされる）になると、事情が異なる。つまり王通の弟子である薛收と姚義が門人たちの記錄を收集して仕立てたと杜淹により傳えられる『中說』は、動亂を經たために、百枚餘の篇目もない雜記と、蟲食いや磨滅のある首卷と序を殘すに過ぎないものとなっていた(5)。ところが貞觀十九年（六四五）、王通の弟・王凝は、二十四歲の王福時に『中說』を傳授する。

十九年、仲父……又以中說授余曰、先兄之緒言也。余再拜曰、中說之爲敎也、務約致深、言寡理大、其比方論語之記乎。孺子奉之、無使失墜。
（貞觀）十九年、叔父・王凝どのは……さらに『中說』を私（王福時）に傳授して言われた「これは兄上がなお意を盡くし得ぬままに遺された言葉である」。私は謹んで二度拜禮して言った「『中說』の敎えは、簡約に努めながらも深い內容で、言葉數は少なくても遠大な道理を說き、それは『論語』の記述に比擬したものと言えましょうか。私はこの敎えを捧持し、失墜させることのないように致します」。

ここに描出されるのは、王通から弟・王凝へ、さらには王通の息子・王福時へと、王氏一族に王通の學問が意識的に繼承されていく樣であり、それは『中說』卷十・關朗篇の本文に附された太原府君、すなわち王凝の次の言葉にもうかがえる。

太原府君曰、文中子之教、不可不宣也。日月逝矣。不可使文中之後、不達於茲也。召三子而教之略例焉。

太原府君は言った「文中子の教えは、宣明しないわけにはいかない。月日が經ってしまった。文中子の後裔たちをして、この教えに通達させねばならない」。（王通の）三人の子どもたちを呼んで、彼らに（續經の）略例を授けた。

無論『中説』の附錄に見えるような、『中説』を介した王通の學問の授受が、實際にどれほど行なわれたのかは定かではない。だがこの授受關係の記錄者が、王通の學問に加え、それを繼承する王氏の顯彰をも目論んでいることは疑いない。

こうして見ると、『中説』の本文と附錄の間には、些かの性格の相違を見出し得よう。つまり『中説』の本文は、周公から孔子を經て、しかも王氏の家系が累々と繼承してきた「王道」の學を、最高の形で繼承した王通という人物像の描出と、その稱贊を主とした。そこに王通から後裔への發信は見受けられない。一方で附錄の文章群は、如上の王通像をより色濃く體系的に表出し、またその學問を、『中説』を通じて確實に繼承する王氏一族の稱揚をも見据えたものであったと考えられるのである。

二　王勃による家學の繼承

すでに觸れたように、王通の息子・王福畤は、叔父・王凝から『中説』を介して王通の學問を授かったとされる。次の世代になり、王福畤の息子、つまりは王通の孫に當たる王勃（六五〇〜六七六?）の文集に附された楊炯

（六五〇～六九五？）の手に成る序文（以下「楊炯序」と呼稱する）[6]には、王福時を紹介する中で次のような四句が見えている。


司馬談之晩歳、思弘授史之功、揚子雲之暮年、遂起參玄之歎。

司馬談は晩年、史官としての功績を（息子・司馬遷に託して）廣く遺そうと思い、揚雄も晩年になると、『太玄經』執筆における（息子・揚信の）贊助に感嘆したものだ。


これは、司馬談・司馬遷父子と揚雄・揚信父子における學問と著述の繼承關係に擬えて、王通・王福時父子におけるそれを語っている。つまり楊炯序は、王福時が父・王通の學問に加えて、著述をも繼承したと認識しているのである。その著述の中には、『中説』も當然含まれたであろうし、實際に王福時は、すでに見たように『中説』を王凝から授かったとされているのであった。

道坂昭廣氏は、王家の家學と王勃を、兩者に共通する「不遇感」を媒介にして論じ、サロン文學界からはじき出され蜀へ出立した後、王家の家學が、王勃文學の新局面の開拓に大きく影響したとする[7]。本節では氏の論考を踏まえ、王氏一族による王通の學問の繼承を探る一環として、王勃の家學繼承の事實を確認しつつ、王勃と蜀の關係性についても些か言及したい。

實は楊炯序は、王福時だけではなく、王勃による王通の學問の繼承にも觸れている。すなわち王勃が、祖父・王通の『續詩』『續書』に序文を附し、王通の門人・薛收が試みた『元經』の傳の完成を目指した功績を、陳寔・陳群及び孔子・孔伋という祖父・孫の例に擬えて、こう稱贊するのである。

君思崇祖德、光宣奧義、續薛氏之遺傳、制詩書之衆序、包擧藝文、克融前烈。陳羣稟太丘之訓、時不逮焉、孔伋傳司寇之文、彼何功矣。

君（王勃）は祖父の遺德を慕い尊び、その學問の奧義を宣明し、薛收が遺した『元經』の傳を引き繼ぎ、『續詩』『續書』に序を作り、廣く典籍を總合して、先祖の偉業を闡明した。陳群は陳寔の訓えを受けながらも、大成には時間が足りず、孔伋は孔子の遺文を傳承したが、それとて（王勃に比すれば）どれほどの功績か。

こうして王通、王福畤、王勃と三世代に亘り傳承された王通の學問と著作だが、その傳承過程を、王勃自身が「續書序」（巻九）の中でかなり具體的に述べてくれている。それを見ておきたい。

家君欽若丕烈、圖終休緒。乃例六經、次禮樂、敍中說、明易贊、永惟保守前訓、大克敷遺後人。勃兄弟五六冠者、童子六七、祇祇怡怡、講問伏漸之日久矣。躬奉成訓、家傳異聞、猶恐不得門而入、才之不逮至遠也。是用厲精激憤、宵吟晝詠、庶幾乎學而知之者。其修身愼行、恐辱先也。豈聲祿是徇、前人之不繼是懼。

父君は謹んで大いなる祖父の功績に從い、祖父が始めた素晴らしき業績を全うせんとした。そこで（王通の著した）六經を考え合わせ、『禮論』『樂論』をきちんと定め、『中說』を順序立て、『贊易』の條理を明らかにし、永く祖父の遺訓を保持繼承し、大いに後裔に施し遺した。我ら勃兄弟は、年長の者から年若い者まで、敬い合いつつ和やかな雰圍氣で、長いこと講義や議論の中に浸る日々を送った。身を以て先人の成した訓示を奉戴し、家に（直系ならではの）特別な教えを傳承しながら、なお門を見付けて入り得ず、才能がその深遠さに至れぬことを危惧した。そこで發憤奮闘し、晝も夜も先人の學問内容を復唱することで、（生まれながらに知るとはいかずとも、）學問に打ち込んだ結果知るに至ろうと望んだ。心がけ正しく愼重に行動するのは、先人を辱めることへの恐怖からである。どうして名聲や秩祿を追求しようか、ただ先祖の業績を繼承できないことが懸念されるばかりである。

この發言から、王福畤が王通の著作をかなり幅廣く傳承していたことがわかり、それは先の楊炯序の記載とも合致する。

また王勃が父・王福畤を通じ、若い頃から祖父・王通の學問の影響を多分に受けて育ったことがわかる。道坂氏が説く通り、王氏の家學が王勃の意識の中で顯在化したのは、彼が不遇を託つ蜀滯在後のことで、それは王勃が蜀へ旅立った總章二年（六六九）に「續書序」の筆が執られたことに象徵される。(8)だが家學の下地は、王勃の若い頃すでに父・王福畤を介して形成されていたのであった。

さて總章二年、王勃は都から蜀へと旅立った。その理由については、道坂氏も指摘するように、王勃の文才と、それに對する周圍の反發や嫉妬が影響したのであろう。(9)だが何故行き先が蜀なのかは、ほとんど情報がないと言ってよく、「入蜀紀行詩序」（巻七）に次のように語られる程度である。


總章二年、五月癸卯、余自常安觀景物於蜀。遂出褒斜之隘道、抵岷峨之絕徑。超玄谿、歷翠阜、迨彌月而臻焉。

總章二年、五月癸卯、私は長安より蜀へと景色風物を見に出かけた。かくて褒斜の狹く險しい谷間を進み、岷峨の切り立った細道に到った。小暗い溪谷を乘り越え、綠眩しい丘陵を過って、一月弱でこの地（蜀）へとたどり着いた。

ところでこの王勃が旅先に蜀を選擇したことに、王通が關係しているのではないか。『舊唐書』巻一百九十上・文苑傳上・王勃を見ると、「祖通、隋蜀郡司戸書佐」とあり、楊炯序も「祖父通、隋秀才高第、蜀郡司戸書佐、蜀王侍讀」と言う。つまり蜀は、王通と實に縁深い地だったのである。

さらに『中說』事君篇には、王通の蜀に對する思い入れが吐露された一段が存在する。

尙書召子仕。子使姚義往辭焉、曰、必不得已、署我於蜀。或曰、僻、子曰、吾得從嚴揚、游泳以卒世、何患乎僻。

尙書省が先生（王通）を招聘して仕官を求めた。先生が（弟子の）姚義を遣って辭退させ、言うには「もしどうしてもということであれば、私を蜀の地に任じてほしい」。ある人が「あまりに僻地です」と言うと、先生は「私は嚴君平や揚雄の後を追い、自由氣ままに生を全うできるのであれば、どうして僻地であることなどに思い悩もうか」と言った。

また『中說』天地篇には、揚雄を張衡とセットにする形で、次のように評價した問答がある。

或問揚雄・張衡。子曰、古之振奇人也。其思苦、其言艱。曰、其道何如。子曰、靖矣。

ある人が揚雄と張衡とは如何なる人物かを問うた。先生が言った「昔の奇特な人物である。彼らの思想は苦澁なるもので、言葉は艱難を極める」。（ある人がまた）言った「彼らの「道」はどうですか」。先生が言った「靜謐である」。

以上の揚雄評を合わせ考えると、王通が強いて赴任地に蜀を選擇したのは、世の流れに與せず自己の信念を守った孤高の思索者として、嚴君平と揚雄を慕った結果と考えられる。[10] もし王勃が、王通による蜀や揚雄らへの如上の評價を認識していれば、蜀へ旅立つ大きな後押しとなったであろう。もっともいま見た『中說』の兩段が、王勃の見た『中說』に収められていたかは定かでない。だが兩段が王勃以後の虛飾でも、少なくとも王通が蜀の地に任じた事實は王勃の知る所であったと思われ、蜀行きに少なからぬ影響を及ぼしたのではないか。さらに想像を逞しくすれば、『中說』に虛飾を施した人物が、王通の蜀への赴任と王勃の蜀行きを結びつけ、事君篇の對話を創造したかもしれない。いずれにしても、王通と蜀の間に存在した深い關係が、王勃の蜀行きに何がしかの影響を與えた可能性は、蜀行きが王勃に家學への意識を顯在化させたという道坂氏の指摘と相俟って、十分あり得るように思われる。

三　唐代の『中說』裝飾と王通の評價

王通の死後、その名は世に特には知られず、『中說』ももっぱら家學を傳える書物として、王勃ら王氏の後裔たちに讀まれるに過ぎなかった。[11] だがその過程で、『中說』には様々な虛飾が施されていったようである。前節に引いた「續書序」で王勃は、王福畤による王通の著作の傳承を述べて、所謂「王氏六經」や各著作に對し「例」「次」「敍」「明」（例六經、次禮樂、敍中說、明易贊）と言っていた。これは、王通の著作がある程度の整理を伴う形で傳承されたことを窺わせるに十分であろう。

また『中說』には、王通の弟子として、貞觀の治を現出した魏徵・房玄齡ら大政治家が登場する。一方で王通の弟・王績や王勃の作品、楊炯序などでは、唐代の大人物たちとの師弟關係が言及されない點に注意したい。[12] 後に論及することであるが、晩唐に入り、皮日休（八三四？〜八八三？）の「文中子碑」、陸龜蒙（？〜八八一？）の「送豆盧處士謁宋丞相序」、司空圖（八三七〜九〇八）の「文中子碑」と「三賢贊」などが、盛んに王通を取り上げ始めるのだが、その中にはすでに、魏徵・房玄齡・李靖・杜如晦らが、王通の弟子として登場しているのである。[13]
加えて杜牧（八〇三〜八五三）の『樊川文集』に冠された彼の甥・裴廷翰による序文が「文中子曰」と引用する言葉は、ほぼ現行『中說』王道篇の一節と一致する。[14]
以上の事實を踏まえたとき、『中說』は王凝から王福畤、王勃らの世代による整理を經、その後に初唐の大人物たちと王通の間に師弟關係が設定されて、晩唐の頃にはすでに、虛飾に富んだ現行のものにかなり近い『中說』が出來上がりつつあったと推定できるのではないか。
そこで以下、晩唐の士人層による王通の取り上げられ方を具體的に檢證したいと思うのだが、實はこれについてはすでに、岸田知子氏が「復古主義」と「道統論」の觀點から論じている。つまり皮日休や司空圖ら一部の復古主義的な唐代士人が、王通の孔子繼承者としての意識に着目し、韓愈（七六八〜八二四）の「原道」に見える道統論に引き附ける形で、「文中子碑」において、王通を道統の中に組み込んだとするのである。[15]筆者は基本的に氏の論に贊同する。いま王通や『中說』に對する唐代の評價の中で、氏が言及されていない幾つかの具體例を補足し、より道統論の內實に迫ることで、唐代の王通評價の全體像を描出したい。
唐代、最初に王通を取り上げたのは、劉禹錫（七七二〜八四二）による王質、字は華卿のための「神道碑」である。[16]そこでは王通を王質の五代の先祖として簡單に紹介する中で、「隋朝の諸々の儒者の中で、ただ王通だけが「王道」を闡明した（在隋朝諸儒、唯通能明王道）」と言う。第一節で見たように、王通に至る歷代の王氏の面々は「王道」に強い關心を持ち續け、王通は特に關心が強かったと『中說』では描かれるのであって、いま劉禹錫は、王通による「王道」の闡明を評價の對象としたのである。そして碑文は、王質もこの王氏における「王道」への關心を十分に受け繼いでいたとする。學問的な自己修養に勵む若い王質に、ともに學問をする者の一人が登場し、次の如く仕官を勸める。

卿文儒家子、篤志如是。盍求發聞、俾家聲不頽。今夫以文學茫洋當世者、誰如華卿。庸自棄耶。
あなたは儒學を事とする家の子息であり、かくも儒學に厚い志を持っておられる。なぜ名聲を高め、家の聲望の失墜を防ごうとされないのか。いま儒學に立脚して自在に世に羽ばたいている點で、誰が華卿どのに勝ろうか。どうして捨て鉢な（上昇を求めない）態度でいてよかろうか。

これが一體誰の發言なのかは、劉禹錫も述べておらず確定し得ない。だが少なくとも二點を指摘できよう。第一點は、當時の王氏が、王氏は代々「儒」を宗として「王道」を繼承し、それに依據した仕官が望まれていると自認していたことである。そして第二點は、劉禹錫が如上の認識に沿って、この發言を碑文に取り入れたということである。すなわち王道に立脚して仕官する王氏を描くことが、王氏によって期待され、また劉禹錫も實際そのように描いたと見做せるのではないか。
こうした王氏と「儒」をめぐる評價に關係して、宋・錢易（九六八？〜一〇二六）の『南部新書』が載せる劉蕡、字學華の逸話に注目したい。この劉蕡は寶曆二年（八二六）の進士で、劉禹錫とほぼ同時代を生きたと思われる。

劉蕡精於儒術。常看文中子、忿然而言曰、才非殆庶、擬上聖述作、不亦過乎。客曰、文中子于六籍、如何。蕡曰、若以人望、文中子於六籍、猶奴婢之於郎主耳。後人遂以文中子爲六籍奴婢(17)。

劉蕡は儒學に精通していた。いつも『文中子』を讀んで、憤然として言うには「才能は聖賢でもないくせに、尊き聖人に擬えて著述をしたのは、なんと分不相應ではないか」。ある人が問うた「『文中子』と六籍（六經）の關係は、どのようなものでしょうか」。蕡は言った「もし人間で譬えるならば、『文中子』と六籍の關係は、あたかも奴隷と主人の關係のようなものだな」。後の人々は、かくて『文中子』を六籍の奴隷と見做した。


この逸話では、儒學に精通する劉蕡が、『中說』を才能もないくせに聖賢に擬えた分不相應な著述活動だと批判して、『中說』と六籍（六經）の關係を奴隷と主人の關係に譬えている。ここで劉蕡は、『中說』を「儒」の観點に絞って取り上げていることに注意したい。これは劉禹錫が、王氏の學問を繼ぐ儒者として王質を描寫していたことと軌を一にする。つまりこの時代、肯定・否定いずれの評價であっても、王氏と王通『中說』の學問は、もっぱら「儒」の觀點から論評されたと言えよう。

また劉蕡にとって『中說』は目障りだったわけだが、それは當時無視できない程に『中說』が讀者を獲得していたことを意味するのではないか。すなわち劉蕡の逸話は、中唐末から晩唐初めにかけて、ある範圍の士人層に『中說』が讀まれていたことを示すのである。そして晩唐には、俄に王通が脚光を浴びるに至る。

さて岸田氏が說くように、晩唐に入ると、皮日休・司空圖らが「文中子碑」を著して、王通を韓愈の影響を受けた道統論の中に組み込み、孔子の正統な繼承者として激賞する。また恐らく道統論は展開しないために、岸田氏は言及しないのであろうが、皮日休とは「皮陸」と竝稱された陸龜蒙による「送豆盧處士謁宋丞相序」も、揚雄『法言』『太玄經』と對比して王通『中說』を取り上げる。揚雄に著作を授けられた門人は侯芭一人であった（『漢書』卷八十七下・揚雄傳贊）が、王通は房玄齡や魏徵など唐太宗治世下の大宰相を門人にしたと稱嘆するので

ある。(18)

ところで同じく孔子の道の繼承を自負し、後世には道統の中に組み込まれながら、韓愈とその周圍は、甚だ王通に冷淡であった。韓愈は王通に言及すらしない。韓愈の周圍でも、韓愈と古文運動の一翼を擔った李翺（七七四？～八三六）が、「答朱載言書」の中で、道理にかなった內容が少なからずありながらも表現は拙い書物の一例として『中說』を擧げる他、『論語筆解』に一條、「王通云」と『中說』事君篇の語を引用するに過ぎない。(19)では
かかる狀況下で、韓愈と王通はなぜ結びつけられたのか。

ここで、王通を顯彰した皮日休・陸龜蒙・司空圖が、韓愈の影響を強く受けた古文家であることと、韓愈が提示した道統論や古文運動が、必ずしもすぐに幅廣い共鳴者を得なかったことに着目したい。このとき、皮日休らが盛んに道統論により王通と韓愈を稱揚した主目的は、王通の顯彰よりも、むしろ韓愈の提示した道統論と古文運動の補强にあったのではないか。つまり皮日休らは「道」の繼承者を自負し、(20)自身へと連なる「道」の系譜をより具體的かつ確實な形で主張すべく、韓愈に先行する孔子の後繼者たる人物として、言わば孔子から韓愈への道の繼承における中繼ぎ役として、王通を取り込んだと考えられるのである。見方を變えれば王通は、韓愈とその道統論の登場、さらに古文家たちによるその稱揚を待って、初めて本格的に日の目を見たと言える。

加えて注意したいのは、彼らの王通に對する好評價が、王通の具體的な著作名を擧げ、その分析を經た形で提示されたのではなく、あくまで王通の「道」と、それを王通の弟子と目された房玄齡・魏徵らが繼承して現出した貞觀の治とを賞嘆する形で提示された點である。次のように言う司空圖「文中子碑」は、その典型である。

五胡繼亂、極於周齊。天其或者、生文中子、以致聖人之用、得衆賢而廓之、以俟我唐、亦天命也。故房衛數

公、皆爲其徒、恢文武之道、以濟貞觀治平之盛。

五胡が相繼いで世を亂し、北周・北齊においてそれが極點に達した。ひょっとすると天が、文中子という人を生み落とし、そして聖人としての作用をもたらして、多くの賢者を側に置いてそれ（作用）を擴充し、そして我らが唐王朝の出現と相成ったのは、實に天命なのかもしれない。だから房玄齡や李靖（衞公）など、皆が彼の門徒となり、文武の道を押し廣め、それにより貞觀年間の平和な盛世を生み出した。

また陸龜蒙「送豆盧處士謁宋丞相序」は、『中說』や王氏六經の書名を擧げこそするが、主眼はその分析にはなく、やはり王通の「道」とその門弟たる宰相たちによる貞觀の治を稱贊し理想視する。皮日休「文中子碑」の場合は、王通が唐代にも生きていれば杜如晦・褚遂良・魏徵らより優れた功績を遺したはずであると言い、貞觀の治を高く評價している點は搖るがない[21]。以上の評價は、劉禹錫の評價にも言えよう。彼らは共通して、王通の「儒者」としての側面の中でも、特に「王道」を闡明し、理想の治世に大きく貢獻した點にこそ本領を見出したのである。

ではこうした評價の背景には、皮日休ら晚唐の士人層の如何なる意識が存在していたのか。これについて筆者は、彼らが生きた晚唐という時代の、貞觀の治からの乖離を嘆く氣持ちが、多分に見受けられるように思う。つまり王通が、弟子（と目された賢臣）たちを通じて貞觀の治として世に現出したことを、それができない現狀との對比の中で、稱贊したのではないだろうか[22]。

四　北宋初めにおける王通の評價

王通を韓愈とともに道統の中に組み込む志向は、北宋初めにも散見される。柳開（九四七〜一〇〇〇）の「答臧丙第一書」などはその例である[23]。そこでは孔子から孟子、そして揚雄という道統を確認し、孟子の死後、秦の焚書と漢代の黄老思想の流行を經て停滯した「聖人の道」をめぐり、揚雄沒後の王通誕生を次の如く表現する。

揚雄氏沒、佛于魏隋之間、訛亂紛紛、用相爲教。上扇其風、以流于下、下承其化、以毒于上。上下相蔽、民若夷狄。聖人之道、隕然告逝、無能持之者。天憤其烈、正不勝邪、重生王通氏、以明之、而不耀于天下也。

揚雄氏が沒し、佛教が北魏や隋の時代に秩序なく氾濫して、どんどんと宣教した。お上はその風潮を煽り立てて下々にまで傳播させ、下々はその影響を受けてお上に害毒を及ぼした。お上も下々も（佛教の影響に）蔽われ、民衆たちは夷狄のようになってしまった。聖人の道は墜落するように衰退の一途をたどり、これを保持し得る人物がいなかった。天は激しく憤慨するも、正統は邪宗に敵わず、さらに王通氏を生み落とすことで、聖人の道を明らかにしたが、しかし天下にその道が輝きを放つことはなかったのだった。

以上の構圖は、韓愈「原道」の「周の道が衰え、孔子が沒し、秦代に焚書があり、漢代に黃帝・老子の教えがあり、晉魏梁隋の時代に佛教があった（周道衰、孔子沒、火于秦、黃老于漢、佛于晉魏梁隋之間）」という構圖と酷似する[24]。つまり柳開は、韓愈「原道」が描いた「聖人の道」の阻害の歴史を念頭に、佛教による「聖人の道」の阻害から救った人物として王通を取り上げたのである。だが王通を排佛者とするのではなく、あくまで彼が「聖人の道」を宣揚したことを、佛教の影響力との對比の中で稱揚している。

石介（一〇〇五～一〇四五）は、「上蔡副樞書」において、王通と排佛を關連させはしないが、孟子・揚雄・王通・韓愈の功績をまとめる中で、王通と韓愈については「（王通の）續經が完成し、國家の綱紀が正された。（韓愈により）佛教・道教が衰微し、中國が治まった（續經成、王綱擧。釋老微、中國乂）」と言う(25)。

柳開・石介は、ともに熱心な韓愈の信奉者として知られ、彼らの議論は、韓愈が排佛により「聖人の道」を宣揚したことへの稱贊を見据えたものであったと言える。ここに佛教との對決姿勢を打ち出し、道統論から儒教の正統性を主張せんとする、この時代に道統論が有した意義を見出だせよう(26)。すなわち晩唐から北宋初めにかけて王通は、孔孟の道を繼承する存在として道統の中に組み込まれた。それは晩唐では「王道」の闡明による治世への貢獻ぶりが評價されたためであったが、北宋初めでは韓愈の排佛を念頭に、他教との對峙の中で儒教の正統性を宣揚する存在に位置づけられたためであった。このように晩唐と北宋初めの兩道統論および王通の取り上げられ方の間には、確かな差異があったのである。

また唐代にも增して、韓愈尊崇の文脈の中で王通が論及されたことの背景には、志野好伸氏が說く北宋士人層における韓愈の評價の高まりがないか(27)。例えば釋契嵩（一〇〇七～一〇七二）に「文中子碑」と「書文中子傳後」がある(28)。彼は前者で孔子以後の孟子・荀子・揚雄、そして文中子に至る道統を提示する。一方で後者では、韓愈の古文への評價が高まり、韓愈や李翺が王通にほとんど言及しなかったために、王通が埋もれてしまったと嘆く(29)。これは釋契嵩が韓愈の排佛論に批判的であり、道統を王通で打ち止めにして韓愈には繫げなかったことを差し引いても、北宋士人層における韓愈評價の高まりをよく示す例と言えよう(30)。

ところで北宋初めでも、唐代と同様に王通は「聖人の道」の繼承者であり、彼が太宗による貞觀の治を現出した賢臣たちを弟子としたことに、疑問は基本的に持たれなかった。だが石介らと同年代の李覯（一〇〇九〜一〇五九）は、「讀文中子」の冒頭で「文中子之言、聖人之徒也」と述べて、王通の聖人ぶりを强調しながらも、太宗の賢臣たちを王通の弟子とすることについては、次のように評價するのである。

吾觀中說、謂所傳者、姦詐無禮之人也。……蓋文中子教授河汾間、迹未甚顯。沒後、門人欲尊寵之、故扳太宗時公卿、以欺後世耳。(31)

私が『中說』を見たところでは、それを傳承した者たちは、人を騙して禮を辯えない人物たちである。……思うに文中子は河汾の地で學問を授けていたが、その事跡は必ずしも世に知られなかった。彼の沒後、門人たちは彼を尊重し讚えようとし、そこで太宗の時代の公卿たちに託つけて、そして後の世の人たちを欺いたに過ぎない。

李覯は、王通が太宗の賢臣たちを弟子としたという話は、『中說』傳承者の作爲と見る。これは王通の弟子問題に疑義を呈した議論の走りと言える。また司馬光（一〇一九〜一〇八六）も「文中子補傳」（以下「補傳」と略稱する）(32)で、隋唐期の大人物たちの『中說』への登場を、王凝や王福畤による虛飾と推定する。

これまで王通が、孔子の六經に續く一連の續經を撰述した行爲によって孔子の後繼者と稱譽されることは多くあっても、『中說』が正面から取り上げられ檢證されることは少なかった。ところが司馬光は「補傳」で、「いま王通の六經（續經）はすべて亡佚し、『中說』だけが殘存する（今其六經皆亡、而中說猶存）」と述べる。つまり司馬光らの時代、王通の續經は確實に失われてしまっており、王通の思想を考察する際に取り上げられる文獻は、もっぱら『中說』に絞られていくのである。(33)それ故に『中說』の虛飾に對する疑義も提起されるようになっていったのであろう。次節では、主に『中說』の分析から導出された王通像を探ることになる。

五　『中說』の編纂とその分析

司馬光「補傳」は、王通の言葉を多數引用するが、それらは現行『中說』とほぼ合致する。また現行『中說』の附錄「東皐子荅陳尙書書」に基づくと思われる言葉や、「世家」への論及もある。そして司馬光と同時代には、龔鼎臣（一〇〇九～一〇八六）と阮逸の二人が、(34)『中說』に注釋を施したのであった。これらの事實は、當時の『中說』に對する興味の高まりと、その本文の確定化の促進を示そう。

では龔鼎臣と阮逸が『中說』に注した意圖は、那邊にあったのだろうか。龔鼎臣については注釋が現存しないために明確化し難いが、(35)ヒントが二つある。第一は、石介が龔鼎臣の古文に關する問いに答えた「送龔鼎臣序」の中に、文中子が登場することである。(36)第二は、龔鼎臣『東原錄』に、辯じることに關する王通と孔子・孟子の比較論や、『中說』魏相篇の「七無」が『論語』子罕篇の「四絕」に基づくとの指摘が見えることである。(37)すると龔鼎臣が王通『中說』に對して抱いた興味は石介らと同じで、彼が『中說』に注したのは、王通と『中說』の中に孔孟の道の繼承者としての側面を見出した結果であったと考えられよう。

阮逸は『中說』の序で、明確に孔子から孟子へ、そして文中子まで連なる道統を示しており、(38)『中說』阮逸注の狙いも、孔子から孟子、そして王通へと連なる「道」を自らの手で廣めることにあったと見做せる。そうした狙いは、實際の阮逸注の中にも見出だせる。例えば『中說』立命篇では、「道」が世に行なわれない中で齷齪する王通を疑問視した房玄齡に對し、薛收が王通と「道」の繼承をめぐって、次のような言葉を發している。

得時則行、失時則蟠。此先王之道、所以續而不墜也。古者謂之繼時。
時代に合すれば「道」を世に行ない、時代に合しなければじっと潛む。これこそ先王の「道」が、ずっと繼承されて墜落しなかった理由である。昔はこれを「繼時」と稱した。

これに對して阮逸はこう注しているのである。

若孔子繼周公、孟子繼孔子。其適時一也。
孔子が周公（の「道」）を繼承し、孟子が孔子（の「道」）を繼承したようなものだ。しかるべき時期に繼承した點では同じだ。

なるほど『中說』の隨所に見える、個の修養から天下國家へという發想は、孟子との相似を思わせるし[39]、王通を含む王氏が心を寄せた「王道」は、孟子の思想の核とも言える。だが王通が孟子の思想の系譜を繼承する存在として取り上げられるのは、皮日休以來の道統論という枠組と不可分である。『中說』には、王通自身の言葉としては、孟子の繼承を目指す言葉はおろか、孟子への言及すらないのである[40]。それでも阮逸は、孔子と孟子の「道」の繼承關係に注意し、それを王通の「道」にまで繋げているのであり、これは先に指摘した阮逸注の狙いを端的に示す事例と言えよう。
續いて司馬光による『中說』の分析を見たい。王通は周公篇で佛を聖人とし、佛教は西方の教えであって、中國はそれに拘泥したと言う。また梁・武帝が佛教を偏重したために梁は滅んだが、それは釋迦の罪ではないとも言う[41]。これに對し司馬光「補傳」は、釋迦は前世の因果を說いて現世の仁義を廢棄し、梁・武帝がそうした教えを信奉したために民衆は苦しんだとし、最初に教えを説いた釋迦の罪を指摘する。名教に基づく國家體制の構築を目指した司馬光らしい着眼であると言えようか。(42)
また問易篇には次のような議論がある。

魏徵曰、聖人有憂乎。子曰、天下皆憂、吾獨得不憂乎。問疑。子曰、天下皆疑、吾獨得不疑乎。徵退、子謂董常曰、樂天知命、吾何憂。窮理盡性、吾何疑。常曰、非告徵也。子亦二言乎。子曰、徵所問者跡也、吾告汝者心也。心跡之判久矣。吾獨得不二言乎。
魏徵が言った「聖人にも憂いはありますか」。先生が言った「天下の誰もが憂える中、私だけ憂えないことがあろうか」。（魏徵が）疑念について問うた「天下の誰もが疑念を抱く中で、私だけ疑念を抱かぬことがあろうか」。魏徵が退き、先生が董常に言った「天の法則に従い樂しみ、天命を知れば、私はどうして憂えよう。天の道理を究明し、人の本性を突き詰めれば、私はどうして疑念を抱こう」。董常が言った「魏徵に告げた内容と異なります。先生にも二言があるのですか」。先生が言った「魏徵が問うたのは外への現れ方であり、私がお前に告げたのは心の在り方だ。心の在り方と外への現れ方が乖離してしまってから久しい。私にだって二言があらざるを得ないのだよ」。

司馬光は「補傳」で、聖人とは自己の至誠（心）から出發し、それがそのまま功業（迹）の形で四海に施されるとし、王通の心迹（跡）乖離の說を否定する。(43)程頤（一〇三三〜一一〇七）も、同段の「吾何疑」までは聖人を含む天下全體の憂いや疑念を把捉した言葉として評價するが、「心迹（跡）之判」は後人の附會と見て否定する。(44)ここに聖人の心の在り方を天下國家と直結させる、宋代士大夫の理想を看取し得る。

朱熹（一一三〇～一二〇〇）も同様の觀點から『中說』を評價する。[45] 王應麟（一二二三～一二九六）は『困學紀聞』卷十・諸子で『中說』を取り上げ、『世說新語』と對比した條では「天下を治めようとする樣子が見て取れる（有天下將治之象）」と言う。[46] また程頤と王應麟は、王通が封禪の浪費を、古の制度ではなく「秦漢の侈心」であると批判した王道篇の語を激賞してもいる。[47]『中說』の中に、個人と天下國家を結び附けた視點を見出し、政治的な側面から論評するのは、宋代に通底する態度と言えよう。
ところで以上の如く、具體的な『中說』の一段を引いて分析を加える態度は、北宋初めまではあまり見られなかった。かかる態度の出現には、龔鼎臣と阮逸による『中說』のテキストの確定化が寄與していよう。そして『中說』が廣く宋代の讀書界に定着したことの一端は、ある年の漕試に『中說』からの出題があったと、『朱子語類』に記されることからも知られるのである。

張毅然漕試回。先生問曰、今歲出何論題。曰、論題云云、出文中子。[48]

張毅然が漕試から戻った。先生が質問した「今年は如何なる問題が出されたか」。（張毅然が答えて）言った「出題内容は斯く斯く云々で、『文中子』から出ました」。
以上のような『中說』のテキストの確定化と、その讀書界への浸透、そしてそれに伴う内容の分析の盛行は、王通を道統に組み込み、孔子や孟子の正統な後繼者として語る意識の低下をもたらし、王通は聖人から諸子の一人へと變質していく。例えば程頤は、王通を次のように評している。

文中子本是隱君子。……其間極有格言、荀揚道不到處。[49]

文中子とは元々「隱君子」であった。……その著作の中には實に則るべき言葉があり、それは荀子や揚雄も言い至り得ないものだ。

朱熹もまた『朱子語類』卷一百三十七・戰國漢唐諸子を中心に、多く王通と『中說』に論及する。[50]その中に、程頤と同じく王通を荀子・揚雄、さらには韓愈ら諸子と比較した一段があり、それを文集の「王氏續經說」[51]と合わせれば、朱熹の王通評價の骨格が見えてくる。朱熹は、揚雄・荀子を王通・韓愈と同日の談ではないとし、韓愈は「原道」など諸篇の中で大綱を示したが、その世への作用についてあまりに無策であるとする。そして王通については朱熹は、おおよそ以下のように論評するのである。つまり世の情勢に通じ、かつ自身の思想の世への作用もわかっており、うまく世に用いられていれば、見るべき成果を上げていたであろう。だが惜しむらくはもう一歩の上昇がなく、全き大綱を示し得なかった。さらに自身の思想を世に提示することを焦って仔細に書物を讀まず、孔子になろうとしてしまったと。朱熹は、王通の思想が世に及ぼす政治的な好作用については、一定程度の評價を與えながらも、王通による「道」の根本の把握については、不足を感じていたと言えよう。[52]
如上の朱熹の王通評價をめぐっては、「事功派」との關係に着目したい。事功派の葉適（一一五〇～一二二三）は、『習學記言』に王通の言葉を多數引用する。陳亮（一一四三～一一九四）は、「類次文中子引」で王通を孟子の學統の繼承者と激賞し、程頤の「隱君子」という王通評を批判する。[53]そこで『朱子語類』卷一百二十三には次のような一則がある。

或曰、永嘉諸公、多喜文中子。曰、然。只是小。它自知定學做孔子不得了、才見箇小家活子、便悅而趨之。譬如泰山之高、它不敢登、見箇小土堆子、便上去。只是小。[54]

ある人が言った「永嘉の面々は、文中子を大變に好んでいます」。朱熹が言った「そうだ。だが小さいね。彼らはきっと孔子は學べぬと自ら悟ったところに、やっとこさ小ぶりの好對象を見つけるや、喜んでそれに飛びついた。譬えれば彼らは泰山の如き高い山には登ろうとすらせず、小さな土山を見るや、すぐに上がったようなもの。小さいよ」。
同巻には、陳亮の學問が江西にまで及び、浙人がそれを尊信していることを、「孔孟を口にしないで、文中子ばかりを口にしている。實に恐ろしい、實に恐ろしい（不說孔孟、只說文中子。可畏可畏）」と歎じる語も見える。[55]
先に論及した如く、朱熹は道の根本に對する王通の理解不足を指摘した。また陳亮への發言から、朱熹の事功派に對する批判の論點の一つが、道統をめぐって存したことがわかる。つまり孔子・孟子の道統を、さらには周敦頤・二程の道統を繼承せんとした朱熹[56]には、自身の論敵たる事功派の陳亮らが、孟子を繼承する存在として王通を介在させることへの不滿と危惧があったのである。すると孔子・孟子から朱熹自身に至るという、從前の論者とは異なった道統を提示した朱熹には、王通を道統に組み込む餘地はなく、もっぱら諸子の一人として論じることとなったのである。

おわりに

本章の考察を通じ、まず王勃ら王氏の後裔による、家學としての王通の學問と『中說』の受容の內實が明らかになった。またその受容の過程で施された『中說』に對する脚色の實態についても、いくらか提言をし得たように思う。

さらに王通を取り巻いて、孔孟を繼承する正統な儒學の系譜（道統）が、唐代から宋代にかけて様々な立場から形成された要因と、その時代間の相違が明らかになった。だが阮逸注（および龔鼎臣注）『中說』が讀書界に流布し、『中說』の思想内容の分析の動きが加速化する中で、王通を孔孟の繼承者たる聖人の一人としてではなく、諸子の一人として取り上げる論者が多くなっていった。朱熹もそうした論者の一人であり、事功派が孔孟の後繼者として王通を取り上げたのに對し、自身へと連なる道統の中に王通を介在させなかった。朱熹の道統の定着以降、王通は道統論の中で論及されることはおろか、思想家として正面から取り上げられること自體減っていく。稀に『中說』の内容を精査して内・外・雜の三篇に分別した明・崔銑『中說考』なども登場はしたが、全體としては、王通や『中說』の眞僞に對する疑義と、その論證が多數を占めるに至るのである。(57)

以上、王通と『中說』を通じて各時代の思想界が着目した内容と、それに對する時代の變遷に伴う着眼の仕方の相違を明るみに出すことで、王通と『中說』を思想史上に位置づけることができたのではなかろうか。

（1）『中說』の譯注を、「王通『中說』譯注稿」として、『香川大學教育學部研究報告　第I部』に連載中である。現在まで王道・天地・事君の各篇の譯注が、（一）～（三）としてそれぞれ第一四三號（二〇一五）・第一四五號（二〇一六）・第一四七號（二〇一七）に掲載されている。
（2）眞僞をめぐる議論は、魏明・尹協理『王通論』（中國社會科學出版、一九八四）第一章「王通與《中說》眞僞考辯」、參照。思想内容をめぐっては、吉川忠夫「文中子考―とくに東皐子を手がかりとして―」（『史林』第五三卷第二號、一九七〇）、岸田知子「文中子中說―成立についての思想史的考察―」（『中國哲學史の展望と模索』、一九七六、所收）、前掲魏・尹兩氏著作、駱建人『文中子研究』（臺灣商務印書館、一九九〇）など、參照。また永田知之「通史から見た唐代の文學史觀」（同氏『唐代の文學理論　「復古」と「創新」』（京都大學學術出版會、二〇一五）、所收）では、王通の史觀とその王勃の文學史觀への影響を論じている。

なお本章では、『中說』の底本として張沛『中說校注』（中華書局、二〇一三）を用いる。
(3) 上海古籍出版社、二〇〇八。
(4) 「上」字を底本は「下」字に作るが、清・兪樾『諸子平議補錄』卷十二・文中子の指摘に從い改める。兪樾『諸子平議補錄』（中華書局、一九五六）九五頁。
(5) （杜）淹曰、昔門人咸存記焉。蓋薛收・姚義綴、而名曰中說。……子盍求諸家。仲父曰、凝以喪亂以來、未遑及也。退而求之、得中說一百餘紙、大抵雜記、不著篇目、首卷及序、則蠹絕磨滅、未能詮次。
(6) 以下、王勃の作品と楊炯序は、清・蔣清翊『王子安集注』（上海古籍出版社、一九九五）を用い、作品名にその卷數を附す。楊炯序については、筆者も參畫した『唐代の文論』（研文出版、二〇〇八）所收の「王勃集序」（擔當：渡邉登紀氏）、參照。
(7) 道坂昭廣「王勃試論―その文學の淵源について―」（同氏『『王勃集』と王勃文學研究』（研文出版、二〇一六）、所收）。
(8) 前掲道坂氏論文一九頁、參照。
(9) 前掲道坂氏論文一〇頁、參照。
(10) かかる揚雄像については、本書第二部第六章の第四節、參照。
(11) 「王氏家書雜錄」の最後に、王通の教えについて「空傳子孫、以爲素業云爾」と嘆くのは、かなりの眞實を傳えていよう。
(12) 前掲魏・尹兩氏書三七頁、參照。ただ王績「遊北山賦」（『文苑英華』卷九十七）の自注が擧げる王通の弟子の中に、正史に名を留める薛收・溫彥博・杜淹がいる。彼らと王通の關係は、前掲吉川氏論文第六節、參照。
筆者は吉川氏の考證を踏まえ、薛收と王通の親交はかなりあったと考える。また楊炯序は、薛收の子・薛元超が王勃の文學改革を後援したと言い（薛令公朝右文宗、託末契而推一變）、王勃には薛元超の子・薛曜との別離の詩二首

（「別薛華」「重別薛華」、ともに巻三）がある。王通と薛收の關係は、その後裔たちにも繼承されたようである。その邊の實情は、高木重俊『初唐文學論』（研文出版、二〇〇五）第五章「初唐詩人を巡る人々」第一節「薛元超―寒俊を汲引した實力者」に詳しい。

だが溫彥博・杜淹との關わりについては、記錄があまりに斷片的であり、門人關係というのは王績の誇張、あるいは後世の附會と考える。
(13) それぞれ『皮氏文藪』巻四（上海古籍出版社、一九八一）、『唐甫里先生文集』巻十六（何錫光『陸龜蒙全集校注』（鳳凰出版社、二〇一五）所收）、四部叢刊影印舊抄本『司空聖文集』巻四および巻九に見える。
(14) 『樊川文集』（上海古籍出版社、二〇一二）。序文の引用とは「文中子曰、言文而不及理、是天下無文也。王道何從而興乎」であり、現行の『中說』王道篇は、「何從」を「從何」に作る。
(15) 岸田氏前揭論文および同氏「王通」（日原利國篇『中國思想史（上）』、ぺりかん社、一九九三、所收）二「文中子の評價の意味」、參照。
なお韓愈自身は「道統」の語を用いていない。本章では、孔子・孟子を經て自身に至るとする思想の系譜（およびその考え方）を「道統（論）」と呼稱する。「道統（論）」の內實は時代により相違するが、唐代における韓愈らの「道統（論）」の內實は、末岡實「唐代「道統說」少考：韓愈を中心として」（『北海道大學文學部紀要』三六（一）、一九八七）、參照。
(16) 「唐故宣歙池等州都團練觀察處置使宣州刺史兼御史中丞贈左散騎常侍王公神道碑」（瞿蛻園『劉禹錫集箋證』（上海古籍出版社、二〇〇五）巻三）。
(17) 『南部新書溯源箋證』（中西書局、二〇一三）一九七頁。
(18) 龜蒙讀揚雄所爲書、知太玄準易、法言準論語。晚得文中子王先生中說、又知其書與法言相類。道之始塞而終通、子雲軋軋、不足當也。何者。子雲仕於西漢末、屬莽賢用事時、皆進符命取寵、雄獨默默、以窮愁著書、病不得免。人希至其門、止一侯巴從之、受太玄法言而已。文中子生於隋代、知聖人之道不行、歸河汾間、修先王之業、九年而功就、謂之王氏六經。門徒弟子、有若鉅鹿魏公・淸河房公・京兆杜公・代郡李公。咸北面稱師、受王佐之道。隋亡、文中子沒、門人歸於唐、盡發文中子所授之道、左右其治。
(19)「其理往往有是者、而詞章不能工者有之矣。劉氏人物表・王氏中說・俗傳太公家教、是也」（四部叢刊影印明成化刊本『李文』巻六）。また『論語筆解』は里仁篇の注。
(20) 志野好伸「皮日休における悪の問題」（『明治大學教養論集』三七五、二〇〇四）、參照。
(21) 陸龜蒙は注（18）、參照。皮日休「惜乎。德與命乖、不及覩吾唐受命而歿。苟唐得而用之、貞觀之治、不在於房・杜・褚・魏矣」。
(22) 筆者は、何寄澎『唐宋古文新探』（大安出版社、一九九三）が「也許正因爲皮日休生居亂世、對聖道施行具有强烈的渴望、所以才將弟子成貞觀之治的王通（案、此實不可信、但前人多信之）列入文統」（二六一頁）と言う意識が、皮日休だけではなく、司空圖や陸龜蒙にも該當すると捉える。この意識は、北宋初期のことながら、朱熹が「太宗朝一時人多尙文中子。蓋見朝廷事不振、而文中子之書頗說治道故也」（『朱子語類』巻一百二十九、三〇八五頁）と言うのと共通しよう。なお本章では、『朱子語類』は『朱子語類』（中華書局、二〇〇四）の巻數と頁數を提示する。
(23) 四部叢刊影印舊抄本『河東先生集』巻六。なお柳開の王通への憧憬ぶりは、名を開（通に通じる）、字を仲塗（王通は字仲淹）に改めたほどであった（巻二、「補亡先生傳」）。
(24) 馬其昶『韓昌黎文集校注』（上海古籍出版社、一九八六）一四頁。
(25)『徂徠石先生文集』巻十三（中華書局、一九八四）。また「與士建中秀才書」（巻十四）では、この議論をもう少し具體化している。
(26) 大島晃「宋學における道統論について」（『中哲文學會報』六、一九八一）一四九頁、土田健次郎『道學の形成』（創文社、二〇〇二）第五章「道學と佛教・道教」、參照。
(27) 志野好伸「北宋初における韓愈の繼承」（『明治大學教養論集』三九六、二〇〇五）。
(28) 四部叢刊三編影印常熟瞿氏鐵琴銅劍樓藏弘治十二年刊本『鐔津文集』巻十五と巻十六。
(29)「及韓子文興、天下學士宗韓。以韓愈不稱文中子、李翺又薄其書、比之太公家教、而學者蓋不取文中子也」。ここに指摘される李翺のことは、注（19）も合わせて參照。

（30）釋契嵩による韓愈の評價については、藤澤誠「契嵩の宋學に對する寄與・特に「非韓」を中心とする」（『信州大學文理學部紀要第1部　人文・社會』九、一九六〇）、參照。
（31）『李覯集』卷二十九（中華書局、二〇一一）。
（32）邵博（?～一一五八）『邵氏聞見後錄』卷四（中華書局、一九八三）、所收。
（33）もちろん王通による續經撰述の稱譽者も、現物を見ていたとは斷定し得ず、續經撰述の「行爲」を稱譽していたと思われる。釋契嵩が「書文中子傳後」で、「讀劉煦唐書王勃傳、知文中子乃勃之祖、果曾作元經矣。……然王氏能續孔子六經、蓋孔子之亞也。……嗟乎、不見其六經、姑書此以遺學輩」と言うのは、その邊りの事情を象徵的に物語るであろう。
（34）阮逸の生卒年は不詳だが、『四庫全書總目』卷四十七・史部・編年類「元經十卷」提要に、「逸字天隱。建陽人。天聖五年（一〇二七）進士。官至尙書屯田員外郞」とあり、彼が撰した同卷三十八・經部・樂類「皇祐新樂圖記三卷」提要に、成書が皇祐五年（一〇五三）と言う。
（35）朱熹・陳亮・王應麟らは、いま佚した龔鼎臣注を確かに見ていた。朱熹については、『朱子語類』卷一百三十七・戰國漢唐諸子に、王通の世系を考えるべく龔鼎臣注を閱したと言明される（三二六〇頁）。陳亮・王應麟の事情については、平岡武夫『經書の傳統』（岩波書店、一九五一）八四頁～八八頁、參照。また陳振孫『直齋書錄解題』卷九・儒家類は、中說注十卷として阮逸注と龔鼎臣注の二種を擧げ、前者については「太常丞阮逸天隱撰」と言うに過ぎないが、後者については「正議大夫淄川龔鼎臣輔之撰。自甲至癸爲十卷、而所謂前後序者、在十卷之外、亦頗有所刪取。李格非跋云、龔自謂明道間得唐本於齊州李冠、比阮本改正二百餘處」と言う。
（36）注（25）所揭書卷十八。
（37）「孔子不喜與人辯、孟子好與人辯是非。文中子復不喜與人辯、其學孔子之道者歟。或曰、孟子之時、亦其可與辯者、卽辯之、冀以明其敎也。文中子遭亂世、而退河汾。宜乎、不爲之辯也」。また「晁文元公常約己、立四無之誨、而習之。……此取象所謂七無者。然皆原於論語子絕四也」（十萬卷叢書本）。
（38）周公、聖人之治者也。後王不能擧、則仲尼述之、而周公之道明。仲尼、聖人之備者也。後儒不能達、則孟軻尊之、而仲尼之道明。文中子、聖人之修者也。孟軻之徒歟、非諸子流矣。
(39) 前掲岸田氏兩論考、參照。
(40) 王通の高弟・董常には「孔孟云亡。夫子之道行、則所謂綏之斯來、動之斯和乎」（立命篇）の言がある。楊炯序は、王通の學問について「始擯落於鄒韓、終激揚於荀孟」と言うが、序文などに往々にして見られる定式的な表現の可能性も否定出來ないように思われる。
(41) 「或問佛。子曰、聖人也。曰、其教何如。曰、西方之教也。中國則泥。軒車不可以適越、冠冕不可以之胡、古之道也」、「子曰、詩書盛而秦世滅、非仲尼之罪也。虛玄長而晉室亂、非老莊之罪也。齋戒修而梁國亡、非釋迦之罪也。易不云乎、苟非其人、道不虛行」。なお王通の三教觀は、前掲岸田氏兩論考、參照。
(42) 注（41）所引の『中說』の言葉に對し、「苟爲聖人矣、則推而放諸南海而準、推而放諸北海而準、烏有可行於西方、不可行於中國哉。苟非聖人矣、則泥於中國、獨不泥於西方耶。秦焚詩書、故滅。使詩書之道盛於秦、安得滅乎。老莊貴虛無而賤禮法、故王衍・阮籍之徒、乘其風而鼓之、飾談論、恣情欲、以至九州覆沒。釋迦稱前生之因果、棄今日之仁義、故梁武帝承其流而信之、嚴齋戒、弛政刑、至於百姓塗炭。發端倡導者、非二家之罪而誰哉。此皆議論、不合於聖人者也」と言う。
(43) 又對魏徵以聖人有憂疑、退語董常、以聖人無憂疑。曰、心迹之判久矣、皆流入於釋老者也。夫聖人之道、始於正心修身齊家治國、至於安萬邦、和黎民、格天地、遂萬物、功施當時、法垂後世、安在其無所至乎。聖人所爲、皆發於至誠、而後功業被於四海。至誠、心也。功業、迹也。奚爲而判哉。如通所言、是聖人作僞、以欺天下也、其可哉。
(44) 『河南程氏遺書』卷十八（二二〇頁）。程頤は、「心迹之判」を佛教批判の文脈と絡めても批難している（卷十五、一五五頁）。頁數は『二程集』（中華書局、二〇〇四）に基づく。以下同じ。宋代士大夫の間で、「心迹之判」の論はかなり批判的な注目を浴びたようである。この點については、佐藤一好「心迹論―王通から二程へ―」（『中國研究集刊』宇、一九八八）、參照。
(45) 前掲吉川氏論文九四頁、參照。
(46) 『困學紀聞』（上海古籍出版社、二〇〇八）一二一四頁。

(47)『河南程氏遺書』巻十九(二六二頁)、『困學紀聞』巻十・諸子(一二〇三頁)。
(48)巻一百三十七(三二六六頁)。「漕試」については、中嶋敏編『宋史選擧志譯注(一)』(東洋文庫、一九九二)六八頁、參照。
(49)『河南程氏遺書』巻十九(二六一頁)。程頤は仁宗に上書し、孟子・董仲舒・王通の三氏の道を學んだと言明している(『河南程氏文集』巻五(五一五頁))。
(50)三二五五頁〜三二五七頁。
(51)『朱熹集』巻六十七(四川教育出版社、一九九七、三五四五頁〜三五四七頁)。
(52)朱熹の諸子への評價は、何を觀點に評するかにより多彩な在り様を見せる。錢穆『朱子新學案(中)』(巴蜀書社、一九八七)「朱子評術孔門以下歷代諸儒竝附其論莊老」、參照。
(53)『陳亮集』巻十四(中華書局、一九七四)。他に王通に關して「書類次文中子後」、「書文中子附錄後」(ともに巻十六)がある。
(54)二九六二頁。
(55)二九六六頁。
(56)前掲大島氏論文及び前掲土田氏書四六〇頁〜四六二頁、參照。
(57)前掲魏・尹兩氏書、參照。

結語

序章にも書いたように、南北朝時代は中國が南北に分斷され、北朝では非漢民族による支配が續き、王朝が興亡を繰り返した。かくも混迷を深めた動亂の時代であったため、從來の研究では、先行する魏晉時代も含め、安定しない國家から離れたところで門閥貴族制社會が成立し、士大夫はそれを據り所に生を營んだとする見解も多く提示されてきた。そして國家については、その支配が不安定であったが故に、士大夫層はそれを顧みることなく、それへの積極的な奉仕の意志も見られなかったとされることが多かった。

だが本書の考察を通して、南北朝時代の士大夫が國家の變移に無頓着ではいられず、それに樣々な意識と態度で臨んだ事實が、色々な方向から明るみに出されたのではないか。この結語では、計三部全十章にわたった本書で明らかにし得たことを、各部の區分に従いながら、また同時に各部・章の間の相互的な關係にも留意して、全體として整理していきたい。加えて今後の課題と、その解決への見通しについても述べられればと思う。

一　士大夫としての自覺―自己の認識と家、社會、國家―

南朝では、確かに貴族を中心とする社會構造が存在していたが、それも時の流れとともに徐々に動搖を見せ始め、門閥貴族制度に依據するだけでは立ち行かなくなってきていた。また北朝ではより具體的に、族望に依らない官吏登用の方策が講じられつつあった。そうした南北兩朝の趨勢と現狀を具に目の當たりにし體感し、それまでの貴族を中心とする社會構造に危機感を覺えて批判を繰り廣げたのが、第一部で取り上げた顏之推である。

では顏之推が、貴族制度に替わって何に依據する士大夫像を描出したのかと言えば、それは第一章で指摘したように「學問」に他ならない。當時の南朝にあって主流だった學問は、章句の學や玄學といった抽象的なものであり、顏之推がその若き日々を過ごした梁朝に至っては、皇帝を筆頭とする皇族たちが盛んにそれを講義した。だがそれは顏之推に言わせれば、何ら世の中には益なき學問なのであった。では顏之推にとっての學問とは、一體どういうものだったのか。

顏之推は自らが讀書して知識を蓄えることで體得した學問を、家を治めたり國家に奉仕したりすることへと實用することを求めた。彼にとって士大夫とは、學問に立脚して世に益ある者として生きるべき存在なのであった。そしてこの士大夫像とその生き方は、顏家の人間として絶對に守り繼承していかねばならないものとして、『顏氏家訓』の中に盛んに述べられる。後世の顏家の者たちに、顏家の士大夫としての生き方の繼承を望むからこそ、『顏氏家訓』は家訓の體裁によって書かれたのである。

こうした顏之推の士大夫としての強い自覺は、第二章における『顏氏家訓』と『冤魂志』の比較によって、より一層鮮明となった。『冤魂志』は、顏之推が個人と個人の間の信賴關係に固執することを、その裏切りに對して必ずや現世における死という報復が待ち受ける事實の羅列によって示した著作であった。だがその固執する人間の信賴關係は、もちろん人間が生きる上での根幹ではあるが、顏之推は社會の中で生きる士大夫としての自覺もまた、強く持ち合わせていた。それ故に『顔氏家訓』では、『冤魂志』で徹底的に主張した人間の信頼關係たる「仁」と、社會との關係たる「義」を對比させ、その兩者を「禮」によってうまく調整させて生きるよう主張したのである。

この「禮」は、顔之推にとって、「人情」に基づきながらもその欲しい儘なる發露を抑制する機能を有していた。しかも一人の士大夫として生きる上で、自らの備える學問によってあらゆる場面で適切に判斷しながら、實際の生活に適用させていくものとして重視された。こうして考えると、顔之推は『顔氏家訓』において、「人情」に基づく「仁」を大切にしつつ、同時に社會・國家の中で生きる際に配慮すべき「義」の世界を常に意識し、その兩者の間を、一人の士大夫として自らが備える「禮」（學問）によって適切に處理することを要求したと言える。『顔氏家訓』とは、社會・國家の中で生きる顔家の士大夫としての生き方を描出し、それを顔家の後裔に示した書物だったのである。

さて顔之推を對象にした第一部の前半二章の研究が明らかにしたことは、彼の士大夫としての自覺のみには止まらない。彼の「家」の位置づけと、その自己および國家との連關をも明らかにした。『顔氏家訓』において顔之推は、確かに家を治める具體的な方法を述べている。だがそこで彼が最も示したかったのは、やはり學問に立脚して生きる士大夫の生の在り方であった。つまり彼にとって家とは、士大夫としての生き方を、實際に身を以て示す教育の場として位置づけられ、そこで身につけた生き方を、士大夫として國家に實用し奉仕するよう、子息に要求したと考えられるのである。さらに言えば、後世の顔家の者にまでその生き方を示す狙いが、『顔氏家訓』という書物として結實したのであった。こうした自身の生き方を示す場としての家の位置づけは、家格を高めることに汲々としていた同時代の南朝士大夫には見出し難い、顔之推に特有のものであると言ってよい。

そして以上のことから言えるのは、顔之推が自己と家、また社會、國家というものを、決して個別なものとしてではなく、學問を媒介に連續するものとして捉えていたということである。士大夫として生きる以上、自身が學問に勵み、それを家では子息に示し、さらに社會や國家の中に生きる士大夫たることを自覺して、身につけた學問によって所屬する國家に奉仕すること。これこそが顔之推の望む生の在り方だったのであり、その生き方が、『顔氏家訓』によって後世の者にまで示されたのである。それは、後世に顔師古や顔眞卿といった者たちを輩出した事實からすれば、成功したと言えよう。

以上、顔之推における家の位置づけが、第一部の前半二章で明らかになった。ただ士大夫における家の位置づけをめぐって、本書ではただ顔之推を考察對象としたに止まる。例えば南朝であれば顔延之『庭誥』、徐勉や王僧虔の誡子書に、かなり具體的な家政の在り方や士大夫としての生き方を語った部分があるし、北朝にも同様のものは多く存在した。それらと『顔氏家訓』の間での比較検討が、今後の課題である。

加えて顔之推が見出した自己と家、社會、國家の間での連續性は、後に宋儒により『禮記』大學の「修身・齊家・治國・平天下」が大きく取り上げられることで强調され、我々がその知識を前提として見るならば、特に目新しいことではないかの如くである。だが家格が非常に重視された南北朝の時代に、學問に立脚して國家に奉仕する士大夫像を提示し、その士大夫像を實際に示す場としての「家」の價値を捕捉したことは、同時代には見出しにくいまったく斬新なことであったと言わなくてはなるまい。

またこの「家」の價値への認識については、個人から家、社會、そして國家へという連續性が、同時に家を間にしていくらかの斷絶を併せ持っていたことを指摘しておかなくてはならない。顔之推の認識を出發點として、『禮記』大學の「修身・齊家・治國・平天下」という觀念が、まだ宋儒によって大きくは取り上げられていなかった南北朝時代、あるいはそれ以前に、果たしてどれ程の影響力を有し、またどういった解釋をされていたのかは、今後の考察すべき課題としたい。

さていま見た個人から家、社會、國家への連續という觀點や、先に見たような學問に立脚した士大夫像の描出という觀點からすれば、顏之推という人物と彼が生きた南北朝末期という時代は、それがその時代を生きた士大夫層にどれ程まで自覺的であったかは一先ず措くにしても、次代の唐宋時代との關連において捉えるべき點が少なくない。

第一部の第三章では、その主たる關心は『顏氏家訓』に二度見える「禮傳」の語が指すものを、『顏氏家訓』の語彙の用例に卽して特定することにあった。だがその過程で、顏之推が『禮記』を明確に「經」として、五經の一つに据えていたことが明らかになった。そもそも『禮記』は、元來は「禮經」(『儀禮』)に對する「傳」(記)であった。それが徐々に經書としての地位を築いていき、北朝にあっては明確に三禮の中でも『儀禮』や『周禮』を凌ぐ存在になっていたのである。そして周知の通り、唐の太宗の時代には『禮記』は五經正義の一つとして、經書に組み入れられるに至る。顏之推の『禮記』に對する認識が、彼の生きた時代(北朝)の士大夫たちと共通し、また次代へと繫っていく。これもやはり、顏之推が生きた時代を、來る唐宋時代との關連において捉えるべき事例であろう。

だが一方で、彼がやはり顏家としての家訓を著し、家を單位とする志向が嚴として存在していたことから、南北朝時代と、魏晉以來の前代、同時代との繫がりをも考慮に入れねばならないこと、言うまでもない。こうして考えると、南北朝時代とは、魏晉から隋・唐代、さらに言えば宋代への過渡期として、より廣い視野に立って分析していかねばならない時代となるであろう。こうした認識が、筆者の第三部における問題意識にまで發展していくのである。

二　北朝士大夫の國家觀――仕官と隱逸の對比を軸に――

第一部では、顏之推における家、社會、國家の位置づけを主として檢證した。第二部では、顏之推以外の北朝士大夫たちを對象に、特に彼らの國家觀について、南朝士大夫の國家觀とも比較しながら、仕官と隱逸という對比を軸に考察した。

本來的に隱逸という行爲には、常にそれと對置される仕官という行爲があり、士大夫は往々にしてそれら二つの概念、つまり仕官と隱逸の狹間で搖れ動くものだったのではないか。これまでの南北朝時代における隱逸の研究は、もっぱら南朝の隱逸をめぐるものに限定されていたと言ってよい。そしてそれは、彼らが自然を鑑賞の對象としたこと、またそこに何を見たのかということ、これらが主たる關心事であり、仕官と隱逸の間での士大夫の葛藤については、あまり多く目が向けられてこなかったように思われる。

そこで北朝の隱逸について調べてみたとき、仕官と隱逸の間に立つ士大夫の葛藤と、國家による隱逸の管理などの要素が複雜に絡み合い、南朝の隱逸とはまったく樣相を異にするものであったと言わざるを得ないことがわかった。

まずそもそも仕官ということについて、北朝の士大夫にかなり強い拘りが存したことが、第二部における一連の考察で明らかになった。例えば第四章で扱った劉晝に言わせれば、人間が仕官し得るか、あるいはし得ないか、これはその人の「勢」が通じるか通じないかによるのであるが、その「勢」の狀況は一定しないので、劉晝はいつか通じたときに備えて修養することの必要性を説く。こうして仕官が儒家に、修養が道家に振り分けられ、その兩者は一士大夫の中で竝立することになるのである。だがその竝立にも最終的な優先順位があった。劉晝にとって修養は、「勢」が通じたときに出仕できるよう備えておくための期間であり、一度「勢」さえ通じれば、彼はあくまで儒家の立場で仕官することを望んだのである。これは一先ずは劉晝という北齊に生きた一士大夫の態度を、その著作『劉子』から分析したものに過ぎないかもしれないが、ここに北朝士大夫による仕官への強い拘りが見出されたのである。

また第六章では、北齊が北周に滅ぼされた際、北齊の士大夫たちが如何なる意識と態度で新王朝たる北周に對峙したのかを、特に盧思道と顏之推の二人を取り上げて検討した。二人は北周へと連行される道中、蟬に託して自らの心意を詠じたのだが、詠じ方こそ異なったものの、表明されたものには共通點があった。つまり盧思道は隱逸に託ける形を、顏之推は國家に奉仕する獻策の士に自らを擬える形をそれぞれ採用したけれども、ともに避けがたい王朝の交替という現實に際し、新王朝の中で如何に仕官して生き抜かんとするかという、彼らの強かな意志と仕官への拘りを表白したのであった。そして殊に顏之推の場合は、彼が國家への奉仕の念を多分に有した人物であったという、第一部において指摘した事實ともよく符合すると言えるのである。

さてこのときの北齊士大夫たちの行動を、盧思道や顏之推以外についても史書の記述などを追いながら丹念に見ていくと、やはり多くが北周に仕官したようである。だがそこに積極的な仕官への想いを讀み取るのは、やや單純に過ぎよう。その背景には、現實として新王朝に仕官せざるを得ないという氣持ちもあったであろうことが、容易に想像されるからである。しかし同時に、ここでは北周による柔軟な北齊士大夫たちの受容策があったらしいことを、視野に入れておかねばなるまい。盧思道や顏之推が蟬に託した作品を物した際、二人は十八人の集團の一員として北周の都・長安に赴いたのだったが、その理由は、彼らがかなり嚴選された北齊の著名な文人たちとして、北周・武帝に尊重されたらしいからである。また武帝は、北齊に忠義を盡くした人物をも、むしろその忠義によって味方に引き入れ、その忠義を北周に盡くさせた。これらは史書の中に散見される記事に基づく情報であり、今後はこれらをまとめることで、盧思道や顏之推に限らない、北齊士大夫たちが北周に仕える際の意識や態度を、より綜合的に分析していきたい。

ところでこうした仕官への強い拘りと關係して、北朝においては「忠」ということが重視された點も、指摘しておかなければなるまい。それは第五章の中で明らかにした。まず皇帝自身、北魏・孝文帝が外戚の喪事よりも國家の安定を優先し、また國事のために皇太子を廢位したように、國家に關わる公的なことを自らの親族に關わる私的なことよりも重んじた例があった。これは皇帝のことではあるけれども、一種の「忠」が「孝」よりも重視された例と言えよう。また第五章の第二節で立證した如く、北朝では士大夫層にも國家への「忠」の氣持ちが強かったことをうかがわせる事例が數多い。

そして特に「忠」と對になる「孝」をめぐり、南朝では「孝」が優先された一方で、北朝ではそもそも「忠孝は竝立しない」という概念がある程度定着を見せており、「忠」と「孝」の兩德目が衝突した際には、「忠」が「孝」に優先されたのである。しかも確認しておくべきなのは、それが決して報償など何らかの見返りを狙っての行爲ではなく、あくまで士大夫の自發によるものであった場合が多いと思われる點である。以上の北朝における「忠」の重視は、南朝の「孝」の重視に對して從來は具體的な檢證がなされておらず、本書によって證明された事實である。

また士大夫の側に、仕官によって國家への奉仕を望む姿勢があっただけでなく、北朝では國家の側からも、かなり強い仕官の要請があった。まず士大夫による致仕や服喪の申し出を強く拒む事例は應接に暇がない程であるし、北周・明帝から隱者・韋夐に贈られた詩が象徵的に示すように、隱者を仕官させようとする工作が、朝廷の側から積極的に行なわれたのである。

また『魏書』巻九十・逸士傳序では、逸士傳が隱者を列して隱逸の意義を語るべく設けられたはずの傳でありながら、その意義を十全に評價するのではなく、むしろあくまで政治に關わることをより重視し、隱者を督責しようとする旨が表明された。これは歴代の正史における隱者のための傳の序には見られない、極めて異例な態度であり、北朝の隱逸への嚴しい管理の樣子が知れよう。そしてこの事實は、顏之推が『顏氏家訓』終制篇において發した「北方の政治・教化は嚴肅で切迫したものであり、まったく隱棲する者がいなかった」という言葉と、よく呼應するのである。

もちろん北朝に隱逸がまったく存在しなかったわけではなく、隱逸の志向は知識人層を中心に看取はされた。祖鴻勳が官を離れて山林に分け入ろうとし、官に殘る陽休之に贈った書簡の內容や、北周・明帝が招隱の詩を贈った相手である隱者・韋夐が多くの文人に支持されたことなどは、その顯著な例である。さらに官を離れたところで自らの是とするところに從う生き方を是認する風潮が、決して南朝のような大きい規模とは言い切れないものの、確固として存在はした。こうして見れば、明帝が韋夐を招聘しようとしたのは、韋夐の背後にいる知識人層の取り込みをも企圖したものと言えるかもしれない。

だが北朝に存した隱逸の志向も、南朝のそれに比すればやはり少ないと言わざるを得ない。そして北朝では、一度は隱逸の望みを達成しながら、改めて仕官することになった人物も比較的多い。このことと關連して興味深いのが、北朝と南朝の間での山水の位置づけの相違である。南朝では士大夫が積極的に山水へと踏み入り、そこに眞の隱逸の境地を見出さんとした。だが北朝で山水は、むしろ一時的に政爭を逃れるべく避難するための場所として利用されることが多かったのであり、暫しの避難の後、彼らは再び山を出て仕官したのであった。

如上のことからすれば、北朝にあって隱逸という選擇肢が實に取り難かったことは、十分に納得がいく。北朝の士大夫は、國家の側からも仕官を常に求められ、また士大夫自身にも、自發的に國家への「忠」の意識を持って奉仕しようとする意志が少なからず存在したと言えるのである。そしてそれは、實際の山水や、仕官の先の心の中に隱逸の境地を求めようとした南朝の隱逸の在り方とは、大きな差があった。これまで南北朝時代の隱逸を考察する場合、主として南朝がその對象とされてきたが、本書の考察を通じて、北朝における隱逸の實態が明るみに出たのではなかろうか。

ところで北朝の隱逸をめぐる本書での考察は、もっぱら仕官との對比、つまり政治的な觀點から進めてきた。だが隱逸は、他にも文化的あるいは宗教的な觀點からの考察も必要であろう。今後はそうした方面の考察も深めることで、より幅廣い視野に立った南北朝の隱逸の樣相を探っていくことを課題としたい。

三　南北朝という時代—前代から繼承したものと後代での展開—

本書の考察で、實は特に北朝を中心として、士大夫層にはかなり國家への奉仕の念があったことがわかった。ところで例えば顏之推は梁から北周、そして北齊への亡命の後には再び北周、そして最後は天下を統一した隋へと、計三王朝に仕官した。こうした南北朝時代の士大夫の處世については、これまではしばしば「無節操」、「節義なし」の烙印が押されてきた。第三部第九章で言及した清・趙翼の見方など、その典型であると言ってよい。

だが南北朝時代に生きた士大夫たちには、彼らなりの節義や生き方があったのであり、それを後世の型にはめて評價するのではなく、むしろその時代性の中で評價すること、すなわち南北朝時代に固有なものとして把捉することが求められるのではないか。その立場からすれば、南北朝時代の士大夫たちは、社會の變化に對して彼らなりの實に多様な價値觀や意識を以て應對したと言えるのであって、本書の第一部と第二部は、それらを一つ一つ丹念に見ていった結果なのである。

ここで注意したいのが、南北朝時代の士大夫たちが社會の變化に對應すべく有した多様な價値觀や意識を、南北朝の時代に固有なものとして捉えるためには、南北朝時代に先後する時代と比較することが、非常に有效な手段となるであろうということである。換言すれば、同じような事象に對して、南北朝時代の士大夫が有した意識やとった態度を、他時代の士大夫のそれと比較することによって、南北朝時代の士大夫による意識や態度の固有性が照射されるのではないか、ということである。第三部の諸論考は、こうした認識に基づいたものである。

實は第一部で顏之推について、すでに彼が生きた南北朝時代を來る唐宋時代との關連において考えた。具體的に第一章では、顏之推における家、社會、國家の位置づけが、後の宋儒による『禮記』大學篇への着目と比較することでより明確になった。また第三章では、顏之推の『禮記』を經書と目する意識が、北朝の經學者や後の五經正義のそれと重なったのであった。では第三部において、どういった成果があったのか。

南北朝時代の持つ特色を、他時代との比較を通して檢證する場合、比較對象たる他時代は、南北朝時代を挾んで前後に存在する。第七章では、南北朝時代に先行する西晉時代に生きた杜預を、北魏の社會が如何に評價し受容したかを考察した。杜預と言えば、我々はすぐ『左傳』に注釋を施した人物として認識するけれども、北魏にあっては、杜預がかなり多面的に捉えられていたのである。

第一に、杜預は政治家として様々に政策を打ち出したのであるが、そうした施策者としての杜預像を認め、それを追慕する事例が北魏には見受けられた。第二に、鎮南大將軍として呉の平定に功績のあった杜預が、北魏が洛陽に遷都し、さらに南朝へと迫る野心を抱く中で、やはり思慕の對象となっていたようである。こうして孝文帝の時代以降、指摘した如上の杜預像と重なる活躍を見せた李沖や王肅らが、あえて杜預の墓の側に、整備されつつあった皇帝陵に陪葬される形で葬られるに至る。さらにそうした杜預像は孝明帝の時代まで繼承され、傅永も自發的に杜預の墓の側を死後安住の地に選定したのであった。

このように北魏では、『左傳』の注釋者としての杜預よりも、人間としての杜預が人々の記憶に鮮明であり、また彼の呉を平定した武功が、洛陽に遷都して南朝にまで迫ろうとする北魏の空氣と相俟って、なお轟いていたと言える。杜預という人物の受容という事柄一つをとっても、そこには北魏の人々の意識が明確に反映されていたのである。

第八章では、『孔子家語』顏回篇の故事に基づく「桓山の悲しみ」という典故の用法の變遷をたどった。この典故は、元來は巣立ち行く子供の鳥たちに母鳥が悲泣する様子を描いたものであった。しかし西晉の左思や陸機が、兄弟としての子供の鳥たちに着目し、彼らの別れに伴う悲歎を詩に取り込んだ。その視點を引き繼いだのが、梁の皇族たちであり、またその周邊にいた顏之推を始めとする南北朝時代の士大夫たちであった。

顏之推と同時代には、兄弟の別離に「桓山の悲しみ」の典故が當たり前のように用いられた。すると『顏氏家訓』文章篇で、顏之推が「桓山の悲しみ」を兄の送別に用いることを批判する一段について、「兄」を「兒」に改めるべきとの注釋は當たらないとわかる。「桓山の悲しみ」という一つの典故の用法について、西晉から南朝への繼承關係が明らかになり、それを踏まえてこそ、『顏氏家訓』文章篇の一段における顏之推の批判の眞意を正確に把捉できるのである。

また陸機の詩は、巧みな對句で構成され、それは南朝で共有されていたが、同時に北朝でもかなり早く取り入れられていた。陸機は『文選』に最多の作品を採録される作家であるが、その『文選』の編纂に先んじて、すでに北朝の墓誌に陸機の對句が用いられているのである。典籍や文物のような明確な實態を持った「モノ」ではない、典故の用法ということについても、南北朝での共通點と相違點の實證を積み重ねていくことで、南北朝時代における文化交流の實態を少しずつ明らかにしていくことが可能なのではないか。

さてすでにいくらか觸れたように、第六章で見た北齊が北周に滅ぼされた事態に、北齊の士大夫たちは多く北周に仕官した。この要因には、北周の柔軟な受容策もあったであろうが、最も大きなものは、やはり現實として北周に仕官することを受け入れざるを得なかったということではないか。こうした態度が、淸・趙翼に言わせれば「節義なし」として糾彈の對象となる。だが中國が南北に分斷し、しかも南北朝それぞれの内部でも王朝が興亡した時代に、果たして士大夫たちが所謂「二君には仕えず」というような節義を貫き通し得たかと言えば、それは土臺無理な話だったのではないか。そこで士大夫たちは、如何に移り變わる權力の動向を見定め、それに上手に附き從うかに心を碎いた。そうした中でも、北朝の士大夫たちや顏之推などのように、現實として仕官することになった國家への積極的な奉仕の念を持つ士大夫がいたことに、我々は目を向けるべきなのではないだろうか。

以上のような節義についての見方の問題を、第二部第五章で考察した隱逸の問題とも關連づけて扱ったのが、第九章である。『詩』小雅・北山「溥天之下、莫非王土。率土之濵、莫非王臣」の句を根據に、伯夷・叔齊を批判する「北山隱者論」が、三國から南朝にかけての時代にしばしば登場した。これは「北山」の前半二句から、

「この世界はすべて王の支配下にある」以上、そこで取れた薇とて王の所有物だとして、周の首陽山で薇を摘んで食した伯夷・叔齊の隱者としての不徹底を誹る論である。この論により隱逸の不徹底を批判された隱者は、薇という些細な食物すらも口にできなくなり、隱逸を徹底するために殘された道は「死」しかないという、非常に追い込まれた狀態に陷るのである。これは「北山」の後半二句により、隱者も王臣なのだと迫った場合、その王臣としての立場を否定するなど反駁の餘地があることに比して、よほど隱逸批判として有效であろう。

だが科擧制度の浸透に伴う、唐代から宋代にかけての官僚機構の整備は、士大夫層に國家への自發的な「節義」を盡くす意識をもたらした面がある。このとき、例えば陶淵明について、「隱逸詩人」（南北朝時代まで）から「官を經た隱逸詩人」（唐代）、そして「二君には仕えぬ節義の詩人」（宋代）と評價の觀點が變移したことに象徵されるように、「二君には仕えない」という「節義」が高く稱揚されるに至るのである。こうした稱揚の例は、特に中華が夷狄に侵略された際、夷狄に仕えなかった士大夫に對して多く見受けられる。

また程伊川には、寡婦の再嫁を戒めた「餓死事極小、失節事極大」なる言葉があったが、すでに宋代から、自身の是としない世への出仕を拒むことの根據としてこの言葉が度々引用された。さらに呂留良の詩では、夷狄たる清朝に仕えぬ意思の表明として引かれるなど、後世にも君臣關係における節義を問題とする中で、多く引用されたのである。

以上のことを再び「北山隱者論」と關連させてまとめるならば、次のようになろう。すなわち宋代以後、「二君には仕えず」という「節義」のためには、「餓死」の恐怖ももはや效力を持たず、結果として南朝以後、薇すら食えぬと迫る「北山隱者論」は登場しなくなっていったと考えられるのではないか。

さてここまで南北朝という時代を、前後の時代と對比する形で檢證してきた。さらにまた南北朝時代の分裂を統合した隋代、その大儒と稱される王通とその著作『中說』を取り上げ、後世での受容と評價の様相の描出を試みたのが第十章である。王通の思想と『中說』は、王通が生きていた時代からしばらくは、彼の王道に強く關心を寄せる思想を核として、もっぱら王氏の後裔たちによって傳承されていた。つまり王通の學問が、王家の家學として脈々と受け繼がれていったのである。すでに第一部において、顏之推の學問に立脚した顏氏の士大夫としての生き方が、『顏氏家訓』という著作によって顏氏の後裔たちに向けて發信されていた事實を指摘したが、ここにもやはり、家訓という體裁ではないけれども、先代の著作を通して繼承されていく家學の存在が指摘できたのである。そして第一部では、著作の中に託された著者・顏之推の想いを析出したのであったが、この第十章では、具體的に王通の孫・王勃などを含めた王氏の後裔による家學繼承の實態を、すなわち家學を繼承する側の様子を描き出すことに成功したのである。

ところで、しばらくは家學として王氏の後裔たちにのみ傳わっていた王通の學問であったが、その王道への強い關心が、晩唐に入って韓愈の道統論に引き附ける形で、俄かに一部の士人層に取り上げられるようになる。また北宋の初めには、韓愈の排佛の構圖に倣う形で、王通が儒教を宣揚した人物として持ち上げられた。晩唐と北宋初めでは、王通に論及する際の觀點は相違するけれども、王通は道統の繼承者である聖人と目される存在となるのだった。

だが同時に、徐々に王通と貞觀の治を現出した大政治家たちの間の師弟關係が、『中說』の虛飾に係ることが指摘され始め、王通は聖人としてではなく諸子の一人として論じられるようになっていく。そして朱熹による王通を介在させない道統說の定着の後は、道統の繼承者としての性格はもちろん、思想家としても、王通はあまり多く取り上げられなくなるのであった。

以上のように、南北朝時代を承けた隋に生きた王通とその著作『中說』が、各時代にどのように受容され評價されたかを見ることを通じて、それぞれの時代の思想界が注目したトピックを整理し、合わせてその注目の仕方の時代を追った變遷をたどることで、王通と『中說』が思想史上に位置づけられたのである。また本章によって、隋という時代が南北朝時代をどのように繼承し、來る唐宋時代を準備していったのかについて、思想史の觀點からさらなる究明を續けるという、筆者の課題が浮き彫りになったとも言えよう。
この第三部は、各章で扱われるテーマはそれぞれ異なるが、問題意識は共通している。その問題意識とは、すでに述べたように、南北朝時代をただ南北朝時代の中だけで考察するのではなく、前代後代と幅廣く比較することで、翻って南北朝時代の特質を見出そうというものである。今後は南北朝時代だけではなく、先行する魏晉時代の南北朝時代への影響、あるいは近くは隋、さらに唐宋時代における南北朝時代が直面した課題の展開について、幅廣い視野を持って對峙していくことが求められると痛感している。

最後になるが、本書の性格を簡單にまとめておきたく思う。本書の一貫した關心の核は、知識人たる士大夫たちが、南北朝という混迷の時代を生きる上で立脚したもの、これを解明することであった。そこで、彼らが自らの生きた社會を如何なる存在として位置づけ、それにどういった意識で臨んだのかを、多角的に考察してきた。それまでの社會を確かに支えてきた門閥貴族制の動搖や、度重なる王朝の交替に對し、知識人たちは實に多様な意識、價値觀を以て對應したのであって、その多様性の內實に一つ一つ、その時代性を考慮に入れて迫っていった試みこそ、本書だったのである。北朝を南朝と竝立させて、南北朝時代を綜合的に把握せんとした本書の考證は、學界に對して新たな見解を示し得た點で、意義を持つものであったと信じる。

あとがき

本書は京都大學に提出し、二〇一三年三月に學位を授與された博士論文「南北朝時代の士大夫における自己認識と社會觀」（主査　宇佐美文理先生、副査　麥谷邦夫先生、道坂昭廣先生）を骨格に、その構成を見直し、内容面で大幅な補訂・修正を加えるとともに、その後に發表した論考をも合して、一書としたものである。以下に各章の初出一覽を示す。なお序章と結語は書き下ろしである。
第一部　顏之推論―家と社會と國家―
第一章　顏之推における家と國家―學問を媒介として―（原題　顏之推の學問における家と國家）
初出　中國哲學史研究會『中國思想史研究』第三一號、二〇一一年
第二章　顏之推と『顏氏家訓』・『冤魂志』―兩著作に籠められた意圖―
（原題　顏之推における『顏氏家訓』と『冤魂志』）
初出　中國哲學史研究會『中國思想史研究』第三五號、二〇一四年
第三章　『顏氏家訓』における「禮傳」―何を指すのか―（原題　『顏氏家訓』における「禮傳」について）
初出　香川大學國文學會『香川大學國文研究』第四一號、二〇一六年

第二部　北朝士大夫と國家—仕官と隱逸をめぐって—
第四章　北齊・劉晝における仕官と修養—『劉子』の分析から—（原題　『劉子』における劉晝の思想）
初出　日本中國學會『日本中國學會報』第六三集、二〇一一年
第五章　北朝における隱逸—王朝の要求と士大夫の自發—（原題　北朝と隱逸）
初出　日本中國學會『日本中國學會　第一回若手シンポジウム論文集　中國學の新局面』、二〇一二年
第六章　新王朝への意識—盧思道と顏之推の「蟬篇」を素材に—（原題　同じ）
初出　六朝學術學會『六朝學術學會報』第一五集、二〇一四年
第三部　南北朝時代の繼承と展開—他時代と比較した南北朝時代—
第七章　北魏における杜預像—何がどう評價されたのか—（原題　北魏と杜預をめぐる小考）
初出　香川大學國文學會『香川大學國文研究』第三八號、二〇一三年
第八章　「桓山之悲」について—典故と用法—（原題　「桓山之悲」考—典故と用法—）
初出　香川大學教育學部『香川大學教育學部研究報告　第Ⅰ部』第一四一號、二〇一四年
第九章　隱逸と節義—「溥天之下、莫非王土」を素材に—（原題　「溥天之下、莫非王土」考—隱逸と節義—）
初出　中國哲學史研究會『中國思想史研究』第三四號、二〇一三年
第十章　王通と『中說』の受容と評價—その時代的な變遷をたどって—（原題　同じ）
初出　東方學會『東方學』第一二八輯、二〇一四年
振り返るに、高校三年生の時に幾多の大學の數學科を受驗したが、一つとして拾ってもらえなかった。だが數

學への未練を僅かながら残しつつも、浪人して京都大學文學部に入學したことが、現在から見ればよい選擇だったと言える。そこで優れた先生方の下、また充實した環境の中で、中國學に取り組むことができたからである。個人的な事柄にわたるが、以下、先生方への感謝を述べることを許されたい。

中國哲學史研究室では、池田秀三先生に漢文讀解の基礎を教わった。先生は演習その他で、いつも漢文はリズムで讀むようおっしゃり、學部生の頃からそのリズムを必死で體得しようとしてきた。また論文指導だけではなく、様々な會話の中から、物の見方について強い影響を受けているとの實感がある。先生のご退職に博士論文の提出が間に合わなかったことが悔やまれる。

宇佐美文理先生には、實に一回生で先生のポケゼミという授業に出席して以來、博士論文の主査までして頂いた。春夏の休暇には決まって讀書會を開いて頂いたし、様々な研究會の場をご紹介くださり、それが自身の新たな關心の起點になっている。毎年の古本市で勸められ購った書物が、今では私の貴重な財産になっていることにも、謝意を表したい。

また中國語學中國文學研究室の川合康三先生にも多くを教わった。卒業論文の副査をして頂き、修士課程から演習に出席すると、ご自分の研究室の學生ではないにも關わらず、『唐代の文論』（研文出版、二〇〇八年）の一員に加えてくださった。またこの書物の出版の契機も、先生が研文出版社長・山本實氏に私のことをお話しくださったことにある。

その他に文學部の先生では、平田昌司先生から中國語の基礎を學び、提出した毎週の宿題にびっしり修正が施されたものは、今も大切に持っている。中砂明德先生の『金石萃編』の演習は、私が石刻資料への興味を持つ第一歩となった。また總合人間學部の道坂昭廣先生には、博士論文の審査の場で貴重なご意見を頂戴しただけではなく、多くの研究會でご一緒させて頂いている。

文學部から自轉車を五分も走らせれば、人文科學研究所がある。麥谷邦夫先生には、修士論文・博士論文と審査をして頂き、特に博士論文に對しては多くのご教示を頂いた。井波陵一先生は、北朝石刻資料の研究班に加えてくださり、多彩な北朝の石刻資料を實見することを通じて、その扱い方を學ぶことができた。古勝隆一先生は、修士課程の夏休みに『文史通義』の讀書會を開いてくださり、その後も様々な場でご指導頂いている。

博士課程に進學後は、吉川忠夫先生の讀書會に參加させて頂く機會に惠まれた。本書では吉川先生のご論考に言及がない章はなく、今なお讀書會およびその後の酒宴の席で、多くの知見を吸收することができているのは、幸運としか言いようがない。また興膳宏先生の讀書會にも參加させて頂いている。最初が『金樓子』、續いて杜甫の詩を讀む「讀杜新會」に發展し、いつも文學の方面からの讀み方や視點に、學ぶところが多い。

こうして書き始めると、他にも多くの先生方の存在が、本書の成立に寄與していることを痛感する。ここに一人一人のお名前を擧げられないが、すべての先生方にこの場を借りて厚くお禮を申し上げたい。また京都大學中國哲學史研究室の先輩方、同輩や後輩の皆さん、各種學會や讀書會、清華大學留學時に知遇を得た國内外の研究者の方々にも、お禮を申し上げる。加えて二〇一三年四月以來、奉職している香川大學教育學部、特に國語國文學研究室には、惠まれた研究環境を提供して頂いている。以上のような多くの支援を受けていることを常に自覺しながら、今後は決意も新たに、自身の興味關心の幅を廣げて研究に邁進しようと思っている次第である。

最後になるが、私が呑氣に好きな本を讀み、遲々として進まない研究を續けることを、溫かく許容し、また鼓舞してくれる家族に、心からの感謝の氣持ちを傳えたい。

本書の刊行に當たっては、研文出版社長の山本實氏にあらゆる面でご配慮を頂いた。感謝申し上げる。さらに平成二十九年度日本學術振興會科學研究費補助金（研究成果公開促進費）の交附を受けたこと、特にここに記す。
二〇一七年十月
著　者

索　　引

凡　例

（一）この索引は、書名・作品名索引と人名索引との二部からなる。
（二）項目は本書の本文にあらわれるもののみを採った。太字は章を設けて論じている項目である。
（三）項目の排列は、第一字の五十音順により、語頭の字が同じ場合は、第二字の音によって先後を定める。
（四）作品名の排列は、書き下し後の第一字の五十音順による。

書名・作品名索引

あ行

か行

さ行

た行

な行

は行

人名索引

あ行

か行

さ行

た行

な行

は行

ま行

や行

ら行

池田　恭哉（いけだ　ゆきや）
一九八三年北海道札幌市生まれ
香川大學教育學部准教授　博士（文學）
著書『唐代の文論』（共著、研文出版、二〇〇八年）、『藝術理論古典文獻アンソロジー東洋篇』（共著、藝術學舍、二〇一四年）
論文「北魏の漢化について―高祖・孝文帝の洛陽遷都の前後で―」（『柴田昭二先生御退職記念論文集』、二〇一六年）、「甄琛から見る北魏という時代」（『東洋史研究』第七五卷第四號、二〇一七年）ほか

南北朝時代の士大夫と社會

二〇一八年二月　五日　第一版第一刷印刷
二〇一八年二月二〇日　第一版第一刷発行
定価［本体六五〇〇円＋税］
著　者　池　田　恭　哉
発行者　山　本　　實
発行所　研文出版（山本書店出版部）
〒101-0051
東京都千代田区神田神保町二―七
TEL　03（3261）9337
FAX　03（3261）6276
振　替　00100-3-59950
印刷　富士リプロ㈱
製本　塙　製　本

ISBN978-4-87636-431-2